实用文书写作

王志刚 周炫 ◇ 主编

高 等 院 校 素 质 教 育 课 程 " 十 二 五 " 规 划 教 材

人民邮电出版社

北　京

图书在版编目（CIP）数据

实用文书写作 / 王志刚，周炫主编． -- 北京：人
民邮电出版社，2014.8
高等院校素质教育课程"十二五"规划教材
ISBN 978-7-115-35766-3

Ⅰ．①实… Ⅱ．①王… ②周… Ⅲ．①汉语－应用文
－写作－高等学校－教材 Ⅳ．①H152.3

中国版本图书馆CIP数据核字(2014)第132609号

内 容 提 要

本书与传统应用文写作编写体例有显著不同，本着实用、够用的原则，根据项目导向、任务驱动思路，着力于学生实践能力的培养。在内容结构上，把培养学生会写"在学习上经常遇到，在日常生活中经常使用，在工作经常常出现的实用文书文种"作为能力培养目标，由此确定了三个大的项目，即学业类文书、日常类文书、工作类文书。每个项目下又分若干任务，每个任务包含能力要求、案例点评、知识归纳、实训活动和知识拓展等几个环节，每个环节各具特色，目的是通过具体工作任务培养学生的文书写作技能，完成项目要求。

为方便教师授课和学生学习，本书提供了电子教案、教学标准、教学设计方案、授课学计划、实践指导手册、习题答案、扩展阅读资料、扩展教学资料、模拟试卷等资料，索取方式参见"配套资料索取说明"。

本教材力求技能为上、学用结合、言简意赅，有较强的实用性和针对性，适用于应用型、职业型高等院校公共基础课教学，也可作为文秘类专业的专业核心课程教材，还可作为企事业单位文员的参考用书。

◆ 主 编　王志刚　周 炫
　　责任编辑　万国清
　　责任印制　彭志环　焦志炜

◆ 人民邮电出版社出版发行　　北京市丰台区成寿寺路 11 号
　　邮编 100164　电子邮件 315@ptpress.com.cn
　　网址 http://www.ptpress.com.cn
　　大厂聚鑫印刷有限责任公司印刷

◆ 开本：787×1092　1/16
　　印张：14　　　　　　　　　　2014 年 8 月第 1 版
　　字数：356 千字　　　　　　　2014 年 8 月河北第 1 次印刷

定价：34.00 元

读者服务热线：(010)81055256　印装质量热线：(010)81055316
反盗版热线：(010)81055315
广告经营许可证：京崇工商广字第 0021 号

前 言

Perface

■ ■ ■ ■ ■ ■ ■

本教材与传统的应用文写作基本同义，因更强调其实用性而名为实用文书写作。实用文书写作涉及社会工作和生活的各个领域，大到国家行政机构函文，中到企事业单位活动，小到个人日常生活，都离不开实用文书，离不开实用文书写作。实用文书写作是当代大学生必备的基本技能，在当代社会工作和生活中不可或缺。

本教材以应用型、职业型高等院校学生为主要对象，本着实用、够用的原则，根据项目导向、任务驱动思路，着力于学生实践能力的培养。在内容结构上，我们把培养学生会写"在学习上经常遇到，在日常生活中经常使用，在工作中常常出现的实用文书文种"作为能力培养目标，由此确定了三个大的项目，即学业类文书、日常类文书、工作类文书。每个项目下又分若干任务，每个任务包含能力要求、案例点评、知识归纳、实训活动和知识拓展等几个环节，每个环节各具特色，目的是通过具体工作任务培养学生的文书写作技能，完成项目要求。

为方便教师授课和学生学习，本书提供电子教案、教学标准、教学设计方案、授课学计划、实践指导手册、习题答案、扩展阅读资料、扩展教学资料、模拟试卷等资料，索取方式参见"配套资料索取说明"。

本教材主编为王志刚、周炫。王志刚负责书稿统筹等事宜，同时编撰书稿中公文、事务性文书部分；周炫负责组稿工作，同时编撰商务类、学业类文书部分。在此特别鸣谢广东农垦集团总公司政策研究室主任陈光义先生在本书编撰过程中提出许多宝贵建议，使我们的教材能顺利编撰完成。

本教材在编写过程中，参阅了前辈时贤的著述，以及报纸、互联网等相关资料，特此深表谢意。

本教材难免有疏漏之处，恳请读者和专家批评指正。

编　者

2014 年 3 月

目 录

Content

绪　　论

　　我国现代实用写作学科从 20 世纪 80 年代初诞生至今不过 30 多年时间，发展却十分迅速。现在，大概没有大学不开实用写作课，也没有谁再会随便说要取消实用写作课了。实用写作的蓬勃发展，原因是多方面的。但其中两个因素最为关键。

　　首先，是由客观需求决定的。中国现代实用写作学科伴随着改革开放起步，可以说是天时、地利、人和兼而有之。

　　申报建设项目，需要了解经济信息、谋求内外沟通、预测市场趋势；交流经营管理经验，需要宣传企业、推销产品、树立企业和企业家的形象，等等。如此事宜都免不了要写相关文章，经济写作理所当然引起了人们的兴趣和重视。面对经济建设的新景象、新课题、新问题，传统文章体裁的"旧瓶"被匆匆装上当代经济思想、内容和方法的"新酒"，一些前所未有的经济实用文书体裁为满足时代的需求应运而生。在公开出版的报纸、杂志、书籍里，大量的经济实用文涌现在读者面前；在内部经济管理运作和日常经济交往中，更有许多此类文章在架构、撰写、传播……

　　其次，是电子技术的发展对实用写作的促进。电脑写作、网络传递、手机输送等新技术改变了传统的写作方式和传播方式，同时也改变了人们的思维和学习、工作习惯。效率和效益的追求促使人们不断创新求变。政府机关的公文处理率先走向国际化、规范化、电子化，先进企业特别是外资跨国企业的文秘工作率先实现无纸化。电子邮件、手机短信不但成为人们日常生活中重要的通信方式，甚至也成为机关团体和企事业单位办公的得力助手。更多的文章新体裁、新品种涌现出来，文案写作与幻灯片、影视片制作的结合，文字表达方式与照片、设计图、表格乃至模型、音像等可视化、感性化、立体化表达方式的结合等，都使现代实用写作发生了前所未有的变化。

　　绪论部分重点从宏观上概述实用文书的概念、特征、作用，以及语言和结构要求，力图让读者对实用文书有个大概的了解，进而从整体上把握这种文体。

一、实用文书的概念与分类

　　理解实用文书的概念，首先要了解实用文书的渊源及含义。

　　我国的实用文书源远流长，可以说自有文字开始就已延生。我国最早的实用文书是奴隶社会殷商时期的"卜辞"，即人们把占卜吉凶的结果、祭祀祖先的活动经过等用符号刻记在龟甲兽骨上。

　　随着社会生产的发展，实用文书的种类日益增多，格式也越来越规范、细致。在此基础上，人们逐渐开始了对实用文书的理论研究工作。魏晋南北朝时期，出现了研究实用文书体的文章、著作，其中最系统的是曹丕的《典论·论文》、刘勰的《文心雕龙》，在他们的著作中，已经对实用文书的分类、性质、作用等进行了比较系统的论述。到唐宋以后，由于经济的繁荣、社会的稳定，尤其是对外联系的加强，实用文书无论在适用范围、社会功用还是在文体形式、语言规范上，都达到了较高的水平。在明、清两朝至新中国，由于社会的不断进步和科学文化的迅速发展，实用文书的使用范围也越来越广泛。到了 21 世纪的今天，无论国家机关、企事业单位或是个人，在传递信息、交流思想、介绍经验、联系工作和进行各种社会活动时均离不开实用文书，它已经成为人们生活、学习和工作的重要组成部分。

至此，就可以概括出实用文书的内涵：实用文书是人们在日常工作、学习和生活中办理公务、处理私事、沟通情况、解决实际问题时所使用的一种实用性文体。由于其通俗易懂，实用性强，也被称作实用文。

二、实用文书的特征

相对其他文种，实用文书具有以下几个特征。

1. 文体的实用性

实用文书直接为人们的日常生活、学习和工作服务，直接用于解决日常事务中的具体问题，或交流感情、传递某种信息，其社会功用在于实用。

实用文书与其他文体尤其是文学作品之间的最大差别就在于"实用"二字，即实用性，实用文书更突出地体现出这一特性，无论哪种类型的实用文书都是以实际实用为最终目的。例如，电子邮件等网络实用文书是为了通过网络传递某种信息；计划、总结等日常事务类实用文书是为了处理日常的公私事务；讲话稿、会议记录等日常会务类实用文书是为了保证各种会议的顺利召开；日记、读书笔记、传记等是为了记录自己的日常生活、生平事迹或者读书的心得、体会；家书、情书类实用文书是为了互致问候，表达关心或爱慕之情……

总之，实用文书是直接为人们的生活、学习和工作服务的，有着实际的使用价值。

2. 格式的规范性

写作格式的规范性、模式化是实用文书的显著特点。由于社会交际的需要，在实际使用的过程中，为了提高使用效率，逐渐形成了相对固定的文体格式，并不断完善和发展。这些格式都是人们在长期的社会实践中约定俗成、习以为常的，有一定的历史承继性、稳定性，任何人都不可随意违反它的固定格式，否则就达不到实用文书的写作目的。

例如，中文求职信、推荐信一般由标题、称呼、正文、结语、署名和日期等部分组成，而英文求职信则由信头、信内地址、称呼、正文、结尾、签署组成。二者的体例有一定差异，尤其是地址的书写位置，如果不遵照各自的格式要求书写收信人姓名和地址，就会造成投寄困难，甚至投寄错误。契约文书中的合同由合同名称、合同当事人名称和地址、合同正文、结尾、附件等部分组成，必须严格按照格式项目书写，否则一旦出现遗漏和错误，很可能会造成严重的经济损失。

3. 内容的真实性

一切文章都讲究真实性，然而实用文书的真实性与文学作品的真实性有很大不同。文学作品所追求的真实是一种艺术的真实，作者运用形象思维，通过提炼、加工和虚构对生活素材进行再创造，塑造典型人物，所表现的人物和事件既可以是生活中确实存在和发生的，也可以是作家虚构和想象创造出来的。而在实用文书的写作中，则不允许任何虚构和想象，所涉及的一切都属于生活的真实存在，包括时间、地点、人物、事件、原因、结果都要符合客观实际，尤其文中出现的年份、数字、数据等都必须有根有据，来不得半点虚假。因为任何的疏忽和失实，都可能对生活、工作或学习造成一定的影响，甚至带来意想不到的损失。

4. 表述的简洁性

实用文书由于其目的在于实用，因而在语言表述上崇尚简洁，用简洁的语言把有关情况概括出来，用精练的文字把有关事项、条款列举出来，叙述清楚即可。其语言简明，表达准确，让人一看就懂，不拖泥带水。除家书情书类和日记传记类等少数文体外，一般最忌讳文学化的含蓄、委婉、渲染、铺垫；一般使用合乎语法规律的书面语言，明白晓畅，不委婉、曲折，有一说一，有二说二，表达直接、客观，言简意明。

5. 实用的时效性

实用文书总是针对工、作学习或生活中所出现的具体问题而写的，因此都有一定的时效性，都要受到时间的约束和限制，否则就有可能贻误时机，影响事情的处理，对工作、学习和生活造成不必要的损失。这里所说的时效性，包含两层含义：一是实用文书的写作要讲究时效，如借款要先写借据，请假要先写请假条，入党、入团要先写申请书，应聘要先写求职信，租赁、购买房屋要先签订合同，等等，这些实用文书的写作都有时间限制，都要及时甚至提前撰写、拟制，不能延误；二是实用文书在成文后，其功用和效力也有一定的时间限制，如介绍信有使用的有效期，聘书有聘用的期限，合同、协议书只在有效的时间里才有效力，请柬、邀请书都有明确的时间规定，计划、总结也要受到时间的制约。不同类型的实用文书有不同的时效性，有的比较严格，有的则不明显。

6. 对象的确定性

实用文书从写作到阅读，其对象都是十分明确的。首先，实用文书写作时所针对的对象是十分明确的，写作时作者要针对特定的行文对象，在内容的处理、结构的安排以及语言和措辞上都要恰当、得体。其次，实用文书的阅读对象也是非常明确的，如书信只有收信者才能阅读；请柬、邀请书只有被邀请的对象才能阅读；聘书只发给聘用的对象，因而只有被聘用的人员才能阅读；求职信的阅读对象是求职应聘的单位；合同的阅读对象是有关的当事人；即使是海报启事，其阅读对象虽然相对广泛，但也有特定的读者群。

三、实用文书的作用

综上所述，实用文书在我们的生活中有着重要的作用，主要体现在以下几方面。

1. 交流、沟通和联络作用

现代社会存在着多种多样的社会关系，无论个人与个人之间、单位与个人之间，还是不同的单位之间交流都日益频繁、复杂。为了更好地协调行动，有效地开展各项活动，妥善处理日常各种公私事务，就需要经常使用实用文书。实用文书在人们的社会生活中起到交流思想、沟通信息、联络感情的作用。例如，家书、情书对沟通家庭成员之间、爱人之间的感情有着不可取代的重要作用；合同、协议书、意向书等既是为了规范签约双方的行为，又是彼此进行沟通联系的一种方式；请柬、邀请书对加强双方的感情联系和沟通信息有着重要的作用；计划、总结、调查报告可以有效地交流思想、协调工作；海报、启事可以向公众传播各类信息，把本不相识的双方联系起来。总之，实用文书就像一条纽带将人们彼此联系起来，互通信息、联络情感、交流思想，从而对人们的生活、学习和工作产生良好的促进作用。

2. 依据和凭证作用

作为办理公务、处理私事、沟通情况、解决实际问题时所使用的一种实用性文体，实用文书具有依据和凭证的功能。计划、总结、调查报告、简报、工作研究、大事记、进展报告等为上级部门提供了决策的依据和凭证；领导的讲话稿、重要会议的记录等是下级各部门开展工作、处理问题、解决矛盾的依据和凭证；求职信、个人履历是招聘单位录用人才的依据和凭证；合同、协议书、意向书等契约类文书是双方确认、执行权利与义务的凭证；借条、欠条、领条、收据是当事人为证明或说明某事的一种凭证；介绍信、证明信是联系、商洽事项、证明联系人身份的一种凭证；聘书是证明双方聘用关系的一种凭证……总之，依据和凭证是实用文书比较突出的功用。

3. 宣传和教育作用

实用文书中的多数文体都有一定的宣传和教育作用，网络实用文书的电子邮件、手机短信等成为最快捷的宣传媒介，人们通过它可以在最短的时间内了解世界各地的信息；讲话稿、演讲稿是传达某种精神、宣传某种思想、启迪教育群众的一种良好媒介；倡议书、建议书是向公众或有关部门表达意见、宣传思想的重要载体。有些实用文书的宣传作用特别突出，有一定的广告性质，如海报、启事目的就是要将有关的信息刊登发布出来，让尽可能多的人了解知道；有的海报常常配以图片或文字装饰，就是为了更好地起到广告宣传的作用。

4. 传播和记载作用

知识是人类进步的阶梯，正是由于知识的积累和传播，人类社会才不断地向更高处迈进。实用文书是记录和传播科技文化知识的重要文字载体，调查报告、工作研究、进展报告、读书笔记等都是对知识的一种传播，电子邮件、网络日志等也成为人们传播知识文化的重要载体。

实用文书记录单位和个人的种种活动，反映各个历史时期的政治、经济和文化等方面的情况，因此可以保存和积累大量的历史资料，为今后有关部门和个人的研究提供方便。自传、回忆录等常常折射出不同历史时期人们的文化、生活、思想观念与经济状况；大事记、会议记录、讲话稿等可以反映出不同历史阶段的政治动向、方针与政策。随着时间的推移，虽然有些文本本身已失去效力，但还可以作为档案资料保存下来，具有重要的史料价值。

四、实用文书的语言

一般来说，实用文书的语言有四个基本特征，即平实、准确、简洁、得体。

（一）平实

实用文体是为了解决实际问题而写的，内容必须真实可靠，而语言则必须平实质朴。除日记、家书、情书等少数文种外，一般不需要采用文学化的表现手法，不必运用描写、抒情等表达方式，不用过多的修饰性词汇和深奥生僻的典故，力求用通俗易懂的规范化词语和句子；文风要朴实自然，所讲事情要符合实际情况，数字要确实无误，办法要切实可行。实事求是是实用文书的起码要求，不能为了达到某种目的而夸大或缩小一些真实情况。总之，实用文书要做到文实相符、语言质朴。

（二）准确

实用文书要做到实事求是，切实解决社会生活中的实际问题，就必须在准确上下工夫。因此，必须注意以下几点。

1. 所写内容要准确

写实用文书时，要表达什么内容、要反映什么情况、要解决什么问题都必须准确，不能走样。一张借据借什么就写什么，借多少就写多少，务必准确；一则"启事"是什么就写什么，不可随意地歪曲内容；一则招聘广告也要将各种要求、条件如实列出，不能故意夸大待遇。写实用文书要本着客观、实事求是的态度，不能仅凭主观臆想及一时的热情。如果在内容上违背了准确这一原则，即使笔下生花，也不会解决具体问题，有时甚至会给工作带来不必要的损失。

2. 所用语句要准确

语句准确首先就要用词准确。说话、写文章都离不开词，词是构成句子、篇章最基本的语言单位，所以词语的选择就显得十分重要。加上汉语语言词汇相当丰富，有大量的近义词，因此选择词语要恰当、准确，要注意区别表示不同程度、不同范围的近义词，避免错用词义。比如写计划时，时间的表示用"时期"和用"阶段"有一定的差别；写总结时，所取得的成绩是"较大"还是"很大"也有所不同。

其次还要注意造句准确。实用文书的句子要少用长句，多用短句；少用感叹句、疑问句，多用陈述句。选择合适的句子形式可以使读者更好地理解文章的内容。如果长句太多，既易出现病句，也会给理解带来困难；而感叹句、疑问句使用太多，也会使实用文书失去其独有的平实、自然的文风。

（三）简洁

语言简洁明了，这是实用文书写作的基本要求。

首先文字要简练，篇幅要短小。实用文书写作要惜墨如金，要选用简洁的词语，要删去可有可无的句子、段落。其次要避免套话、空话、废话。实用文书是用来传递信息、处理问题的，不相干的内容不说，一切表达都要以实用为原则。最后为达到简洁的效果，可有意使用一些专用词语、成语和固定习惯用语，使语意凝练、语言简洁。

（四）得体

实用文书一般都有特定的行文对象，因此还要讲究语言得体。以书信为例，家书与情书，写给长辈的家书和写给晚辈的家书，语言和措辞有着明显的不同。求职信和申请书的写作，语言要谦虚有礼；而表扬信和倡议书的写作，语需热情洋溢；海报、启事类因要面向公众，因而语言要通俗易懂；合同、协议书因其特有的法律效力，语方需严谨、规范。总之，实用文书的语言往往受到对象、场合的制约，必须准确把握。

五、实用文书的结构

结构的安排，就是指文章的谋篇布局。相对于其他文体，实用文书有较规范、较稳定的结构形式，一般比较容易把握。但是仍然需要在行文前对文章整体结构有一个整体的安排，在行文中对文章的层次、过渡、照应、主次、详略等都要有一个准确的把握。具体来说，要安排好实用文书的结构必须注意以下几点。

1. 结构要完整、恰当

实用文书的结构大多由开头、主体、结尾三大部分构成。一篇文章要使这几部分形成一种内在的有机的联系，就必须注意段与段之间、句与句之间所表达的意思前后连贯，不可前言不搭后语，或前后矛盾冲突；在安排层次时也要根据它们之间的逻辑关系，有次序地恰如其分地加以组合、排列；同时要注意详略处理得当，根据材料的重要程度，该详的详、该略的略、主次分明、重点突出。

2. 结构要服从表达的需要

实用文书无论选用什么样的结构，都要服从和服务于文章表达内容和主旨的需要。每种实用文书都有自身特定的行文目的，读者希望通过阅读获取某种信息，或解决某个问题，阅读目的直接、明确。所以实用文书结构的安排也要简洁明了，符合读者的思维习惯，使读者可以顺畅地理解文章的主旨或作者的意图。那种形式复杂、富有创意的结构安排，反而会影响读者的阅读，以致收不到应有的实用效果。

3. 结构要符合不同文体的格式要求

实用文书的写作格式是固定的，每种文体都有着特定的格式规范。因此，安排结构要符合不同文体的格式要求。

实用文书在实际使用的过程中，为了提高使用效率，逐渐形成了相对固定的文体格式，这些格式都是人们在长期的社会实践中约定俗成的，具有规范化、模式化的特征，任何人都不可随意违反，否则就达不到实用文书的写作目的。因此，实用文书的结构安排，必须符合不同文体的格式要求，家书、情书等书信类文体有严格的格式要求，一般由称呼、正文、祝颂语、署名和日期构成；社交礼仪类的请柬、邀请书等也有着自身固定的格式；至于合同、协议书等契约类文书更有着规范、严格的格式、条款和项目。在安排这类实用文书的结构时，要充分考虑其本身特定的文体规范，以符合要求。

为了使文章结构达到上述要求，行文前要先拟订提纲。拟订提纲就是在正式写作前，先根据要求将所用的材料分层分段地列出来，标明每段每层的主旨和所使用的具体材料，形成所写文章的一个大样，作为写作时的依照。提纲的拟订过程往往也是构思过程，经过反复的斟酌和修改提纲，文章的大致轮廓和雏形就逐渐出现于作者的头脑之中。一旦拟订好提纲，作者思路清晰，行文时文章的结构也必将有条不紊；否则主次不分、结构混乱，文章自然写不好。

六、如何学好实用文书的写作

在学习实用文书写作过程中，虽然教师在努力地教，学生也在认真地学，但效果往往不是很理想。这与实用文书特殊的文体结构和语言风格有很大关系，也与以往我们的学习习惯和方法有关。根据多年的教学经验，在学习实用文书写作过程中，一定要注意这类文书的实用性特点，设计一些符合现实情境的任务、场景，多加揣摩，认真体会，多读多看，慢慢就会掌握其写作要领。

1. 任务驱动原则

任务或问题往往富有挑战性，因而具有激趣功能，能引发我们达成任务、解决问题的攻关欲望，最终形成内驱力。任务或问题的设定，可以在真实的实践活动中确定。例如，在学校组织的慰问社区孤寡老人的综合实践活动中，就可以依据活动的各个步骤设定在人际交往中需要使用的实用文体。具体来说，初次与人联系需给社区负责人出具介绍信；正式慰问可以先写好慰问信；为引起全社会对孤寡老人的重视，需要写倡议书或制定公约。

由于受到种种条件的制约，任务或问题也可以是虚拟的。比如，几个学生计划在他们的居住区搞一次自行车障碍赛，通过讨论，决定了比赛的具体日期、地点、参加者的条件与比赛方法。在这里可以安排一次练习，要求替这几个学生拟订一份说明性的广告。这几个学生商量，为了使周围的群众谅解比赛可能出现的喧闹，需要给周围住户发一封解释情况并邀请观看比赛的公开信。为了筹措比赛奖品，还要给附近自行车商店的老板写一份募捐信。这个活动到此已经要求为此起草和修改两封信件。自行车比赛顺利进行了，然后安排第三个练习，要求根据录下的现场解说写一篇关于比赛的报道。

2. 情境创设原则

创设情境，实际上是有意识地引导我们进入特定的生活状态。例如，将家乡的特产拿到课堂上，自己可以写一份产品说明书；朋友从外地赶来，需要写一份乘车指南；假如，你是当地的导游，请写一份介绍当地风景名胜的导游词；如果你要竞选学生会的某个职位，就要写一份演讲稿；学校要邀请某位作家来讲座，请你写好欢迎辞；给自己的作文集子写前言或后记。如此等等，让自己身处其中或心随境转，完成实用文写作的任务，而又不觉得枯燥乏味。

3. 时尚追踪原则

实用文就是生活需要之文，生活中的时尚自然也会与实用文密切地联系在一起。具体来说，可以在实用文写作中纳入时尚的文种，如短信、日志、博客等；可以将时尚作为实用文写作中需要创设的情境，如写推荐词推荐自己的朋友当"超女""快男"；可以以时尚生活为背景，引出实用文写作作业，如给年度音乐大奖的获得者写颁奖词；可以直接参与时尚生活，从中学会实用文写作，如通过学校、街头行为艺术展示完成相关的实用文写作。实用文写作应与时尚接轨，这是我们关注时代、参与新生活的必然要求，也是激活实用文写作学习的有效途径。

4. 以读促写原则

对实用文写作不感兴趣，也与我们对实用文阅读的不感兴趣相关联。阅读量少，积累的实用文语言经验就少，实用文语感就相对要差些，写作实用文的感觉也就不容易产生。所以，加强实用文阅读和相关的语言训练，加大优秀实用文的阅读量，建立实用文阅读和写作之间的联系，以读促写，也是开展实用文写作的有效手段。现在随着政务公开的范围越来越大，很多政府网站都有各类公开的公文，这都是我们阅读实用文的最好途径。

5. 学科关联原则

实用文写作和许多学科有关联，在学习中要充分利用这些资源。例如，产品介绍书就与地理、物理、化学、生物等学科密切联系，导游词与地理息息相关，人物档案与历史有很深的渊源，写调查报告要懂得一些统计学的知识，写公约、诉讼状要了解相关的法律知识。同时，要将实用文写作与综合实践结合起来、与研究性学习结合起来。

6. 学以致用原则

学以致用是实用文写作的常规要求，而常用、多用也能更好地促进实用文学习。在生活的时时处处要学会用规范的实用文开展交流，如请假一定要交正规的请假条，入党一定要交规范的入党申请书，有事要告知一定要写合格的便条，有会议要通知一定要写让人看了就能明白的会议通知，开会要做会议记录，学习要写计划，学完一段时间或一门学科要写学段、学科总结，研究性学习结束后要写简单的研究报告或小论文。只有养成良好的实用文书面交流习惯，才能让实用文写作深入人心，从而增强实用文写作的意识和能力。

项目一　学业类文书

　　学业类文书主要是在校大学生在学习、生活、工作中形成的一系列文书的总称。主要包括实验报告、实习报告、实习总结、毕业论文、毕业设计等学习类文书；申请书、竞聘书、策划书等工作类文书；以及求职信、个人简历等综合性文书。通过学习，了解这些学业类文书的概念、特点及分类，掌握其格式、写法及写作要求。

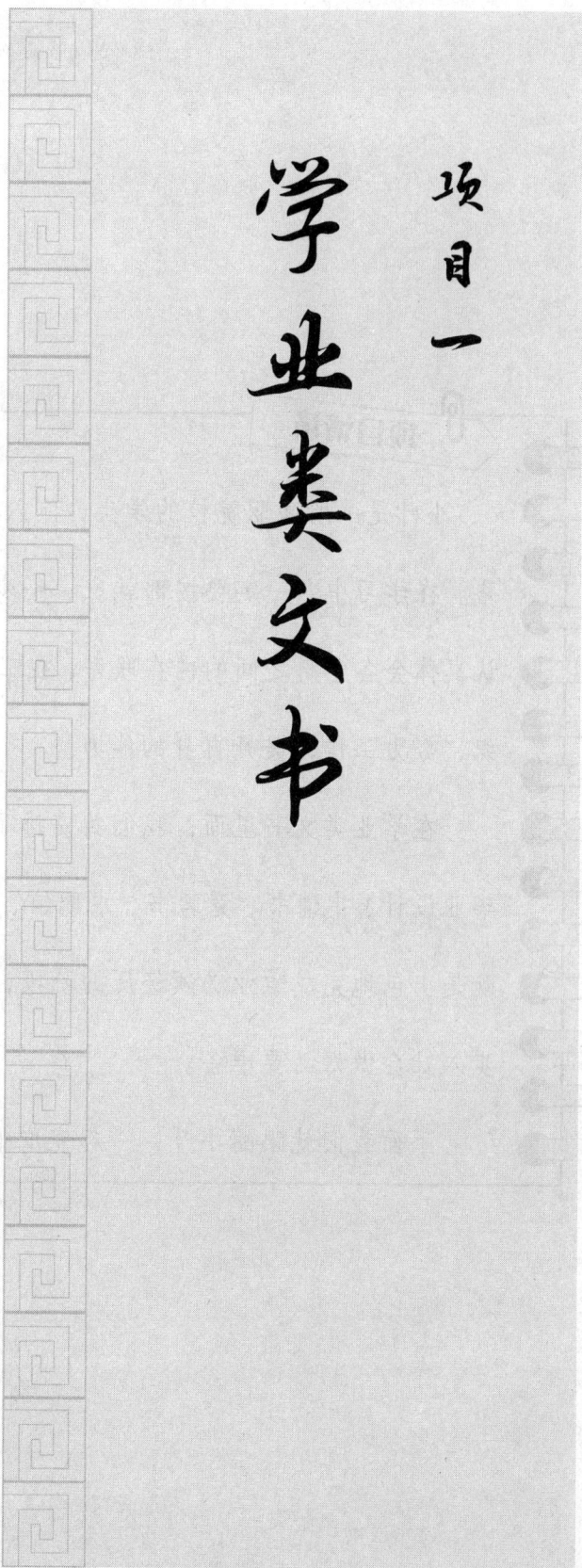

项目情境

　　小叶是一所高职院校的学生，刚入学时就为自己设定了未来的发展之路。在学习中，一定要按部就班、一步一个脚印地完成所有科目的学习，认真体会各学科之间的内在联系；在工作中，要积极参加学生会和社团组织，努力工作，提升自身的能力。

　　在学业类文书里面，我们共安排了实验报告、实习报告、毕业论文、毕业设计、申请书、竞聘书、求职信、个人简历八个学习任务。这些任务既是出色地完成学业必须经历的阶段，也是锻炼写作能力的手段，为将来步入社会做好必要准备。

　　下面我们就跟随小叶，一起完成他的大学之旅。

任务一 实验报告

能力要求

任务目标	能力目标	知识结构
掌握实验报告的写作	能根据实验报告的定义，理解实验报告的内涵，掌握实验报告的特点，区分常用实验报告的类型	实验报告的概念、特点、类型
	掌握实验报告的结构与格式，通晓具体写法	实验报告的具体内容
	明确实验报告的写作要求	实验报告需要注意的事项

案例点评

【网页设计与制作】实验报告	实验标题
_____学院_____系（部）_____专业_____级_____班 姓名：_____ 学号：_____ 实验时间：_____	实验操作者及实验日期
一、实验题目 个人网站建立与上传 二、实验目的 1. 掌握建立网站的步骤和方法。 2. 学会上传网站及浏览网页。 三、实验内容 1. 制作自己的网站。 2. 上传网页。	实验目的及内容
四、实验条件 1. 接入 Internet 的计算机。 2. IE 浏览、网页制作软件 Frontpage 2000。 五、实验记录 （一）制作自己的网站 1. 创建新站点：单击"开始"按钮，在"开始"的下拉菜单中单击"程序"，弹出"Microsoft Frontpage"，单击列表框中的创建站点图标，输入保存新站点的文件夹，单击"确定"按钮，即可创建一个新站点。 2. 新建网页：打开站点，单击"新建"菜单，在"新建"的下拉菜单中单击"网页"，弹出"新建"对话框，单击列表框中的创建空白网页图标，	实验步骤及方法

実用文书写作

单击"确定"按钮，即可创建一张新网页。

3. 字幕的建立：先输入文本，然后选中文本，单击"插入"菜单，在下拉菜单中单击组件中的"字幕"命令，弹出"字幕属性"对话框，可对字幕进行设置，设置完成后单击"确定"按钮就可完成字幕的设置。

4. 插入图片：在网页中单击要插入图片的位置，单击"插入"菜单，在下拉菜单中单击图片中的"来自文件"命令，弹出"图片"对话框，选择插入图片的方式，单击"确定"按钮就可插入图片。插入图片后可选中图片，对图片进行编辑。

5. 表格的创建：单击"表格"菜单，在"表格"的下拉菜单中单击"手绘表格"，当鼠标指针变为一支笔的形状时，在网页的适当位置拖曳就可以绘制出自己需要的表格。同时利用表格工具可以对表格进行处理——清出、插入行或列、删除表格、合并表格、拆分表格、对齐表格、表格颜色、调整表格大小。

6. 建立超链接：选中要超链接的对象并右击鼠标，选择"超链接"，并选择要被超链接的对象。

（二）上传网页

1. 主页文件名必须是 index.htm。图片文件和包含图片文件的网页不能使用中文名。

2. 登录 Ftp: //yy04-1: 1234@192.168.0.201 进行上传。

六、实验分析

（一）网站 ……………………………………………………………………… 实验分析

将大量网页放置在服务器上供人浏览，就构成了一个网站。网站并不是把网页简单地放在一起，而是通过超链接将网页有机地组合在一起，使网页之间形成一种逻辑关系，便于浏览。每个网站都有一个最基本的网页，称为主页。

（二）网站发布

设计网站时，网站的所有文件都保存在自己的计算机上。发布网站就是把保存在自己计算机上的网页放置到互联网的服务器上，供其他用户通过互联网访问。

七、实验结论 ……………………………………………………………………… 实验结论

通过对网页的建立来管理网站的内容，进行网点操作。

这是一篇计算机网页设计与制作的实验报告。该实验的目的在于通过本实验，使自己掌握建立网站的步骤和方法，学会上传网站及浏览网页。该实验报告条理清楚，格式规范齐全。

知识归纳

实验报告是在某项科研活动或专业学习中，实验者把实验的目的、方法、步骤、结果等用简洁的语言写成书面报告。

　　实验报告兼有"实验"与"报告"两种性质，是实践环节的理性回归，也是实验全过程的总结。通过写实验报告，可提高分析问题和解决问题的能力。整理实验报告应以科学的态度、实事求是的精神，所有实验数据以及观察到的现象必须如实记录，不能凭臆想推测加以修改。

一、实验报告的特点和类型

　　相对于其他文种，实验报告有以下几个特点。

　　（1）记实性。实验报告是对实验过程和结果做客观、忠实的记录，必须排除一切主观因素，将实验中所积累的资料进行整理、归纳和分析，从而找出规律、得出结论，并报告给读者。

　　（2）表述方式多样性。实验报告除采用叙述和说明的表述方式外，还可配以图表、公式及算式来表明事物内在的联系及规律，将复杂的实验过程和实验装置简约、明晰地展现出来。

　　实验报告的类型因科学实验的对象而异，如化学实验的报告叫化学实验报告、物理实验的报告就叫物理实验报告。随着科学事业的日益发展，实验的种类、项目等日渐繁多，但其格式大同小异、比较固定。实验报告必须在科学实验的基础上撰写，主要用途在于帮助实验者不断积累研究资料，总结研究成果。

二、实验报告的格式

　　有的实验报告采用事先设计好的表格，使用时只要逐项填写即可。一般来说，一份标准的实验报告包括以下内容。

1. 实验标题

　　实验报告的标题要用最简练的语言揭示实验的对象，使读者一目了然。

　　标题一般由研究对象和文体名称组成，如《计算机图形学实验报告》，"计算机图形学"是实验的研究对象，"实验报告"是文体名称。

2. 实验日期、实验操作者（有的还有实验指导者）

　　实验报告要将参与实验的人员姓名、单位，按照主次顺序一一写明。如有实验指导者，也要列出。

3. 实验目的

　　说明操作该实验是要达到什么样的目的。

4. 实验步骤

　　这是实验报告中最为重要的环节，要有条理、详细地记载实验操作的全过程。

　　这部分要写明依据何种原理、定律或操作方法进行实验，要写明经过哪几个步骤；还应该画出实验装置的结构示意图，再配以相应的文字说明。这样既可以节省许多文字说明，又可以使实验报告简明扼要、清楚明白。

5. 实验结果

　　实验结果即根据实验过程中所见到的现象和测得的数据，作出结论。对实验结果的表述，一般有以下三种方法。

　　（1）文字叙述。根据实验目的将原始资料系统化、条理化，用准确的专业术语客观地描述实验现象和结果，要有时间顺序以及各项指标在时间上的关系。

（2）图表。用表格或坐标图的方式使实验结果突出、清晰，便于相互比较，尤其适合分组较多且各组观察指标一致的实验，使组间异同一目了然。每一图表应有表目和计量单位，并说明一定的中心问题。

（3）曲线图。应用记录仪器描记出的曲线图，这些指标的变化趋势形象生动、直观明了。在实验报告中，可任选其中一种或几种方法并用，以获得最佳效果。

6. 实验总结

可写上实验成功或失败的原因，实验后的心得体会、建议等。

三、实验报告的写作要求

写实验报告是一项非常严肃、认真的工作，要讲究科学性、准确性、求实性。在撰写过程中常见错误有以下几种情况。

（1）观察不细致，没有及时、准确、如实记录。在实验时由于观察不细致、不认真，没有及时记录，结果不能准确地写出所发生的各种现象，不能恰如其分、实事求是地分析各种现象发生的原因。因此在记录中，一定要看到什么就记录什么，不能弄虚作假。为了印证一些实验现象而修改数据、假造实验现象等做法，都是不允许的。

（2）说明不准确，或层次不清晰。例如，在化学实验中出现了沉淀物，但没有准确地说明是"晶体沉淀"，还是"无定形沉淀"。介绍步骤时，有的说明没有按照操作顺序分条列出，结果出现层次不清、凌乱等问题。

（3）没有尽量采用专用术语来说明事物。例如，"用棍子在混合物里转动"一语，应用专用术语"搅拌"，既可使文字简洁明白，又合乎实验的情况。

（4）外文、符号、公式不准确，没有使用统一规定的名词和符号。

实训活动

1. 结合教学实验，将实验情况及相关数据以报告的形式记录下来。

2. 根据现有条件找一例科学实验进行对照实验，对自己的实验结论与前人的实验结论进行比较，撰写一篇实验报告。

知识拓展

宋振铎：应取消本科生论文　有个好实验报告就行[①]

学术领域弄虚作假、抄袭剽窃现象近几年愈演愈烈，更常见的情况是平庸、没有任何创见的观点和理论，也发表成学术论文、出版成学术著作。

学术期刊的品种越来越多，质量却越来越低，有一些院校的学报、一些研究机构的学刊几乎变成了"学术

---

①本文整理自中国经济网记者在 2008 年两会期间采访宋振铎委员的报道，原文链接为 http://www.ce.cn/ztpd/xwzt/08lh/djq/bwzg/200803/07/t20080307_14759785.shtml，略有改动。

垃圾"的堆积场。这些"学术垃圾"是怎么制造出来的？就这个问题记者专访了政协科技界宋振铎委员。

宋振铎委员表示，学术造假盛行，现行的相关学术制度是根本原因。无论是教授评职称还是学生毕业论文，都要求论文有一定的篇幅，而且往往要短时间内完成，还得保证质量，这确实很有难度，有点强人所难。

"现在网络的发达也为学术造假提供了温床。"宋振铎委员补充说，"目前这种现象对年轻科研人员造成了很坏的影响。"

宋振铎委员赞同本科毕业论文应该取消的观点，他认为完成一篇有见解的学术论文在本科阶段是比较困难的，有一个好的实验报告就完全可以；而且在这几年的高校扩招之后，每位教师所带的毕业生论文越来越多，根本没有精力指导学生完成高质量的论文。

宋振铎委员提出两点建议：首先，不能凭论文的转载次数来单纯评价质量；其次，论文的可行性论证还需要进一步提高。他给记者打了个比方，现在的计算机仿真带有很大的随机性，一些模型、参数是可以人为选择的，一些人为了达到他所需要的理想状态而修改参数。这种行为带有很大的欺骗性，会令一些谬论堂而皇之地变为真理。

任务二　实习报告

能力要求

任务目标	能力目标	知识结构
掌握实习报告的写作	能根据定义，理解实习报告的内涵，掌握实习报告的特点	实习报告的概念、特点
	掌握实习报告的结构与格式，通晓具体写法	实习报告标题的写法 正文结构的具体内容
	明确实习报告的写作要求	实习报告需要注意的事项

案例点评

会计专业的实习报告

11级会计3班　叶子

　　为期近一个月的会计实习已接近尾声，这次实习是对我们专业知识的一种检验，对我而言可谓受益匪浅。

　　刚开始进行的是填制凭证的工作。由于以前有过几次简单的实践经历，所以对于凭证也就一扫而过，总以为凭着记忆加上学校里学的理论对于区区原始凭证可以熟练掌握。正是这种浮躁的态度让我忽视了会计循环的基石——会计分录，以至于后来制单时有点手足无措。会计分录在书本上可以学习，可一些银行账单、汇票、发票联等就要靠实习时才能真正接触，

标题
署名
实习目的
实习任务的完成情况

实用文书写作

从而有更深刻的印象。别以为只是认识就行了，还要把所有的单据按月按日分门别类，同时把每笔业务的单据整理并装订好，才能为记账做好准备。

填制好凭证之后就进入记账程序了。虽说记账看上去有点像小学生都会做的事，可重复量如此大的工作如果没有一定的耐心和细心是很难胜任的。因为一出错并不是随便用笔涂了或是用橡皮擦了就算了，对每一个步骤都是有严格要求的。例如写错数字就要用红笔画横线，再用钢笔在上面更正。而写错摘要栏，则可以用蓝笔画横线并在旁边写上正确的摘要。平常我们写字总觉得写正中点好看，可摘要却不行，一定要靠左写起并不能空格，这样做是为了防止摘要栏被人任意篡改。对于数字的书写也有严格要求，字迹一定要清晰清秀，按格填写，不能东倒西歪的。记账时要清楚每一明细分录及总账名称，不能乱写，否则总账的借贷双方就不能结平了。如此烦琐的程序让我不敢有丁点马虎，这并不是做作业时或考试时出错了就扣分而已，而是关乎一个企业的账务，是一个企业以后制订发展计划的依据。

所有的账记好了，接下来就结账。每一账页要结一次，每个月也要结一次，所谓月清月结就是这个意思。结账最麻烦的就是结算期间费用和税费了，按计算机都按到手酸，而且一不留神就会出错，要复查两三次才行。一开始我掌握了计算公式就以为按计算机这样的小事根本不在话下，可就是因为粗心大意反而算错了不少数据，好在同组的同学要我先用铅笔写数据，否则真不知道要把账本涂改成什么样子。

从制单到记账的整个过程基本上了解了后，就要认真结合书本的知识总结一下手工做账到底是怎么一回事。根据实习资料教程弄清每一种银行账单的样式和填写方式以及什么时候才使用这种账单，以后学习起来就会更得心应手了。其实课本上的知识都是最基本的，不管现实情况怎样变化，只要抓住最基本的就可以以不变应万变。如今有不少学生实习时都觉得课堂上学的知识用不上，以致出现挫折感。可我觉得，要是没有书本知识做铺垫，又怎能应付瞬息万变的社会呢？

经过这些天的实习，使我对会计工作有了进一步的认识，在取得实效的同时，我也在实习过程中发现了自身的一些不足。比如自己不够细心，经常看错或抄错数字，导致核算结果出错，引起了不必要的麻烦；在编制分录方面还不够熟练，今后还得加强练习。 | 在实习过程中取得的成绩与不足

总而言之，这次会计实习让我学到了许多在课堂上学不到的经验，在实践中巩固了知识，也为我们以后走向社会奠定了坚实的基础。 | 收获、体会以及今后努力的方向

这是一篇会计专业学生的实习报告。这篇报告真实完整地反映了该学生实习的过程和心得体会，中心明确，层次井然，语言清晰准确。

知识归纳

实习报告是经过专业实习以后就实习工作撰写的总结性报告。它是总结的一种，因此具有

总结的特点。

一、实习报告的格式

一般来说，实习报告内容相异、形式多样。但总的来说，实习报告必须包含标题和正文。

标题有两种写法。一种是直接写"实习报告"；另一种是由实习对象和文体组成，如"网络营销实习报告""××公司实习报告"等。

正文因实习过程的不同而异。一般来说，必须具备以下几方面的内容。

（1）基本情况，即由谁安排、什么时间、在哪个单位（公司）、进行了为期多长时间的什么内容的实习以及总的感受。

（2）实习内容及过程，即在实习期间自己主要做了哪些工作。应选择与专业实习有关的内容。

（3）实习总结及体会，最好能结合事例说明自己的收获，突出学到了什么、取得了什么成果、还有哪些不足；同时还要表明自己的态度，并提出希望。

二、实习报告的写作要求

（1）内容要客观真实，切忌好大喜功、弄虚作假。

（2）要注意详略，不能事无巨细地写成"流水账"，重点应是主要工作和收获。

（3）语言上要简明扼要，以说明和叙述两种表达方式为主。

实训活动

1. 作为汽车维修专业的学生，黎君同学从××汽车维修公司实习回来。请你为他草拟一份实习报告。

2. 请根据你自己的实习经历写一份实习报告。

知识拓展

实习经历多不如精[1]

晨报讯　现在正是大学生求职的高峰期，记者从一些高校了解到，很多企业在招聘时特别看重毕业生的有效实习经历，尤其是行家的点评；一些企业更青睐通过"实习选秀"来招聘。

大学生的专业实习经历太少，导致不少大学生存在实际能力与就业岗位衔接不上的问题，这是目前一些企业的普遍反映。因此，很多企业在招聘时都不得不清楚地标明"有经验者优先"。在日前由欧莱雅举办的"工业大赛"上，前来参赛的大学生表现自信、英语流利，但设计的虚拟化妆品厂虽有创意，却难以实际操作。而国外大学生却恰恰相反，尽管方案创意不够，但设计的工程操作流程却非常贴近现实。

据了解，我国大学生的实习时间过短，大多只是从大三时才开始，实习时间一般也就3周左右。而国外大

[1]本文引自2005年12月23日《新闻晨报》，原文名《企业更看重专业实习 实习经历多不如精》，记者董川峰，略有改动。

学教育特别注重实践，在整个大学培养计划中，约有一半时间是在相关企业进行体验。这样毕业的学生对就业岗位的熟悉程度就不言而喻。

同时，一些企业负责招聘的人员也告诫毕业生，太杂的实习经验在应聘时并不管用，还会适得其反。某招聘人员告诉记者，一些建筑专业的毕业生拿出的实习经验竟然没有一项或很少与建筑沾边，却大吹自己是个全才，有IT、计算机和销售等多方面的经验，而用人单位对此并不买账。因为在专业性很强的行业中，用人单位往往希望录取一些"专才"，这样专业知识和专业经验在求职中就显得尤为重要。

目前如IBM等众多的企业往往会通过先招收实习生的方式来招聘人才，希望能从中选择适合企业的人才。这样不仅可以给大学生一个锻炼机会，还可以使企业有更充足的时间考察学生，而留下的学生则因为实习时对企业有一定了解，缩短了进入企业后所需要的磨合期。

任务三　毕业论文

能力要求

任务目标	能力目标	知识结构
掌握毕业论文的写作	能根据毕业论文的定义，理解其内涵，掌握其特点	毕业论文的概念、特点
	掌握毕业论文的结构与格式，通晓其具体写法	毕业论文选题、选材的方法 正文结构的具体内容
	明确毕业论文的写作要求	熟悉毕业论文的写作过程

案例点评

对灾后心理危机干预研究

刘　丹

黑龙江农业经济职业学院，黑龙江，牡丹江，157041

摘　要　2008年5月12日四川汶川发生了8.0级地震，此次地震不仅造成了重大人员伤亡和财产损失，而且给人们的心理带来了巨大的冲击，因此灾后心理危机干预必不可少。文章主要从心理危机、心理危机干预方法、心理救援体系几方面进行了论述。

关键词　心理危机　心理危机干预方法　心理救援体系

2008年5月12日四川汶川发生的8.0级地震对人们的心理造成的巨大伤害不亚于经济损失。地震过后，我们在把时间、精力和财力放在物质救灾的同时，应该意识到灾后人们心灵家园的重建不可忽视，即我们要同时采取"物质救灾"和"心理救灾"两种救援行动。专家研究表明，没有任

标题

署名

摘要：简要叙述论文的研究成果

何一种灾难比心理伤害带给人的痛苦更严重。因此，开展灾后心理危机干预意义重大。

一、心理危机

当面对重大突发事件时，个体现有的知识经验和能力水平不能有效地应对当前情境，这时个体出现的一种心理失衡状态即心理危机状态。当个体经历重大突发事件后，会出现一系列的应激反应，主要表现在生理、情绪、认知和行为上。

生理方面主要表现为呼吸困难、窒息感、肠胃不适、头痛、失眠、做噩梦、易醒、血压升高、食欲下降、心慌、容易疲倦和容易受惊吓。

情绪方面主要表现为悲观、愤怒、沮丧、失落、麻木、害怕、紧张、焦虑及烦躁。

认知方面常表现为注意力不集中、记忆力下降、思考和理解力下降。

行为方面主要表现为不信任他人、与人疏远、工作效率下降、暴饮暴食、对环境警觉、自责或怪罪他人。

上述这些反应是个体遇到不寻常事件时的正常反应，大部分都会随时间的推移而逐渐减弱。研究表明，经历了重大灾难事件的当事人中，有70%可以在没有专业人员帮助的情况下自己愈合心理创伤，但这可能需要半年或几年的时间；有30%在灾后几年甚至几十年后会出现一些心理问题。

二、心理危机干预

在危机面前，当事人可能做出三种形式的反应。

一是当事人能够有效地应对危机，在经历危机后获得了解决危机事件的经验和技巧，个体变得更加坚强和成熟，这是最理想的状态。

二是当事人虽然度过了危机，但心理留下了创伤，影响了以后的社会适应，问题并没有得到真正解决。

三是当事人在危机开始时，心理已全面瓦解，不能渡过危机。

后两种情况的人群是心理危机干预的人群。

心理危机干预即对处于心理危机状态的个人给予适当的心理援助，防止其精神崩溃，使之最终摆脱困境，战胜危机，重新面对生活。有效的心理危机干预能缓解、稳定当事人的情绪，防止过激行为，使其心理恢复或者高于危机前的水平。

三、心理危机干预方法

（一）心理晤谈法

心理晤谈法是心理危机干预的一种重要技术方法，是通过系统的交谈来减轻受灾者的心理压力，人员自愿参加，采用集体或个别的形式进行辅导。心理晤谈的目标是通过公开讨论内心感受，获得集体的支持和安慰，从而恢复心理平衡。

由于灾后需要第一时间内对大规模人群进行心理疏导，所以在这里主要介绍一下集体晤谈。集体晤谈过程共分为六期。

（1）介绍期。指导者进行自我介绍，解释集体晤谈的规则和保密原则。

（2）事实期。让参加者描述地震事件中发生的一些实际情况；询问参

（旁注）
描述"心理危机"的特征

介绍当事人对心理危机的不同反应，表明进行心理危机干预的重要性

详细介绍心理危机干预的方法

加者在严重事件发生过程中自己在什么地方、听到和看到什么及自己当时的行为；每位参加者都必须发言，从而更加了解事件的全貌。

（3）感受期。询问参加者的感受，包括事件发生以前、事件发生时及目前有什么样的感受。

（4）症状期。请参加者描述自己的应激反应症状；询问地震事件过程中及现在是否有不寻常体验；事件发生后生活有哪些改变；讨论目前状况对家庭、工作和生活造成的影响。

（5）辅导期。向参加者介绍灾后的一些正常反应和积极的适应与应付方式。

（6）恢复期。总结晤谈过程并讨论行动计划。

整个过程需2小时左右完成。严重事件后数周或数月内进行随访。

处于急性应激中的人（如家中亲人去世），不适宜参加集体晤谈；晤谈时，注意不要强迫参加者叙述灾难细节；晤谈结束后，干预团队要组织队员进行团队晤谈，缓解干预人员的压力。

（二）建立社会支持系统

研究表明，面对各种突发事件时，有足够社会支持的人更容易渡过危机，在他们身上发生创伤后应激事件的危险性很小；相反，那些缺乏社会支持的个人在灾难事件中产生的心理压力得不到有效的缓解及解决，自然会增加创伤后应激障碍的发生概率。社会支持包括亲朋好友的关心和帮助、心理工作者的及时辅导、社会各界的热心援助及政府全面推动和开展的灾后重建措施。这些支持会有力地促进受灾人员的灾后适应和心理康复。

（三）提供积极的应对方式

（1）鼓励当事人进行情绪的表达和情感的宣泄。通过情绪表达，当事人内心深处的负性感受会得以疏解，其心中的不安、焦虑等情绪也会得以释放，有利于心理恢复平衡。

（2）鼓励当事人参加各种体育活动和集体活动。可以组织受灾人员集体去从事帮助别人的活动，如照顾别人、发放物资及寻找亲人。这样做一方面使受灾人员能体会到助人的乐趣及存在的价值，另一方面淡化了自己的悲伤情绪，忘却了自身的痛苦。

（3）指导受灾人员进行放松训练。放松训练是一种通过肌体的主动放松来增强人们对情绪控制能力的有效方法，可缓解焦虑、紧张的情绪。

具体步骤：

第一步：找一个较为安静的环境，坐或躺在床上或沙发上，保持舒适的姿态。

第二步：用鼻孔慢慢吸气，让空气在体内停留片刻，再用口和鼻呼出。呼气的时候平和而顺畅，进行几次这样的呼吸并暗示自己放松。

第三步：伸直并绷紧双臂，用力握拳，保持数秒钟，体会肌肉绷紧的感觉；然后慢慢放松，体会肌肉被放松的感觉。

第四步：用同样的方式，将全身从上到下绷紧和放松一遍之后，体验放松的感受。

（4）让当事人看到希望和光明。向受灾人员解释社会及政府会全心全意地帮助他们，同时给他们展示一幅美好的未来图景。使当事人具有乐观积极的心理和精神，这有助于他们尽快走出心理灰暗区。

（5）帮助当事人建立起对生活的信心。地震后的受灾人员失去了亲人和财产，失去了他们认为的很多珍贵和美好的东西，面对这种刺激和冲击，同时也失去了对生活的信心和勇气。这时面对受灾人员，心理辅导人员不要先谈有关灾难事件，而要先与当事人共同分析列举其现有的资源和优势。比如根据实际情况分析，告诉当事人他的资源：你还很年轻，你还有很多朋友，你身体很健康，你有专门的技术等。通过分析，经历了灾难的当事人重新明确了自身的优势和资源，自然会建立起对生活的信心。

（四）改变不合理的认知

心理学家艾利斯认为心理困扰并不是由诱发事件引起的，而是由人对事件的非理性评价和信念引起的，如果改变了非理性的解释和观念，调整对诱发事件的认知，消极情绪困扰就会消失。经历重大灾难事件的人注意力范围会变得狭隘，会导致认知水平下降，从而出现一些不合理的认知。

不合理认知的三个特征：

（1）绝对化。绝对化信念的代表词为"必须""应该"等，如"救援者必须救出我的亲人""我应该意识到某些地点的危险性"。持绝对化信念的人，凡事都从主观意志出发，忽视客观事物的规律性。

（2）以偏概全。这是一种概括化的思维方式，如遭遇地震就认为"一切都完了"；在地震中如果没有救出亲人，就认为自己"没用""一无是处"。

（3）糟糕至极。持这种观念的人认为如果发生了一件不好的事，那将是非常可怕和糟糕的。例如，认为发生地震是一场灾难，是糟透了的事件。

心理辅导人员要帮助灾区人民认识到这种不合理的信念并指导他们树立积极、合理的信念。面对灾难，积极合理的信念是：灾难带来了伤亡和损失，但它使我们学会了坚强，让我们成长，让我们团结在一起，让我们感受到了人间的大爱。通过改变不合理的认知，使受灾人员的心理走向平衡状态。

（五）提供准确的信息

面对重大突发事件，人们迫切希望得到充分而透明的信息，以了解事情的发展趋势，消除心理压力和稳定恐慌的情绪。所以灾难过后政府职能部门应该建立健全快速信息反应机制，准确及时地发布详细的权威信息，利用快捷的信息通道将正确的信息传递出去，使之成为各种信息洪流中的主流，打消公众不必要的顾虑和疑惑，稳定情绪及维持社会的安定局面，引导人们团结一致抗灾救灾。

（六）药物治疗

药物治疗是心理干预的辅导方法，多数情况下不予采用。对反复出现有创伤性内容的噩梦、失眠、侵入性闪回、注意力不集中等，短时间内选择五羟色胺再摄取抑制剂类抗抑郁药物，能够明显缓解抑郁、焦虑症状，改善睡眠质量。另外，苯二氮卓类药物具有抗焦虑、镇静催眠、抗惊厥、肌肉松弛和安定等作用，对于急性应激反应有较好的干预效果。

四、完善心理救援体系

（一）建立健全的心理危机干预机制，把心理救灾纳入救灾预警机制

能否有效地处理重大突发事件带来的心理危机，已经成为衡量人类健康、社会和谐的标准。国外在20世纪70年代由国家立法将心理救援工作纳入灾后救援任务中，我国的心理危机干预始于1994年，克拉玛依火灾发生后，北大精神卫生研究所的专家对伤亡家属进行了心理干预，缓解了受难者痛苦绝望的情绪，使其获得了精神支持。2004年9月，国务院制定了关于进一步加强精神卫生工作的指导意见，明确提出"积极开展重大灾难后受灾人群的心理干预和心理救援工作"。可见国家已经对心理干预给予了高度的重视。但同时我们应该看到，我国心理干预起步较晚，在人员配备、资金投入及相关研究等方面都还不完善。所以，今后我国心理干预工作应在健全心理危机干预机制、建立心理救援机构、构建一套完整的灾后心理干预体系、出台心理救援法律法规等方面努力和完善。

（二）建立一支心理危机干预专业队伍

西方发达国家大多建有一支反应迅速的心理危机干预专业队伍，灾难发生后他们会第一时间出现在灾难现场。美国"9·11"事件后，心理学工作者、心理医生、心理咨询员等都到达现场对受灾人员进行心理危机干预，帮助他们渡过心理危机。我国在"非典"期间、桑美台风肆虐过后及这次的"5·12"四川地震都有心理学工作者对受灾人员进行了心理干预，一定程度上安抚了灾民恐惧、绝望的心灵。可见，心理危机干预专业队伍的作用非常重要。由于心理危机干预工作任务复杂而艰巨，危机事件发生后，心理危机干预人员必须在第一时间内到达现场，快速评估现场情况，并制定出心理危机干预方案。这些都决定了心理危机干预人员自身素质和专业技能都要很强，如果自身素质不过关，不但帮不了受灾人员，而且自身还会受到冲击和损害。对心理干预工作者的一般要求为：灾害事件后会出现一些反应，但在两三天内缓慢消失；闪回症状较弱，睡眠情况基本正常；能接纳自己的反应和发生的事情，逻辑思维未受到大的影响；有紧张、恐惧的情绪，但对情绪有察觉、能接受，并能够进行稳定；精力和体能保持较为旺盛的状态。

【参考文献】

[1] 易敏. 灾后救援不容忽视的问题——危机心理干预[J]. 法制与社会，2008，（9）.

[2] 西屏. 灾后重建中的"心理救灾"[J]. 科学24小时，2007，（1）.

[3] 陈美英，张仁川. 突发灾害事件的心理应激与危机干预[J]. 临床和实验医学杂志，2006，（12）.

这是一份心理学专业论文（原文参考文献文内注不正确，编者未调整），选题立足于地震后人们遇到的心理问题，具有较强的现实针对性。论文在分析心理危机特点的基础上，指出了进行灾后心理危机干预的重要性，阐述了如何进行心理危机干预，以及如何进一步完善心理救援体系等问题。

（右侧批注）如何进一步完善心理救援体系

参考文献

知识归纳

　　毕业论文是毕业生提交的一份有一定学术价值的文章。它是学生完成学业的标志性作业，是对学习成果的综合性总结和检阅，是学生从事科学研究的书面总结。

一、毕业论文的特征

　　毕业论文除了应具有正规论文的一般特征外，还有自身的特殊性，主要表现在以下几个方面。

1. 受导性

　　毕业论文的写作自始至终在教师的指导下进行，每一环节都需要教师具体的引领和指导。学生在指导教师的帮助下进行选题，在教师指导下了解参考文献，并制定调查线索，进而由教师审定论文提纲，解答疑难问题，指出论文初稿中存在的问题，并提出修改意见等。当然教师的任务是"示"与"导"，而不是代替学生劳作。在写作的全过程中，教师要引导学生独立地、非依赖性地工作，充分发挥学生的主观能动性和自我创造精神，左思右寻，上求下探，刻苦钻研，反复推敲，最大限度地发挥自身的聪明才智，圆满地完成毕业论文的写作任务。

2. 习作性

　　毕业论文就其本质而言，是一次分量较重的作业，带有明显的教育目的性和学业规定性。没有论文成绩，就不能毕业或得不到相应的学位。毕业论文是在前面课程基本已学完的情况完成的一次作业，因此专业知识和毕业论文是有内在联系的，专业知识的学习为写作论文打下了基础，论文的写作是对所学专业知识的综合运用。

　　写毕业论文的目的是培养学生的科学研究意识和素质，提高分析和解决问题的能力，为将来从事研究和学术论文写作打下基础、做好准备，而不是要求论文本身去完成某种现实任务，也不是要求论文达到发表水平（当然，能达到发表水平是最好不过的）。对于大多数学生而言，毕业论文实质上是在校期间的一种演练、一份习作，并不是正规的学术论文。当然，它必须按照正规学术论文的文体特征和价值功能去看待和要求。

3. 考核性

　　毕业论文中考核、检查的用意十分明显。毕业论文的目的和用意不是像学术论文那样"公诸于世"，而是"考核"，取得成绩。毕业论文被归入教育类文体，因此要按专业教育的标准要求，而且要求划分出等级差别。毕业论文最后的结果就是评定出作者的成绩，这正是从考核的意义上着眼。

二、毕业论文的写作过程

　　毕业论文的创作是一个复杂的过程，一般可分为四个阶段：准备阶段、编写提纲阶段、撰写初稿阶段和修改阶段。

1. 准备阶段

　　准备阶段的主要任务是选题和选材。

　　（1）选题。正确选择毕业论文题目是首要条件。毕业论文题目的选择是否恰当，既关系到毕业论文写作能否成功，又关系到毕业论文的质量高低。选题三部曲：首先，论文选题要结合兴趣，选定大方向；其次，要查阅资料、文献，汲取他人的经验；最后，要根据自己的能力，扬长避短，锁定题目。

（2）选材。毕业论文题目确定之后，就要开始搜集和筛选资料。一方面，要尽可能地占有与毕业论文题目有关的正反两方面的资料；另一方面，要围绕毕业论文的中心筛选资料，保持论文思路清晰、逻辑严谨。

2. 编写提纲阶段

编写提纲阶段主要是整理资料、进行论文构思的过程。

当材料准备较充足以后，就要对其进行分析比较、提炼加工及整体构思，并将这种构思的大致思路写下来，此即编写提纲。毕业论文提纲是一篇论文的基本轮廓，是全文的骨架，起着疏通思路、安排材料、形成结构的作用。

毕业论文提纲以简洁为好，只需列出每一部分、每一层次、每一段落的要点。编写毕业论文提纲一般可参考以下思路：①先拟标题；②写出总论点；③考虑全篇总的安排：从几个方面、以什么顺序来论述总论点，这是论文结构的骨架；④大的项目安排妥当之后，再逐个考虑每个项目的下位论点，直到段一级，并写出段的论点句（即段旨）；⑤依次考虑各个段的安排，把准备使用的材料按顺序编码，以便写作时使用；⑥全面检查，进行必要的增删。

3. 撰写初稿阶段

提纲拟定之后，接下来就要开始撰写论文。此时应该按照毕业论文的写作格式，根据提纲拟定的论点组织材料，进行周密论证。

毕业论文的写作格式将在下文进行详细介绍。

4. 修改阶段

毕业论文初稿写成以后，回过头再看就会发现许多疏漏与不严谨的地方，因此必须进行反复修改，才能定稿。修改时应关注以下几个方面的问题。

（1）修正观点。力求观点论述充分，观点鲜明，没有容易产生歧义的地方。

（2）增删材料。实际上就是检查材料与观点是否一致，除去重复或与论文观点联系不够紧密的材料，增加更有说服力的材料。

（3）调整结构。实际上就是调整思路，包括层次和段落，检查其连贯性与紧凑性。

（4）润色语言。主要看用词是否准确，句子是否通顺。

三、毕业论文的写作格式

根据国家标准局颁发的《科学技术报告、学位论文和学术论文的编写格式》的要求，毕业论文的标准格式一般由标题、署名、摘要、关键词、正文、致谢辞、参考文献等要素构成。

1. 标题

毕业论文的标题是论文的眉目，应仔细推敲，尽可能从各个角度充分考虑，以选择最合适的。原则上，题目要简单明了，能反映毕业论文的主要内容，能使读者一眼看出论文的中心内容在讲什么，切忌笼统、空泛；语言也要朴实，同时能引起读者的注意；标题不可过长，若字数少不能涵盖题旨，可列副标题做补充。

2. 署名

毕业论文总标题下面要署上作者的真实姓名和指导老师的姓名。标题、作者和指导教师的名字写在封面的指定位置。

3. 摘要

摘要是对论文基本内容的浓缩。它以提供文献内容梗概为目的，不加注释和评论。其基本要素包括研究目的、方法、结果和结论，要求短小精悍、意思完整、忠于原文。字数以不超过正文的5%为宜，一般在150字左右，置于论文的最前面。

4. 关键词

关键词是为了适应计算机检索的需要而从其题名、层次标题和正文中选出来的，能反映论文主题概念的词或词组。每篇论文一般选取 3~8 个词汇作为关键词，按词语外延层次从大到小排列，每个关键词之间以分号或空格隔开，另起一行置于摘要之后。

5. 正文

正文是论文的主体和核心，一般包括绪论、本论和结论三部分。

（1）绪论，又称引言、前言、导语，是论文的开头。主要阐述研究的理由、目的、背景、前人的工作和知识空白，理论依据和实验基础，预期的结果及其在相关领域里的地位、作用和意义。引言的文字、措辞要精练，要能吸引读者读下去。

（2）本论，是论文的主体、核心部分，占据着论文的最大篇幅。论文所体现的创造性成果或新的研究结果，都将在这一部分得到充分反映。因此要求这一部分内容充实，结构合理，论据充分、可靠，论证有力，主题明确。为了满足这一系列要求，同时也为了做到层次分明，重点突出，脉络清晰，文字简练、通顺，常常将正文部分分成几个大的段落。这些段落即所谓的逻辑段，一个逻辑段可包含几个自然段，每一逻辑段落可冠以适当标题（分标题或小标题）。

（3）结论，又称结语、结束语，是论证的结果。结论是对整个论文主要成果的总结，应明确指出本研究内容的创造性成果或创新点理论（含新见解、新观点），对其应用前景和社会、经济价值等加以预测和评价，并指出今后进一步在本研究方向进行研究工作的展望与设想。结论要求精简，与绪论相照应。

6. 致谢辞

致谢辞又称谢词，置于正文的结尾部分。主要是感谢对论文写作给予帮助的人。这是治学者应有的风范，也是对别人劳动的尊重。要求言辞恳切恰当、实事求是，不要过分谦虚，也不要"强加于人"，罗列专家学者。

7. 参考文献

参考文献是指作者在撰写毕业论文过程中所引用的著作和报刊杂志，包括文内标注和文后参考文献列表两部分。论文一般采用"顺序编码制"。

顺序编码制的文内标注按引用文献出现的先后次序，用上角标标于引文或叙述文字末尾，如：

□□□□□□□□□□□□□□□[1]。□□□□□□□□□□□□□□□□□□□□□，□□□□□□□□□□□□□□[2]。□□□□□□□□□□□。

参考文献列表位于毕业论文末尾，按正文中标注的引用文献序号先后顺序著录。几种常用引文载体的著录项目如下。

著作：　　　　[序号]作者. 书名. 版次（初版除外）. 出版地：出版社，出版年：页码.

期刊：　　　　[序号]作者. 文章题目. 期刊名，出版年，卷数（期数）：页码.

网页类：　　　[序号]作者. 文章名. 网页地址[下载年-月-日].

以下为参考文献列表举例。

【参考文献】

[1] 胡山林. 文学欣赏新编[M]. 北京：人民邮电出版社，2013.

[2] 万国清. 浅议高校教材配套资源建设. 计算机教育，2009，（3）：123-125.

上述只是简要介绍参考文献的著录方法，详细方法尚需查询《文后参考文献著录规则》（GB/T 7714—2005）。

四、毕业论文的写作要求

一般而言，毕业论文的写作有以下几项要求。

（1）观点要新颖，具有独创性。即论文中要表现自己的新看法、新见解、新观点，不能简单地重复前人的观点。

（2）论据要翔实，富有确证性。要搜集充足、典型、有代表性的材料。第一手材料要公正，要反复核实，要去掉个人的好恶和想当然的推想，保留其客观的真实。第二手材料要究根问底，查明原始出处，并深领其意，而不得断章取义。引用别人的材料是为自己的论证服务，而不得作为篇章的点缀。在引用他人材料时，需要下一番筛选、鉴别的工夫，做到准确无误。

（3）论证要严密，富有逻辑性。论证是用论据证明论点的方法和过程。论证要严密，富有逻辑性，这样才能使文章具有说服力。从文章全局来说，作者提出问题、分析问题和解决问题，要符合客观事物的规律，符合人们对客观事物认识的程序，使人们的逻辑程序和认识程序统一起来，全篇形成一个逻辑整体。从文章局部来说，对于某一问题的分析、某一现象的解释，要体现出较为完整的概念、判断、推理的过程。

实训活动

1. 结合专业方向，开展一次毕业论文写作过程的模拟训练。

2. 阅读下面的论文摘要，根据摘要内容为这篇论文拟定恰当标题，选择合适关键词。

内容摘要：本文通过对大学学生干部的调查，发现大学学生干部的教育资本获得方面与社会因素的关系，说明大学学生干部分层机制，并详细分析了城市大学生教育资本获得差异的机制。研究发现，大学学生干部教育资本获得受先赋因素的深刻影响，从而否定了功能主义视学校为普遍主义组织的假设。而且指出了影响中国大学生分层的独特先赋因素是城乡身份因素。大学的学习成绩不像以前的研究发现那样受先赋因素的影响，作者对此做出了解释。通过对农村大学生阶层生产中各种策略的分析，利用默顿的越轨理论，将阶层再生产的理论整合为"阶层结构化论"。阶层结构化论以"文化紧张"为核心概念，融合结构和过程、制度与行动者、经济资本与文化资本等对立的理论视角，具有较强的包容性和解释力。根据这一理论提出建议，发挥教育更大的社会功能，促进大学教育资源公平分配。

知识拓展

论文的学术规范

1. 言之有据：引文

（1）无论直接还是间接引用他人观点（包括公开和未公开发表的印刷品、电子品和私下讨论与交流），都要用引文形式加以说明。

（2）引文应尽量采用原始文献和第一手资料；凡转引文献资料，应如实说明。

（3）不使用未经亲自阅读过的文献。

（4）无论直接还是间接引用均须尊重作者原意，不可断章取义。

（5）引文应当尽量使用转述；使用原话（包括原文中的概念）作为引文的，应加引号。

（6）连续直接文字引用达到 20 个汉字及以上的（或外国语文字两行及以上的），应当独立分段，作为明显的引文标志。

（7）同一研究性作品（原创研究性论文或专著）中直接或间接引用他人之同一作品达到 10 次及以上的，应当以适当方式通知被引用的作品之作者或发表者。

（8）学生引用教师口头或书面指导的观点，应当以适当形式注明。

（9）用中文引用经典作家作品的原话应当核对中文版本的原始文献；没有相应中文版本的，应在文字翻译后面注明原文字文本。

2. 尊重他人：注释

（1）所有引文都应当加以明确注释。

（2）所有注释必须详尽（包括作者、发表者、被引用作品名称、发表时间和具体页码等信息），便于读者在需要时亲自核对。

（3）提交作品供发表，注释格式应当符合发表者的编辑排版要求。

（4）所有注释使用的文献和资料应当具有真实性，不能伪注、伪造或篡改文献。

（5）不应当用参考文献代替注释。

3. 论有所依：参考文献

（1）参考文献应当是注释所采用过的文献和资料，并且限于作者直接阅读过的、最主要的、发表在正式出版物上的文献。

（2）研究性作品应当包含相应的文献综述。

（3）进行文献综述时，对已有学术成果的介绍和评论，应客观和公允，引用要准确。

（4）同时有电子版和印刷版的文献，应当采纳印刷版。

（5）网络版文献应当同时注明具体页面的详尽网址、页面更新日期和引用者访问该页面的日期等信息。更新日期不详的，应予以说明。

4. 文字、数据、图表

（1）所有文字应当符合有关语言文字、语句表述、标点符号和数字表达方面的规范要求；使用非公知公用的缩写词，应在文中第一次出现时注明全称。

（2）提交作品供发表，所使用常用引导词、文字字体、字号、版式、数据、数字、标点符号、列表和编目之表达形式和风格等应符合发表者的编辑排版规范要求。

（3）保持所有数据的真实性，不应当伪造或篡改数据。

（4）数据和实验结果的报告应当全面而系统，不应当选择性地只报告符合预期的数据和结果。

（5）通过实验、调查、观察等手段获得的第一手数据，对相关原始记录和证据应当保存至少 5 年，便于他人在必要的时候进行核实。

（6）使用他人的数据和实验结果，应当对其可靠性加以核实，并说明其来源。

（7）如果以人作为信息源进行数据搜集，不应当用任何物质性或非物质性的手段影响信息提供者按照其真实意愿提供信息。

（8）有图表的作品应当有相应的文字叙述进行配合；同时，应当做到图表中的术语、符号、单位等与文字表述所用的一致，并且先见文字后见图表。

（9）引用或参考他人的图表应当说明真实来源。

（10）图表的样式、色种数量和色彩搭配风格应当符合发表者的编辑排版规范要求。

任务四　毕业设计

能力要求

任务目标	能力目标	知识结构
掌握毕业设计的写作	能根据毕业设计的定义，理解其内涵，了解其不同类型	毕业设计的概念、类型
	掌握毕业设计的结构与格式，通晓其具体写法	毕业设计选题、选材的方法 正文结构的具体内容
	明确毕业设计的写作要求	熟悉毕业设计的写作过程

案例点评

交通监理及收费系统的设计与实现

选题难易适度，具有现实意义

摘　要　分析了监理及收费系统的结构模型，着重介绍了利用 IC 卡实现交通监理以及收费信息管理的有效方法。通过该系统，可实现交通监理的规范化、合理化，从而提高交通监理水平。另外，本文所描述的软、硬件结构也可推广到其他的收费系统之中。

关键词　MIS　交通监理　收费系统　IC 卡

随着计算机及通信技术的飞速发展，计算机应用已渗透到社会经济的各个领域，对社会经济的发展起着越来越重要的作用。而如何提高交警在交通监理工作中的科技含量，并使其规范化、标准化，从而消除工作中的

导语部分扼要阐明本设计课题的现实意义以及要解决的主要问题

腐败现象，仍是摆在我们面前的重要课题。虽然有的地区采用银行代收违章罚款的方式，但也只能解决部分问题，并存在某些弊端。交通监理及收费信息管理系统（以下简称 TSCMIS）的实施，可使交通监理收费管理准确、及时、可靠。

TSCMIS 系统是以 IC 卡代替现金支付手段的信息管理系统，包括 IC 卡管理系统和收费信息管理系统。IC 卡管理系统用于卡的管理，主要包括司机卡和交警卡的发行、挂失、招领、注销以及司机卡的续交款等。收费信息管理系统用于存储和管理系统中的司机信息和处罚缴款信息，并负责完成财务报表、对账、转账等功能；公共信息的发布以及用户通过互联网查询有关信息。

本文介绍了 TSCMIS 系统的基本结构、工作原理、软硬件接口设计方法等。

1. TSCMIS 系统基本结构

TSCMIS 是一个规模较大、技术复杂程度较高的系统项目。为了避免用户重复投资，确保系统具有先进性和实用性，并综合考虑互联网技术的最新发展以及传统客户端/服务器结构的优势，我们本着基于开放的硬件平台，开放的软件结构以实现高性能、高可靠性、高可用性及高可维护性等系统集成原则，设计和实现了该系统。

实现该系统时可采用两种网络方案：①小型交警操作器与交通监理中心之间采用无线网络方式进行数据通信，但是这种方案投资大、技术难度高、维护工作量大、操作人员素质要求高；②采用分散监督，IC 卡收费集中管理的方案。在第二种方案中，使用小型交警操作器在公路上流动巡逻，违章司机利用司机卡进行缴费并通过交警卡汇总；然后在交通监理中心实现集中收费管理。该方案具有投资省、维护工作量小、操作方便等特点。其系统框图如图 1 所示。

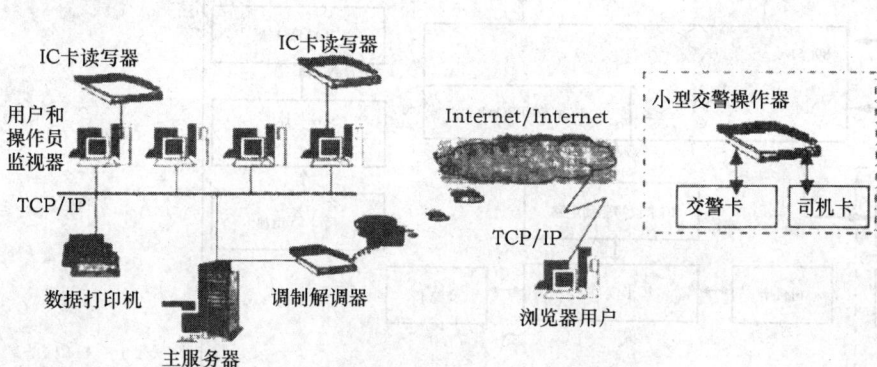

图1 交通监理及收费管理系统网络拓扑结构图

采用结构图方式说明，易于让人从整体上把握设计方案

系统中各部件的主要功能如下。

（1）主服务器。操作系统平台为 WindowsNT4.0、数据库平台为 SQL SERVER7.0。描述了选择网络操作系统和数据库服务器的标准。主服务器主要用于管理司机卡、交警卡的有关信息、记录司机违章情况及处罚金额等信息以及完成收费管理所需的各项财务报表。

（2）IC 卡读写器。读写司机卡、交警卡中的信息。

实用文书写作

（3）票据打印机。打印用户罚款、缴款信息。

（4）用户显示屏。交通监理中心对司机卡进行操作时，用于显示司机IC卡中的相关信息。

（5）操作员监视器。显示系统操作员的界面。

（6）小型交警操作器。读写司机卡、交警卡。显示信息：违章驾驶证号、车辆型号、车号、简要违章条例、罚款金额及扣除后司机卡中的剩余金额等。记录罚款情况及汇总，当司机卡中金额不够付款时，临时现金收费。

2. TSCMIS 系统硬件设计与实现

关于系统硬件，主要是小型交警操作卡和 IC 卡读写器的设计。下面分别进行介绍。

2.1 小型交警操作器

小型交警操作器主要用于交警流动巡逻，现场处理交通违章。其工作原理交警每次当班时，利用交警卡启动小型交警操作器；当发现违章司机后，将司机卡插入 IC 卡读写头，系统自动读入该司机卡的相关信息（如卡号、身份证号、驾驶证号、卡中剩余金额等），交警从自定义键盘上输入该次违章信息（如违章交通条例号、处罚信息等），并将违章信息记入司机卡中；当交警下班时，再次插入交警卡，汇总该次当班的处罚信息，并关闭小型交警操作器。小型交警操作器的硬件逻辑图如图 2 所示。

通过逻辑图的形式，让人一目了然

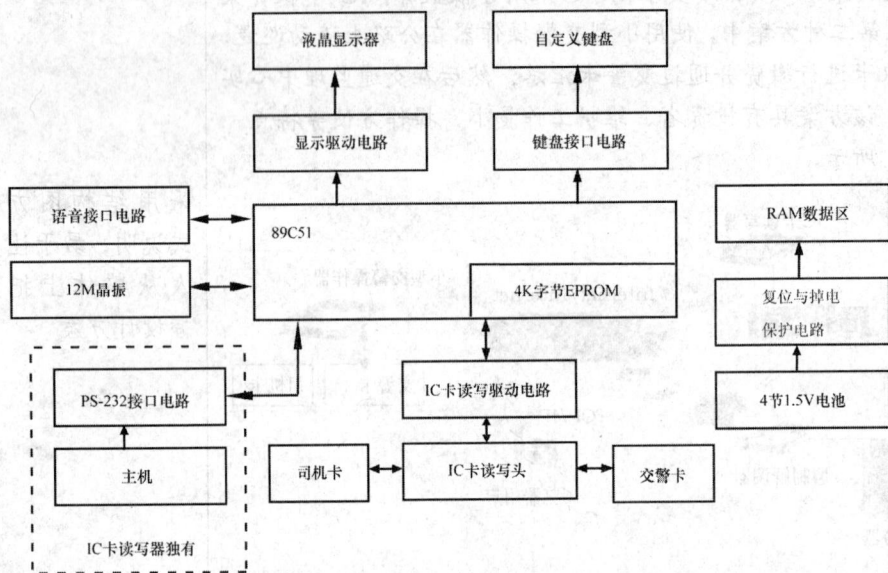

图2 小型交警操作器的 IC 卡读写器硬件逻辑图

（1）89C51。内含 4K 字节 PEROM 和 128 字节 RAM 的 MCS251 系列单片机，是小型交警操作器的指挥控制中心。其中 PEROM 区存放监控程序，完成 IC 卡的读写、信息显示、语音报警、键盘操作、数据存取和保护等功能，同时还存放交通法规条例。

（2）RAM 数据区。记录交警卡中信息以及违章司机卡信息和违章罚款等信息，其容量为 8K 字节的 2764RAM 芯片。

（3）液晶显示器。显示违章司机卡中有关信息及本次违章情况和处罚情况等。

（4）自定义键盘。用于输入违章法规条例和处罚金额等信息。

（5）语音接口电路。用于提示交警本次处理成功与否。

（6）复位及掉电保护电路。用于复位系统；当掉电时，保护 RAM 中有关数据；当电压过低时，发出报警信息，提示用户更换电池。

（7）IC 卡读写驱动电路。读写交警卡和司机卡，其中交警卡相当于钥匙，用于开启小型交警操作器。当交警下班时，再次将交警卡插入 IC 卡读写头中，用于汇总信息，集中管理。

（8）司机卡、交警卡。司机卡、交警卡是利用 AT24C01 E^{2}PROM 压膜而成。AT24C01 提供 1024 位的存储容量，可重复擦写 10 万次。

2.2　IC 卡读写器

IC 卡读写器是交通监理中心用于读写司机卡、交警卡的主要设备。

（1）89C51。89C51 的 PEROM 中存放监控程序，完成交警卡、司机卡的制作和读写，负责与主机的通信、显示信息和语音提示等。

（2）IC 卡读写系统驱动电路。负责司机卡、交警卡中信息的读出、写入控制。

（3）RS2232 接口电路。负责 IC 卡读写器与主机的通信。

3.　软件设计

本系统的软件包括三部分：①小型交警操作器的监控程序；②IC 卡读写器的监控程序；③主服务器中收费信息管理系统。包括存储和管理系统中的司机信息和处罚缴款信息，并负责完成财务报表、对账、转账等功能，以及通过互联网发布公共信息和用户通过 MODEM 远程拨号查询有关信息等功能。

3.1　小型交警操作监控程序

小型交警操作器中监控程序采用 MCS251 汇编语言编写，执行代码固化在 89C51 的 PEROM 中。其主要功能包括：

（1）读交警卡，开启小型交警操作器，此时表示该操作器处于工作状态。

（2）当读司机卡（即该司机违反某些交通法规）时，显示司机卡中的有关信息，以便验卡，并在司机卡中记录此次违章时间、违反哪条法规、处罚金额、卡中剩余金额等信息。

（3）当交警下班时，再次插入交警卡，收集此班的所有记录，以便汇总。

当司机卡（交警卡）插入小型交警操作器时，产生外中断 1 的中断信号，进入外中断 1 的服务程序。其程序流程图如图 3 所示。

该监控程序主要功能与小型交警操作器监控程序类似，不同之处在于 IC 卡读写器直接与收费信息管理系统连接。

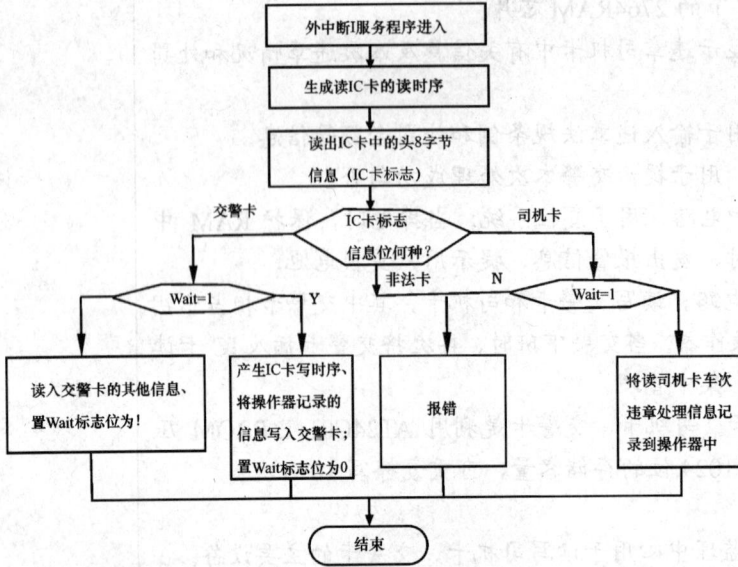

图3 外中断1的服务程序流程

文字与图表相结合，对设计方案的关键问题作出详细说明，清晰、简洁

3.2 IC卡读写监控程序

IC卡读写监控程序具体功能包括：

（1）当遇到空白卡时，根据要求制作交警卡或司机卡。

（2）当遇到交警卡时，读入交警卡收集汇总的有关记录，修改信息管理系统中的有关数据。

（3）当遇到司机卡时，可追加、退还金额，打印该司机卡的有关违章罚款收据。

3.3 收费信息管理系统

收费信息管理系统是基于 SQL Server7.0 数据库，利用 PB7.0、VB++、InterDev2.0、FrontPage1.1 等工具进行开发的。该系统是基于 Client/ Server 和 Browser/ Server 相结合的计算模式进行设计实现的。由于目前在 Browser/ Server 结构上支持事务处理能力不是很强，因此我们对一些实时性、可靠性和安全性强的事务处理均采用 Client/ Server 计算模式；并依据高性能、高可靠性、高可用性及高可维护性等系统集成原则，设计和实现了该系统。

4. 结语

本文所给出的交通监理及收费管理系统的体系结构简洁合理；硬软件设计方法独特，实用效果好。所实现的系统在某市交通监理及收费过程中成功试用并一直稳定运行，带来了较好的社会效益和经济效益。由于 IC 卡具有存储信息量大、防磁防潮、保密性好以及系统具有投资省、收效大等优点，所以本系统具有很好的功能扩展前景，只要对该系统稍做修改，就可应用到过桥（路）收费、加油站、无人售票车收费等场合。

对设计成果做出自我评价，以及预测本设计的未来应用前景

【参考文献】

[1] 孙育才.MCS—51 系列单片微型计算机及其应用[M]. 南京：东南大学出版社，1989.

参考文献

[2] 涂时亮等. 单片微机 MCS—51 用户手册[M]. 上海: 复旦大学出版社，1990.

[3] 何军等. PowerBuilder7.0 原理与应用开发指南[M]. 北京：电子工业出版社，1997.

[4] 杨莹，刘献忠.基于 Browser/Server 体系结构的 XFMIS 设计与实现[J]. 计算机工程，1999，25（7）：103–105.

这是一篇针对现实生活中的交通监理及收费系统的设计论文（编者注：本篇论文引文来源不甚规范，无文内注部分，编者未将之补齐）。通过分析监理及收费系统的结构模型，着重介绍了利用 IC 卡实现交通监理以及收费信息管理的有效方法。通过该系统可实现交通监理的规范化、合理化，从而提高交通监理水平。全篇条理清晰，通俗易懂，具有较强的现实针对性和可行性。

知识归纳

设计是一种创造性的劳动，是人们根据客观条件以最佳方式实现具体目标的思维过程及书面表述。设计的优劣显然与设计者的知识面，对相关理论的掌握，以及综合运用知识的能力密切相关。

毕业设计是学生在学习过程的最后一段时间里，在教师指导下就某一课题，综合运用所学知识争取用最佳方式予以实现的思维过程及其书面表述。

一、毕业设计的类型

毕业设计一般有工程型、科研型和理论型三种。

1. 工程型毕业设计

工程设计是设计中的一种，其目的在于将技术原理转化为技术现实；或者，为将科研成果转化为生产力创造基础。因此，设计者应在毕业设计期间做出工程产品的一部分或相对完整的工程系统。此外，还应对是否污染环境、能否在市场上存在等问题做出明确的回答。

按特征不同，工程设计可划分为产品设计、部件设计、布线设计、机房设计、网络规划、控制系统的设计、管理系统与监测系统的设计等若干种。

2. 科研型毕业设计

这一类型的设计，不一定要做出工程产品或日后可以实施的规范。其特点是带有探索性，以期在某个关键技术上有所突破。

3. 理论型毕业设计

重点是写毕业论文，详见本节"毕业论文"部分。

我们所说的毕业设计，主要是指工程型毕业设计和科研型毕业设计。

二、毕业设计的格式

毕业设计论文是毕业设计工作的总结和提高，和做科研开发工作一样，要有严谨求实的科学态度。毕业设计论文应有一定的学术价值和实用价值，能反映出作者所具有的专业基础知识和分析解决问题的能力。

毕业设计论文的写作方法多种多样，并没有一个固定的格式。一般来说，毕业设计论文的格式可以参阅前文"毕业论文的格式"。

三、毕业设计的写作要求

毕业设计写作一般有以下几项要求：①毕业设计要有创新性；②内容资料要确实可靠；③语言表述要准确周密；④图表选用要规范标准。

实训活动

根据所学专业，在专业教师的指导下完成一篇毕业设计。

知识拓展

论文答辩的一般程序和技巧

1. 论文答辩的一般程序

（1）学生必须在论文答辩会举行之前半个月，将经过指导老师审定并签署过意见的毕业论文连同提纲、正稿等交给答辩委员会，答辩委员会的主答辩老师在仔细研读毕业论文的基础上，拟出要提问的问题，然后举行答辩会。

（2）在答辩会上，先让学生用 15 分钟左右的时间概述论文的标题以及选择该论题的原因，较详细地介绍论文的主要论点、论据和写作体会。

（3）主答辩老师提问。每个答辩老师一般提 1~2 个问题。老师提问完后，有的学院规定，可以让学生独立准备 15~20 分钟后再来当场回答；而有的学院则规定，学生要当场立即作出回答（没有准备时间），即随问随答。可以是对话式的，也可以是主答辩老师一次性提出几个问题，学生在听清楚记下来后，按顺序逐一作出回答。根据学生回答的具体情况，主答辩老师和其他答辩老师随时可以进行适当的插问。

（4）学生逐一回答完所有问题后退场，答辩委员会集体根据论文质量和答辩情况，商定通过还是不通过，并拟定成绩和评语。

（5）召回学生，由主答辩老师当面向学生就论文和答辩过程中的情况加以小结，肯定其优点和长处，指出其错误或不足之处，并加以必要的补充和指点；同时，当面向学员宣布通过或不通过。至于论文的成绩，一般不当场宣布。

对答辩未通过的学生提出修改意见，允许学生待半年后或一年后另行答辩。

2. 学生答辩要注意的问题

（1）携带必要的资料和用品。

（2）要有自信心，不要紧张。

（3）听清问题后经过思考再作回答。

（4）回答问题要简明扼要，层次分明。

（5）对回答不出的问题，不可强辩。

（6）当论文中的主要观点与主答辩老师的观点相左时，可以与之展开辩论。

（7）要讲文明礼貌。

任务五 申请书

能力要求

任务目标	能力目标	知识结构
掌握申请 书的写作	能根据申请书的内涵，理解其特点，能区分 不同类型的申请书	申请书的定义
		申请书的类型
	根据申请书结构要素，熟练掌握其结构写作	申请书结构包含的要素和正文结构的具体内容
	领会申请书的写作要求	申请书要注意的事项

案例点评

申 请 书

尊敬的校领导： 您好！	标题 称谓

　　我是 2008 级的学生，由于家庭无力筹得本学年的 10 000 元学费，本人提出减免申请。

　　我来自贫困乡村，家庭主要经济来源是农业收入。由于多年来我和姐姐上学战线拉得太长，家里常年入不敷出，早已负债累累。为了我们的学业，我父亲在当地的农村信用合作社贷了款，我也申请了助学贷款。现在我家挣扎着还贷款利息都已耗尽了极大心力，临时解决难题的贷款也早已成了压在父母心头的大山。

　　多年来，我家的生活状况一直维持在我上初中时的水平，早已简单到了极致，粗茶淡饭，节衣缩食，朴素成了一张白纸。我家买不起农耕工具，年迈的父母主要是靠肩挑、背驮、手推的古老方式来耕作。父亲早年罹患乙肝，本需安心调养，但是怕医疗费过高，就早早地拒绝一切治疗，到现在还拖着。每当他生气或过度劳累时就会伴着心慌气短，肚子胀大，脸色发青，面色非常难看。这时，妈妈、姐姐和我就很害怕，吓得直哭。但是，父亲并不允许我们这样。

　　由于常年手工耕作，父母积劳成疾，身上已有多处损伤。父亲常年两腿抽筋晚上常常无法入眠，表情十分痛苦。父亲由于乙肝，不能干重活，矮小的母亲就承担了家里的大部分农活，多年下来手指、手腕、胳膊肘、脖颈、膝盖、脚踝等多处都有损伤，常常行动不便。

　　但是，我实在拿不出钱来给父母治病。家里绝大部分收入都用到了我

正文：主要写清
申请减免学费
的理由

们姐弟的学业上。这么多年的积贫积弱使我们无力再去贷款。我家这小小的水塘几近干涸，也早已达到了它弹力的极限，无力再经受风雨。

我谨代表父母诚恳地提出减免学费申请，希望领导能切实了解和关切我家的具体状况，给予我们力所能及的最大帮助。我们诚惶诚恐，感激万分。

结尾：主要表达申请者的愿望及敬意

××系××专业08级学生：×××

2009 年 9 月 18 日

署名

日期

该文的格式较规范，内容具体，语言表达简明平实。先开门见山向学校提出减免学费的申请，再写申请减免学费的原因，最后进一步表明自己申请的愿望，诚恳而有分寸。

知识归纳

申请书是个人或单位为实现其愿望对上级或主管有所请求而写的一种专用书信。其表现为内容单一，主题明确，一般一事一书，即一份申请书只提出一个问题。

一、申请书的分类

申请书按照用途可以分为以下几类。

（1）思想政治方面的申请。这种政治申请一般是指加入某些进步的党派团体，如申请加入中国共产主义青年团、中国共产党、少先队、工会、参军等。

（2）工作学习方面的申请。求学或在实际工作中所写的申请，如入学申请书、带职进修申请书、工作调动申请书等。

（3）日常生活方面的申请。日常生活中，柴米油盐、吃穿住行都常常会遇到一些问题，需要个人申请才可以被组织、集体、单位考虑、照顾或着手给予解决，如申请福利性住房、申请结婚、个人申请开业或申请困难补助等。

二、申请书的格式

申请书由标题、称呼、正文、结尾、落款组成。

1. 标题和称呼

标题一般只写"申请书"三个字，有时为了突出建议的具体内容，可以写《关于×××的申请书》。

称呼另起一行顶格处写出接受申请书的组织、机关、团体的名称或有关负责同志的姓名。

2. 正文

正文包括以下三项内容。①申请内容。开篇就要向领导、组织提出申请什么，不能含糊其辞。②申请原因。为什么申请，也就是说明申请的目的、意义及自己对申请的认识。③决心和要求。最后进一步表明自己的决心、态度和要求，以便组织了解申请者的认识以及情况；应写得具体、详细、诚恳且有分寸，语言要朴实准确、简洁明了。

3. 结尾和落款

申请书结尾可以有结语也可以没有。结语一般是表示敬意的话，如"此致——敬礼"等；也可写表示感谢和希望的话，如"请组织考验""请审查""望领导批准"等。

个人申请要写清申请者姓名，单位申请要写明单位名称并加盖公章，注明日期。

三、申请书的写作要求

申请书的写作一般有以下几项要求。

（1）申请的事项要写清楚、具体，涉及的数据要准确无误。

（2）理由要充分、合理，实事求是，不能虚夸和杜撰，否则难以得到上级领导的批准。

（3）语言要准确、简洁，态度要诚恳、朴实。

实训活动

周强从××大学管理学院营销专业毕业后，被××厂人事处安排在××车间统计员的岗位上。工作一段时间后，他感觉所学专业与实际工作相差甚远，个人的知识水平与工作能力无法施展，经慎重考虑，准备向厂长提出调换工作岗位的要求。请根据以上材料，写一份申请书。

知识拓展

怎样写入党申请书

入党申请书是申请入党人向党组织正式表达个人意愿和志向的书面材料，也是党组织接纳其为党员的重要依据。写好入党申请书，是党员发展工作必须注意的一个环节。

一、入党申请书包括的内容

1. 为什么要入党。主要表达自己对党的认识和入党动机。

2. 自己的政治信念、成长经历和工作、学习、作风等方面的情况，如政治历史问题和受过何种奖励及处分必须如实写清楚。

3. 对待入党的态度和决心。

4. 个人履历、家庭主要成员及主要社会关系情况。

写入党申请书要严肃认真，要联系自己的思想实际谈其思想，向党组织交心；要如实向党组织说明自己的政治历史、本人经历等有关情况。

二、写入党申请书应注意的事项

写入党申请书，是申请人向党组织表明自己的入党愿望和决心。针对这样一件严肃的事情，写入党申请书的人应注意：

1. 要认真学习党章和有关党的基本知识，了解党，认识党，树立正确的入党动机。要联系思想实际谈自己对党的认识，向党组织交心，切忌只抄书抄报，不谈真实思想。

2. 要对党忠诚老实，如实向党组织说明自己的政治历史、本人经历等有关情况，不得隐瞒或伪造。

3. 入党申请书一般应由本人书写。

三、入党申请书能否找人代写的问题

入党申请书一般应由本人书写。如因文化程度低或其他特殊原因不能亲自书写的，可以由本人口述，请别人代写，但要说明不能亲自书写的原因，经申请人签名盖章后交给党组织。

任务六　竞聘报告

能力要求

任务目标	能力目标	知识结构
掌握竞聘报告的写作	能根据竞聘报告的定义，了解其内涵，理解其特点	竞聘报告的定义 竞聘报告的特点
	掌握竞聘报告的结构与写作格式 通晓标题、正文的具体写作方法	竞聘报告标题的写法 正文结构的具体内容
	领会竞聘报告的写作要求	写竞聘报告要注意的事项

案例点评

竞 聘 报 告

标题

尊敬的各位领导、同事们：

　　大家好!

称呼：表示尊敬

　　今天是我第一次参加竞聘，参加竞聘前我度德量力，思虑再三，自信符合要求，因此递交这份竞聘书。我希望借这次竞聘来锻炼自己、展示自己、提高自己。竞聘对我来说是一种压力。同时也是一种动力。因为我知道要体现人生的价值，就必须接受挑战，必须练就真正的本领，接受组织的考验。

总起，介绍竞聘的缘由

　　因长达 4 年之久的借调在外，可能有不少同志还不太了解我，在此向大家简要地介绍一下。我叫××，现年××岁，毕业于电子科技大学计算机应用专业。2003 年 4 月参加我行××县分行工作，先后从事会计、出纳、信贷及××县分行系统管理员等工作。2012 年 4 月因工作需要从计划财务科借调至我行×市网络中心，任网络组组长，承担着网络改建、管理和维护工作。工作中，我勇于开拓、敢于探索，通过努力已经基本完成×市分行计算机网络改建的任务，使得×市的网络建设始终走在全行最前列。

介绍自己的基本情况

　　对于这次参加的竞聘，我认为自己具有以下几个方面的优势。

说明自己的优势

　　（1）具有丰富的计算机相关理论知识和实践经验。除了学校所学的专业知识外，工作之余我也学了不少相关知识。多年来，在计算机网络、数

据库、软件和硬件等各个领域我均有所涉猎，熟悉银行常用的 SCO UNIX、Informix 等环境，尤其在我主攻的计算机网络方面已有相当的造诣。曾在 2013 年获得著名网络厂商思科的网络工程师（CCNA）工程师认证。而这些年在我从事的工作中，也积累了丰富的经验，对各式各样的计算机故障处理得心应手。

（2）熟悉我行各种业务和行业相关知识。计算机作为一个现代化的工具，当然不能脱离银行各种业务而孤立存在，是为各项业务服务的。因此在熟悉计算机的同时，也必须熟悉银行业务才能更好地利用这个工具。我在基层网点干过会计等工作，对银行的各种业务已有相当深的了解，曾多次参加各种业务技能比赛并获奖。

（3）具有一定的计算机管理能力和管理经验。在×市中心，我作为网络组组长，大力协调各方面关系，充分调动组员的积极性，成功改建了我行全市网络，目前仍主管着我行×市计算机网络。在领导并亲自参与这次网络改建的同时，我也积累了一些管理经验。

（4）熟悉我行电子化建设现状。在××县分行当系统管理员时，我已对全县电子化建设情况了如指掌。最近几年虽然人在市中心，却心系着我县，时刻关注着其发展。而我从事的工作，是全市范围的网络管理和维护，其中自然也包含对我县各网点计算机方面的管理和服务工作。

若此次竞聘成功，我将初步从以下几个方面入手，力争改变我县电子化建设现状。

（1）强化服务意识，提高服务水平。科技是第一生产力。科技信息部虽然只是一个服务性的技术部门，但它在我县综合业务的发展中起着不可低估的作用。现代化的工具会带来更强有力的竞争优势，而业务的发展壮大又能装备更先进的工具。所以，科技和业务是相辅相成的。现阶段，我们的计算机网络带宽不足，导致结算渠道不畅，严重阻碍了各项业务的开展。因此我会积极配合省网络中心，争取早日改变这一落后现状；同时加大维护力度，力争在最短的时间内将故障消除在萌芽之中，以确保业务正常开展。 假设竞聘成功后的基本工作设想

（2）加强安全意识，防范计算机犯罪。科技部会统一思想认识，制定相应管理办法，做到有规可依、有规必依、执规必严。杜绝案件事故的发生，做到责任明确、赏罚分明。

（3）加强对临柜人员的培训和指导工作，使其能熟练地掌握门柜软件的操作和应用，了解常见的网络故障现象，以协同科技人员迅速查明原因并及时做出处理。

（4）树立团队精神，提高整体凝聚力。一个国家的振兴靠团结，一个民族的进步靠团结，一个企业的发展同样靠团结。团结出生产力，团结出战斗力，团结出凝聚力。敌人越多就越不利于自身的发展。因此我会在团结好科技部同志的同时，积极协同配合联社其他部门，团结一切有利于银行发展的力量。

今天，我是本着锻炼、学习、提高的目的来参加竞聘的，如果组织挑 做总结，表达自

选了我，我会很高兴，因为我能把我的才能应用到工作中，为我分行尽一份微薄的力量。如果组织没有挑选我，我亦会高兴，因为有能力更强的同志担当重任。无论如何我都将以此为新的起点，作为一个科技工作者，我们要的是征服自然，创造财富，而绝不是征服他人，获取财富！相信信合的明天会更美好！

己竞聘的心态

　　谢谢大家！

致意

　　这是一篇写得较成功的竞聘报告。本竞聘报告由称呼、竞聘动机、竞聘优势、未来打算、结尾等部分组成，内容充实，结构完整，语言朴实而诚恳。

知识归纳

　　竞聘报告又称竞聘演讲稿，是指参加竞聘者为了实现竞争上岗，就自我竞聘条件、竞聘优势、未来的施政目标和构想所写成的书面材料。

　　竞聘报告具有介绍的简明性、内容的竞争性、语言的谦诚性等特点。它是针对某一岗位，以竞聘成功为目的，本着对个人、对组织负责的态度，采用第一人称自述的方式面对听众介绍自己、推荐自己。

一、竞聘报告的格式

　　竞聘报告一般包括标题、称呼、正文和落款等四部分。

1. 标题和称呼

标题一般有以下三种写法。

（1）文种标题法。即只标"竞聘书"或"竞聘报告"。

（2）公文标题法。由竞聘者和文种构成或竞聘职务和文种构成，如《关于竞聘××公司经理的演讲》。

（3）文章标题法。可用单行标题拟制，也可采用正副标题形式，如《让收音机制造厂腾飞起来——关于竞聘收音机制造厂厂长的演讲》。

称呼，即对评委或听众的称呼。一般用"各位领导、同志们""各位评委""各位听众"即可，前面也可加"尊敬的"进行修饰。

2. 正文

竞聘的目的就是要把你介绍给评选者，让评选者了解你的基本情况，了解你对竞聘岗位的认识和当选后的打算。所以，竞聘书的正文应该包括以下几方面。

（1）介绍个人简历。可分两个层次：第一层简明介绍自己的自然情况，使评委明了你的基本条件；第二层紧接着对自己与竞聘岗位有联系的工作经历、资历作出系统、翔实的说明，便于评审者比较与选择。

（2）摆出竞聘条件。竞聘条件包括管理能力、业务能力以及才、学、胆、识各方面的条件。竞聘条件是决定竞聘者能否被聘任的重要因素之一，应该重点强调。但切忌夸夸其谈，应多用事实说话，因为"事实胜于雄辩"。可以结合自己前一时期的工作来写，如自己曾做过什么相关的工作、效果如何，从中展露出自己的水平、能力、知识和才华。采取引而不发的办法，通过这些事实让评委及听众自然而然地得出肯定的结论。

（3）表明自己任职后的打算。这部分是竞聘者假设已被聘任后，对应聘岗位所提出的目标及实现的具体措施。也就是说，竞聘者要用简明扼要的语言亮明自己的观点，要紧紧围绕着听众关心的热点、难点问题，提出明确的工作目标和切实可行的措施。

3. 结尾

一要写出自己竞聘、竞招的决心和信心，请求有关部门和代表考虑自己的愿望和请求；二要表明自己能官能民的态度。好结尾应写得恳切、有力，意近旨远，使人闭目能为之长思。

二、竞聘报告的写作要求

竞聘报告写作一般有以下几项要求。

（1）实事求是，明确具体。竞聘者应实事求是、言行一致，每介绍一段经历、一项业绩都必须客观实在，不能吞吞吐吐、模棱两可。

（2）调查研究，有的放矢。竞聘报告是针对某个岗位而展开的，因此必须对招聘单位进行了解，可以通过调查摸底、访谈等方式，切实弄清楚单位的历史、现状。尤其对于当前存在的焦点、难点问题及根本原因要问清查透，力争找到解决问题的最佳途径，以便击中要害、战胜对手。

（3）谦虚诚恳，平和礼貌。竞聘者是通过答辩来实现被聘用目的的，只有给人以谦虚诚恳、平和礼貌的感觉，才能被认可和接受。评审人员及与会者是不会接受狂妄傲慢、目中无人的竞聘者并委以重任的。所以，竞聘十分讲究语言的分寸，表述既要生动、有风采，又要谦诚可信、情感真挚，以打动人心。

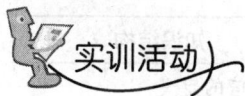

实训活动

目前，竞争上岗已成为单位用人的主要方式。请写一份你将竞争某个岗位的竞聘报告。

知识拓展

竞 聘 模 板

尊敬的领导、各位评委：

下午好！

我叫……，现任……。我今天来竞聘……职位。非常感谢你们给了我这次展示自我、参与竞争的机会，我十分珍惜。我将客观地说明自己所具备的应聘能力，全面地论述我对于做好……工作的总体思路和具体措施，并且将心悦诚服地接受各位领导和评委的评判。

我是……年参加工作的，后来进……大学深造，……历任……等职务。我的工作得到了在座的许多领导、评委的亲切关怀和悉心帮助。我不敢辜负领导们的殷切期望，一直勤勤恳恳，不断进取，在思想上和工作能力上都有了不小的进步。因此，我今天充满信心地走上这个竞聘讲台。

我觉得，我竞聘……有如下几个优势和条件。

（1）有较丰富的经济管理工作经验。

（2）有较强的……能力。

（3）有突出的工作业绩。

以上所述情况，是我竞聘……的优势条件。假如我有幸竞聘上岗，这些优势条件将有助于我很快熟悉……工作，并进入……的角色。

我深知，……的工作不是轻而易举能做好的，必须全力以赴、理清思路，找准工作的切入点和着力点。如果我有幸担任……处长职务，将……开展工作。

在……方面，我将……（或：第一点，我要做到……）

在……方面，我将……（或：第二点，我要做到……）

在……方面，我将……（或：第三点，我要做到……）

尊敬的领导、各位评委，诚恳待人、为人正派是我的为人态度！勤奋务实、开拓创新是我的工作态度！如果组织上委以我……的重任，我将不辜负大家的期望，充分发挥我的聪明才智，以昂扬的工作热情和高度的工作责任心加倍努力地工作，使……的工作在各方面都有新的起色、新的突破，上升到一个新的台阶。

谢谢大家。

任务七　求职信

能力要求

任务目标	能力目标	知识结构
掌握求职信的写作	能根据求职信的定义，了解其内涵，区分其类型	求职信的定义 求职信的不同类型
	掌握求职信的结构与写作格式 通晓标题、正文的具体写作方法	求职信标题的写法 正文结构的具体内容
	领会求职信的写作要求	写求职信要注意的事项

案例点评

【例文1】

求　职　信

標題

尊敬的领导：

　　您好！十分感谢您对我的青睐。带着对贵单位的仰慕与憧憬，我叩响

称呼：表示尊敬

了您的大门，真诚地希望能加入我心目中最优秀的团队！

　　对部分人而言，象牙塔中的生活即将结束，毕业就意味着失业，毕业后就再也不能像在学校时那样无忧无虑了，有些人依然恋恋不舍那温馨的港湾……但是对我而言，毕业却意味着激情，毕业阶段的求职过程就像一场盛大而又激烈的体育赛事，而我的实力与信心告诉我，我必将在这场赛事中赢得胜利！这其中有一些是当代大学生的狂傲，但更多的是我对自己充满信心！

　　西北的大漠、雪山，造就了我强健的体魄与自信、豪放、洒脱、永不言败的性格。从上初一开始直至大学毕业，我担任过许多职务，而无论何时何地，体育委员之职都非我莫属。这其中饱含着老师和同学们的信任，而这份千金难买的信任来源于我健壮的体魄、对体育运动的热爱，以及每次运动会上挥洒的血汗。同学们的信任令我感动和振奋，他们的话语更使我自豪：××只要参加运动会，就至少能拿一个冠军！

　　教师家庭成长的背景更使我的文化水平和阅读量远超常人，而这份实力使我总能在演讲、朗诵、作文竞赛中获得优异成绩。"铁肩担道义、妙笔著文章"的思想使我义无反顾地选择了新闻专业。而更为重要的是，我从父母从事的教师职业中所感悟到的人格魅力，用一句话说就是：做人如水，做事如山！

　　我的祖辈均是农民，他们的勤劳、俭朴和对生活的热爱深深地影响着我，塑造着我，使我从小就热爱劳动。而常年的勤工俭学经历更加磨炼了我的毅力与品质，使我深刻体会到"认认真真做人、踏踏实实做事"的道理。因此，我经常被评为劳动能手，并且长期担任劳动委员和校学生会劳动部部长之职。

　　回首四年的大学生活，我很想说自己是最好的，但我明白自己做得还不够好。虽说自己干了四年班长和体育委员，还担任过院系两级学生会的体育部部长，组织过多次全校大型文艺演出，并且参加过众多社会实践活动，获得过奖学金、优秀学生干部、三好学生等荣誉，但还是白璧有瑕，那成绩单上曾经的"红灯笼"至今仍警醒着我，我常为此懊恼，但更多的是提醒自己：一勤抵百拙，天道必酬勤！

　　虽然前途未卜，但我相信自己的选择，并且愿为自己的选择奉献青春、热血与汗水。因为，大学四年的工作积累和实践经验是我求职的最大资本！

　　哪怕只有 1% 的希望，我也会投入 100% 的努力！谢谢您能看完我的简历，后面的内容更精彩！

　　此致

敬礼

求职人：×××

20××年7月

求职自荐信要求语言平实、内容简明、谦诚有礼。该自荐信用语平实，不但清晰地交代了

正文：介绍自己的基本情况及请求

致意

署名

日期

实用文书写作

求职者的个人情况，而且谦诚有礼地表达了自己的求职愿望。

【例文2】

<table>
<tr><td style="text-align:center">求　职　信</td><td>标题</td></tr>
<tr><td>尊敬的公司总经理先生：
　　我是××大学中文系的应届毕业生，我不能向您出示任何一位权威人士的举荐信为自己谋求职位，数年寒窗苦读所掌握的知识和技能是我唯一可立足的基石。今天从贵公司的人事主管处得知，贵公司因扩展业务，各部门需要招兵买马，所以我毛遂自荐。</td><td>称呼：表示尊敬
正文：介绍自己的基本情况及请求</td></tr>
<tr><td>　　在校期间，我不仅系统地完成了中文专业的所有课程，而且还利用业余时间学习了计算机文字处理技术和操作。为了适应社会需要，我还参加了英文系高年级选修课程的选修并取得优异成绩，可以完成较复杂的口译和笔译工作。此外，我还曾担任学生会宣传干事，且获得学校第四届辩论赛三等奖和散文征文二等奖，具有较强的口头表达能力和写作能力。</td><td>针对岗位要求，陈述自己的优势</td></tr>
<tr><td>　　贵公司需要一名翻译吗？贵公司需要一名秘书吗？贵公司需要一名公关人员吗？贵公司需要一名电脑操作员吗？</td><td>面对岗位，提出请求</td></tr>
<tr><td>　　如果需要，我很乐意接受实际操作考试和面试。盼望您的回音！
　　顺祝愉快！</td><td>致意</td></tr>
<tr><td>　　附件：略

　　　　　　　　　　　　　　求职人：××
　　　　　　　　　　　　20××年××月××日</td><td>署名
日期</td></tr>
</table>

这是两篇突出优势和成绩的求职信，表述简洁，结构完整。

知识归纳

　　求职信也叫自荐信，是自我推销采用的一种形式，是向用人单位推荐自己适合担任某项工作或从事某种活动，以便对方接受的一种专用信件。如何让你的才能、潜力在有限的空间里发出夺目的光彩，在瞬间吸引住用人单位挑剔的目光，写封自荐信极其关键。

一、求职信的形式

　　求职信有两种形式：一是不知用人单位是否需要聘人的自荐求职，例文1就是类似的自荐信，比较适合大学毕业求职时向所有单位投寄；二是在获知用人单位公开招聘职位的自荐求职，例文2就属此类。我们可以看到两篇例文在求职时针对性存在的区别，因为例文1不知对方单位需要人与否、哪个岗位需要人，所以针对性不够强；例文2针对性就非常强，针对对方提出的任职条件，突出自己的优势。但不管什么形式，都是为了推销自己。

二、自荐信的格式

1. 标题和称呼

标题是求职自荐信的标志和称谓，要求醒目、简洁、庄雅。要用较大字体在用纸上方标注"自荐信"三个字，显得大方、美观。

称呼是对主送单位或收件人的呼语。如用人单位明确，可直接写上单位名称，前加"尊敬的"进行修饰，后以领导职务或统称"领导"落笔；如单位不明确，则用统称"尊敬的贵单位（公司或学校）领导"，最好不要直接冠以最高领导职务，这样容易引起第一读者的反感，反而难达目的。

2. 正文

正文是求职自荐信的中心部分，其形式多种多样。一般都要求说明求职自荐信息来源、应聘岗位、本人基本情况、成绩、表现及社会工作情况等内容。具体包括以下几项。

首先，在正文中简明扼要地介绍自己，包括姓名、就读学校、专业、学历、写信的缘由与目的。

其次，说明应聘岗位和能胜任工作的各种能力，这是求职自荐信的核心部分。应重点向对方表明自己有本专业知识和工作经验，有本专业技能和成就，有与本工作要求相符的特长、兴趣、性格和有关能力，要让对方感到自己能胜任这份工作。

再次，介绍自己的潜力。比如，向对方介绍自己曾经做过的各种社会工作，取得的成绩。这预示着你有潜在的管理和组织才能，有发展和培养的前途。

最后，表示希望得到答复面试的机会。结尾处最好表示出希望对方给予一次面试的机会，表明自己希望早日成为其中一员的热切心情，并认真地写明自己的详细联系方式。

3. 署名、日期和附件

署名应注意与信首的"称呼"相对应。在国外，一般都在署名前加上一些"您诚挚的××"、"您信赖的××""您忠实的××"之类的形容词。也可以什么都不写，直接签上自己的名字，以示郑重和敬意。

日期一般写在署名右下方，最好用阿拉伯数字写，并把年、月、日全写上。

求职自荐信一般都要求同时寄一些有效证件，如学历证件、学位证书、获奖证书、荣誉证书等复印件以及简历、近期照片等。因此，最好在正文左下方一一注明。这样做，一是方便招聘单位审核；二是给对方留下一个"有条不紊、很负责任、办事周到"的好印象。

三、求职信和自荐信的写作要求

求职信和自荐信的写作要求一般有以下几点。

（1）态度诚恳，措辞得当，用语委婉而不隐晦，恭敬而不拍马，自信而不自大。既不能像行政报告缺乏热情，也不能过于热情而有讨好之嫌。

（2）着眼现实，有针对性，动笔之前最好对单位有所了解，以免说外行话。

（3）实事求是，言之有物，自己的优点要突出，万不可夸夸其谈、弄虚作假。

（4）富有个性，不落俗套。如果能谈谈对行业前景的展望，市场分析或建设性意见都会收到好的效果。这方面没有什么成规，需要自己开动脑筋。

（5）言简意赅，字迹工整，最好打印。

实训活动

薛清同学大专快毕业了，请代他写一封自荐信。他的情况主要是：

（1）文秘专业，22岁，男，团员（团支部宣传委员），性格温和，工作认真，相貌端正，与同学关系融洽。

（2）学习成绩良好，外语二级，电脑中级。

（3）能使用各类打字机和各种配套的打印机，操作熟练，能做一般性维修，速记每分钟80字，电脑打字每分钟40字，外文每分钟154符号。

（4）特长：书法市级比赛获二等奖；普通话市级比赛获二等奖；在市级刊物上发表过作品两篇。

（5）任职目标：秘书、文员或相关类工作。

知识拓展

失败的求职自荐信

（1）给对方规定义务的求职自荐信，必定要失败。比如"本人谨以最诚挚的心情，应聘贵公司的会计一职，希望得到贵公司的尊重、考虑和录用"。这种写法事实上是在强迫对方，因为这句话的实际含义是："你如果不录用我，就是对我不信任，所以你必须录用我，才能体现你的信任。"

（2）用以上压下的口气写的求职自荐信，必定要失败。比如"贵公司的××总经理先生要我直接写信给您"；或者"××部长很关心我的求职自荐问题，特让我写信给您，请多关照"。这种求职自荐信，让收信人看后很反感。因为他认为"既然总经理（或部长）都有意了，你还写信给我干什么，真是多此一举"。

（3）"吊起来卖"式的求职自荐信，必定要失败。比如"现已有多家公司欲聘我了，请贵公司从速答复"。这样往往会激怒对方，导致求职自荐失败。

为避免以上现象发生，一是要谦虚谨慎，实事求是；二是要态度诚恳，语气谦和；三是要把自己放在一个正确的位置上。

如何书写优秀的自荐信

1. 要突出你的联系方式

尽量方便你的雇主，你需要描述清楚，如果你有机会请与你的老板面谈。要做到明确详尽，所给电话号码必须是随时都能联系到你的，不管是在家中还是你工作的地方。因为不管公司有多好，或者雇主有多看好你，如果雇主不能联系到你，那么一切都无济于事。

2. 投公司之所好——根据公司来突出你的能力

因为你的自荐信可用来突出你简历的某些部分，同一份简历就可用来寻找不同的工作机会。自荐信的美妙之处就在于，你可以通过强调你最重要的资历、能力，来迎合收到你简历的每一个特定公司的所好。

3. 自荐信要简短、有个性

一封没有自荐信的简历，就像一位没有开口说话的销售员站在你的门前。如果你想让一位陌生人走进你的屋子，你至少要看一看他的证件。这正是自荐信所要做的——它把你，一位完完全全的陌生人介绍给读者。它必须引人入胜，个性且简短；它还需针对你所应聘的职位，逐一陈述。记住，你只有八秒钟的时间能说服你的读者让你进入。

4. 自荐信多不允许有以下称呼语："致相关人士"

任何一封自荐信多不允许有以下称呼语："致相关人士"。这样它就不会跟任何人有关系，除非你使它指向具体的个人。获得此类信息的办法是：在商业类杂志中，或其他一些指南类的书籍中去找。如果都不行，干脆打电话到你应聘的公司，询问确切的信息。

5. 不要出现语法、拼写错误

糟糕的语法，标点错误，拼写不正确，都表明应聘者未受到过良好的教育，或者并不在乎这样会给人留下什么坏印象。结果往往是雇主不再阅读后面的内容，而是迅速将目光投向下一位应聘者的材料。

任务八 个人简历

能力要求

任务目标	能力目标	知识结构
掌握个人简历的写作	能根据个人简历的定义，了解其内涵，理解其特点	个人简历的定义 个人简历的作用
	掌握个人简历的结构与写作格式 能写出较规范的个人简历	个人简历结构包含的要素和写作格式
	领悟个人简历的写作要领	个人简历写作要注意的事项

案例点评

【例文1】

个 人 简 历

姓 名	×××	政治面貌	中共党员	
籍 贯	河南林州	民 族	汉	
性 别	男	学 历	大专	照片
专 业	机电一体化技术	年 龄	22	
身 高	173 cm	健康状况	良好	
联系电话	×××0502	电子邮箱	×××@126.com	
求职意向	机电一体化技术与机械制造			

标题

个人基本资料

表明求职意向

续表

主修课程	《金属工艺学》《机械制图》《计算机应用》《机械 CAD》《工程力学》《机械设计基础》《电工电子技术》《液压传动与气动》《电机电气控制与 PLC》《机械制造技术》《传感器与测试技术》《工业设计》《单片机原理与应用》《C 程序设计》《机床数控技术》《公差与检测》《微机原理与接口技术》《机电一体化技术》《现代企业管理》《机械专业英语》《Pro/E》	介绍学习经历
个人技能	熟练运用 CAD 软件绘制图形。熟悉数控系统和编程，熟悉计算机原理，熟练电脑的组装及维护，能够熟练地运用中文 Office 办公软件等应用软件。具备了扎实的专业基础知识，系统地掌握了机械原理与设计、数控编程与加工等有关理论；了解数控机床的维修与保养	
社会实践	2012 年 5 月在洛阳理工学院实习基地实习。对机械制造中的冷、热加工有了初步了解，实践了车、铣、刨、钻、铸、焊、钳等工种的基本操作。 2013 年 1 月在洛阳理工学院电子实习基地实习。了解各种电子电路，熟悉各种电子元件性能，能亲手制作简单的电子产品。 2013 年 5 月在机械制作基地进行科技制作。 2013 年 7 月在林州市汽车底盘配件厂实习。 2013 年 11 月在湖北十堰二汽实习。	参与的社会实践活动
奖惩情况	2011—2012 学年第一学期荣获三等奖学金 2011—2012 学年第二学期荣获三等奖学金 2012—2013 学年第一学期荣获三等奖学金 2012—2013 学年第二学期荣获三等奖学金 2013—2014 学年第二学期荣获"国家助学金"	介绍获奖情况
获得证书	2013 年 6 月通过大学英语四级 2014 年 9 月获得 AutoCAD 证书	
爱好与特长	打乒乓球、上网、唱歌	
自我评价	思想积极进步，以高标准要求自己；学习勤奋刻苦，成绩优秀；生活上能够吃苦耐劳、不怕困难，勇于承担责任；集体观念强，具有团队协作精神和创新意识。在班里受到同学的尊重，在系里受到老师的好评	自我评价

例文 1 是一份表格式的求职简历，以简洁明了的语言介绍了自己的基本情况、主要经历以及求职意向。

【例文 2】

个人简历

标题

一、个人资料

姓 名：　　　　　　　　政治面貌：

条文并列式

性　别：　　　　　　学　　历：	首先是基本情
年　龄：　　　　　　系　　别：	况介绍
民　族：　　　　　　专　　业：	
籍　贯：　　　　　健康状况：	

二、知识结构

主修课：××、××、××、××等　　　　　　　　知识技能

专业课程：××、××、××、××等

选修课：××、××、××、××等

实习：六个月

三、专业技能

接受过全方位的大学基础教育，受到良好的专业训练和能力培养；在××、××等领域，有扎实的理论基础和实践经验，有较强的野外实践和研究分析能力。

四、外语水平

2012年通过国家大学英语四级考试。2013年通过国家大学英语六级考　外语和计算机

试。有较强的阅读、写作能力。　　　　　　　　　　　　　　　　水平

五、计算机水平

熟悉Windows操作系统、Office办公软件、互联网基本操作，掌握C语言等计算机语言。

六、主要社会工作　　　　　　　　　　　　　　　　　　　　社会工作

中学：班长、校学生会主席、校足球队队长。

大学：班长、系学生会主席、校足球队队长，校园旗班班长。

七、兴趣与特长

1. 喜爱文体活动、热爱自然科学。　　　　　　　　　　兴趣与特长这

2. 小学至中学期间曾进行过专业单簧管训练，参加过多次重大演出。　部分内容可简

3. 中学期间，曾是校生物课外活动小组和地理课外活动小组骨干，参　要概括，不需要

加过多次野外实践和室内实践活动。　　　　　　　　　　　　这么长

4. 喜爱足球运动，曾担任中学校队、大学系校队队长，并率队参加多次比赛。曾获××市足球联赛（中学组）"最佳射手"称号并参加过2012年嘉士伯××市大学生足球联赛。

八、个人荣誉

中学：优秀学生。优秀团员、三好学生、优秀干部。×××英语竞赛

三等奖。　　　　　　　　　　　　　　　　　　　　　　　个人荣誉要挑

大学：2011年校优秀学生干部、2012年三等奖学金、2013年二等奖　主要的写

学金。

九、主要优点

1. 有较强的组织能力、活动策划能力和公关能力，如在大学期间曾多次领导组织大型体育赛事、文艺演出，并取得良好效果。　　　　优缺点，要客

2. 有较强的语言表达能力，如小学至今，曾多次作为班、系、校等单　观，不能夸张

位代表在大型活动中发言。

实用文书写作

3. 有较强的团队精神，如在同学中，有良好的人际关系、有较高的威信；善于协同"作战"。

十、自我评价

活泼开朗、兴趣广泛、适应力强、勤奋好学、脚踏实地、认真负责、勇于迎接新挑战。

十一、求职意向

可胜任应用××及相关领域的生产、科研工作；也可以从事贸易、营销、管理及活动策划、宣传等方面的工作。

对求职的岗位要做一些描述，这样对用人单位录用你有帮助

十二、联系方式

联系电话：0731-12345678　　手机：13801234567

联系地址：××市××区××大道××号　　邮编：513024

电子邮箱：××321@sohu.com

联系方式不可或缺

附件：略

例文 2 是一份实用型文字式个人简历，内容要素齐全，重点突出，让用人单位能够一目了然地掌握情况。

知识归纳

简历是对自己的生活经历，包括学历、工作经历等，有选择重点地加以概括叙述的一种常用写作。

简历的内容有很强的目的性。如果是求职，重点应放在学历、专业特长、能力业绩上；如果是晋升职称，重点应放在任现职以来所取得的科研水平、工作实绩能力上，突出个人贡献、展示取得成果，以写出特色。

一、简历的格式

个人的简历不必都采用一样的格式。但不管如何布局安排，都要层次分明、简洁明了，突出重点。下面主要以求职简历为例说明简历的一般格式。

1. 标题

个人简历多用 "个人简历""求职简历"作标题。

2. 正文

个人简历的正文都应该包括本人基本情况、个人履历、能力和专长、求职意向、联系方式等基本要素。

（1）"本人基本情况"，包括姓名、年龄（出生年月）、性别、籍贯、民族、学历、学位、政治面貌、学校、专业、身高、毕业时间等。一般来说，本人基本情况的介绍越详细越好，但也没有必要画蛇添足，一个内容要素用一两个关键词简明扼要地概括说明一下即可。

（2）"个人履历"，主要是个人从大学阶段至就业前所获最高学历阶段之间的经历，前后

年月应相接。

（3）"本人的学习经历"，主要列出大学阶段的主修、辅修与选修课科目及成绩，尤其是要体现与你所谋求的职位有关的教育科目、专业知识。不必面面俱到（如果用人单位对你的大学成绩感兴趣，可以给他提供全面的成绩单，而用不着在求职简历中过多描述这些东西）。要突出重点、有针对性，使你的学历、知识结构让用人单位感到与其招聘条件吻合。

（4）"本人的实践、工作经历"，主要突出大学阶段所担任的社会工作、职务，在各种实习机会当中担当的工作。对于参加过工作的研究生，突出自己在原先岗位上的业绩也是非常重要的。

（5）"本人的能力、性格评价"，这种介绍要恰如其分，尽可能使你的专长、兴趣、性格与你所谋求的职业特点、要求吻合。事实上，"本人的学习经历""本人的实践、工作经历"同样在印证个人的能力、性格，因此前后一定要相互照应。

（6）"求职意向"，简短清晰，主要表明本人对哪些岗位、行业感兴趣及相关要求。

（7）"联系方式与备注"，一定要清楚地写明区号、电话号码、手机号、电子邮箱地址，以便对方能很容易找到你。

二、简历的写作要求

个人简历的写作一般有以下几项要求。

（1）首先要突出过去的成就。过去的成就是你能力最有力的证据，把它们详细写出来会更有说服力。

（2）简历切忌过长，应尽量浓缩在三页之内。最重要的是，要有实质性的内容给用人单位看。

（3）简历上的资料必须客观而实在，千万不要吹牛，因为谎话一定会被识破。要本着诚实的态度，有多少就写多少。

（4）和写求职信一样，资料不要密密麻麻地堆在一起，项目与项目之间应有一定的空位相隔。

（5）不要写对申请职位无用的东西，切记！

实训活动

找一家可以接受学生课余兼职的单位去求职，根据招工单位的具体要求为自己拟写一封求职信，并附上个人简历。

知识拓展

大学生简历写作技巧

大学生制作简历是走向职场的第一步，也是职场必修的一门课。虽然有众多的老师和书籍教大学生如何写简历，但许多大学生其实并不知道什么样的简历才是适合自己的，怎样写简历才能把自己"秀"出来。

1. 个人简历不要太长

大学生的个人简历普遍都太长，有的甚至长达十余页。其实，个人简历内容过多反而会淹没一些有价值的闪光点。而且每到招聘的时候，一个企业，尤其是大企业会收到很多份简历，工作人员不可能每个都仔细研读，一份简历一般只用1分钟就看完了，再长的简历也超不过3分钟。所以，简历尽量要短。

简历过长的一个重要原因是有的人把中学经历都写了上去，这完全没有必要。除非你中学时代有特殊成就，如在奥林匹克竞赛中获过奖。一般来说，学习经历应该从大学开始写起。

很多学生的大学生个人简历都附了厚厚一摞成绩单、荣誉证书的复印件。简历上可以不要这些东西，只需列出所获得的比较重要的荣誉即可。如果企业对此感兴趣，会要求求职者在面试时把这些带去。

2. 简历中不要含有水分，一定要真实客观

这里一再告诫大家，大学生个人简历一定要按照实际情况填写，任何虚假的内容都不要写。即使有的人靠含有水分的简历得到了面试的机会，但面试时也会露出马脚。企业选人都非常慎重，弄虚作假是过不了一轮轮面试关的。

一个人的求职简历，就好比自己的照片，应该是独特的、活生生的，有自己的想法、期望和要求。而不少学生的求职简历，更像产品推销的价格表。也许是学生出于无奈，或许是想省些气力。一份简历多处投放，完全是格式化的，好比对谁都是同一副面孔，没有自己个性的内容。就连学校导师所写的推荐书，都是机打的（后面只签了老师的名字），让人分不清导师的推荐是否出于一种公式化的无奈应酬。另外，简历中对求职单位了解甚少，几乎没有提及，也没说明自己为什么要来求职。

3. 简历不要过分谦虚

简历中不要注水并不等于把自己的一切，包括弱项都要写进去。有的同学在简历里特别注明自己某项能力不强，这就是过分谦虚了，实际上不写这些并不代表说假话。有的求职学生在简历中写道："我刚刚走入社会，没有工作经验，愿意从事贵公司任何基层工作。"这也是过分谦虚的表现，这会让招聘者认为你什么职位都适合，其实也就是什么职位都不适合。

简历要突出学历和工作经验，如果你是名牌大学毕业生，那就尽量突出你毕业的学校；如果你所学的专业与应聘的工作内容非常对口，那就尽量突出你的专业背景；如果你的学历背景没有优势，那就想方设法在经验上胜人一筹，好好挖掘自己的经验，如你参与过的所有社会实践、实习活动、所研究过的课题等，尽量找出那些足以证明你经验优势的信息。要知道，学历和工作经验是企业招聘最关注的。

4. 简历上要写明求职的职位

大学生个人简历上一定要注明求职的职位。每份简历都要根据所申请的职位来设计，突出自己在这方面的优点，不能把自己说成是一个全才，任何职位都适合。大家不要只准备一份简历，要根据工作性质来有侧重地表现自己，如果认为一家单位有两个职位都适合自己，可以向该单位同时投两份简历。

在文字、排版、格式上不要出现错误。用人单位最不能容忍的事即简历上出现错别字或在格式、排版上有技术性错误以及简历被折叠得皱皱巴巴、有污点，因为用人单位会认为你连自己求职这样的事都不用心，那工作也不会用心。

5. 简历不必做得太花哨

现在求职学生的简历普遍都讲究包装，做得很精致、华丽，有的连纸张都是五颜六色。除非应聘美术设计、装潢、广告等专业，一般来说简历不必做得太花哨，用质量好一些的白纸即可，建议尽量用A4纸。简历过分标新立异有时反而会带来不好的效果。曾看到过一份简历封面上赫然写着四个大字"通缉伯乐"，给人的感觉就像在威胁用人单位。

尽量避免把简历写得平淡无奇。换句话说，不要千篇一律。要知道，人事主管常常会同时面对几百甚至几千份简历。很多学生因为求职过程的劳心劳力而对其敷衍了事，面对不同的公司、不同的岗位，永远只投递一

份简历。这样的简历是最不受招聘单位欢迎的。如果能针对不同的公司表达不同的了解和兴趣，让别人感到你的诚意和坦白，无疑鹤立鸡群。

6. 个人简历言辞要简洁直白，不要过于华丽

"我希望这样一个人生，它在经历了无数场风雨后成为一道最壮丽的彩虹……请用您的目光告诉我海的方向……"大学生个人简历很多言辞过于华丽，形容词、修饰语过多，这样的简历一般不会打动招聘者。建议简历最好多用动宾结构的句子，简洁直白。

7. 不要写上对薪水的要求

很多学生都对简历上该不该写对工资、待遇的要求存在疑惑。简历上写明对工资的要求要冒很大的风险，最好不写。如果薪水要求太高，会让企业感觉雇不起你；如果要求太低，会让企业觉得你无足轻重。对于刚出校门的大学生来说，第一份工作的薪水并不重要，因此不要在这方面费太多脑筋。

8. 简历的内容要尽可能详尽、具体

这样的简历使部门主管能了解到你干过什么，具有哪方面的能力，所拥有的素质是否是他们所需要的。有些学生不明白这一点的重要性，把简历写得如同论文的大纲，使自己在无形中就处在了竞争的弱势地位。如果做过销售，就不要简单地写"从事过销售工作"，而要具体地写清所从事的是食品业还是电子产品；取得了怎样的销售成绩，为公司带来了多少利润，如何击败竞争对手。如果做过公关策划，也要详细地罗列出活动的内容和影响。很多人力资源的主管感兴趣的并不是你有多少证书，你的社会活动有多丰富，他们看重的是你所从事过的工作是否为公司所需要的。

如果你是一位刚刚走出校门的毕业生，那你面临的很可能是和你有着相似的学历却更富工作经验的竞争对手。如果没有足够多与欲申请的工作相关的经验，你应该更着重强调最近的教育与培训，尤其是与正在申请的工作最直接相关的课程或实践活动。刚毕业的学生应该重视自己在学校里完成的毕业实践和毕业设计，这些活动也同样要求高度自律的特性、完成不同任务的能力以及其他方面的个人素质，而这些素质也正是许多工作所需要的。

年代式的个人简历罗列了求职人的种种工作经历，缺少工作经历的新毕业生不妨制作一份技巧列表式的简历。对于申请的工作职位要求的某些素质，你可以罗列在你的技巧式个人简历中，就像在年代式简历中罗列工作经验一样。另外如果可能，你也可以将你所了解和熟悉的这一工作领域的最新知识与工作技能写入个人简历，这些知识和技能应该对你未来的工作很有帮助。同时因为你刚刚在学校里研究和学习了最新的知识与技能，在适应新岗位的过程中也有不小的优势。

技巧式简历的好处还在于它能让你更有效地展示你在其他工作中所用的技能。虽然这些工作表面上看来与你正申请的职位没有太大关系，但这也是宝贵的经验，它赋予你的是可以广泛应用的工作技巧。从某种角度来看，这些经验也可以成为你的简历的有力支持。

项目二 日常类文书

人们在工作和生活中，常常为办理涉及钱财和物品的各种手续留下存根，或者为说明某种情况和理由留下字据，这种作为依据的字条就叫作条据。现代社会随着人际交往和交流的不断增加，书信和礼仪类文书的使用不但没有减少，反而随着新媒体的出现而更趋广泛。日常类文书主要包括三大类，即条据类文书、书信类文书和礼仪类文书。

叶子是一个善于交际的人，业余生活也丰富多彩。同学聚会、同事聚会、单位举办联欢会，他是想当然的主角，主持词、欢迎词、答谢词这类文书写作也成了他必不可少的功课。不管是校园里还是社会上，叶子都变得如鱼得水。

日常类文书就在我们周围，倘若你有了叶子的本领，也会成为受人瞩目的交际宠儿。

任务一　请假条

能力要求

任务目标	能力目标	知识结构
掌握请假条的写作	能根据请假条的定义，了解其内涵，理解其特点	请假条的定义、请假条的特点
	掌握请假条的结构、要素领会正文的具体写法	请假条结构、包含的要素和写作格式
	领会请假条写作的注意事项	请假条的写作要点

案例点评

请假条	标题
刘老师：	称谓
我今天腹泻，四肢无力，经医生诊断属于急性肠炎，需要休息三天（星期四、五、六）不能上课，特此请假，恳请批准！	正文写明请假原因、时间、要求
附医生诊断证明一张。	
此致	
敬礼！	致敬语
03303 班　李　晴	署名
2014 年 4 月 10 日	日期

　　这则请假条写得简洁明了。头行正中写明了便条的名称，下行顶格写明请假对象，便于主管人审批；写明了请假理由，提供了批假依据；写明了具体请假起止期限；"特此请假，恳请批准"强调了请假要求；"附医生诊断证明一张"提高了获假率；"此致—敬礼"表现了学生的礼貌；最后写明了请假人姓名、时间。

知识归纳

　　请假条是一种常用的应用文体，主要用于向请假人所在单位、公司请求准假，不参加某项工作、学习或者从事其他集体活动的文书。

　　请假条要求开门见山、内容简短、用词通俗易懂。何人、何因、何时是请假条的三大要素，即请假条必须写清楚请假者、请假原因和请假多长时间。

一、请假条的格式

　　请假条相当于公文中的"请示"，但比请示简便、灵活，格式可以不固定，也可以固定。一般最常用的格式如下。

　　（1）标题。居中写标题"请假条"，字体稍大。

（2）称谓。顶格写部门的名称或领导人的名字，并在后面加冒号。如是向领导人请假，注意应加上其职务，以示尊重。

（3）正文。空两格开始写正文，首先写明请假事由，其次写明请假时间，最后加上请假习惯用语"请批准""请予批准"等。正文内容结束后，另起一行、空两格写礼貌用语（也可省略），一般用"此致"，然后再起一行顶格写"敬礼"。

（4）落款。右对齐署名，在名称下落下请假日期（日期应正对在署名下方）。

二、请假条的写作要求

请假条的写作一般有以下几项要求。

（1）请假条内容较少的，不用分段。

（2）语言应朴实、简单，不能作无谓的修饰，把事情说得清楚、简明就好。

（3）是否要写致敬语，应视格式、内容和交往对象而定，不可随便处理。

（4）有其他相关证明也可以附带上交，更有说服力，更容易获假。

（5）应用蓝黑钢笔或毛笔书写，一般不能用红色笔书写。

实训活动

1. 分析以下请假条的写法，指出其中存在的问题。

请 假 条

我因与男友定于2009年2月9日举行婚礼，需享受婚假待遇，特向公司请假三天。恳望批准。祝领导身体健康！

刘××

---

2. 广告公司小王的朋友参加智力竞赛获得新马泰双人七日游的大奖，于是邀请小王和她同去，否则票就作废了，小王据此向公司老总请假。请代小王拟写一份请假条。

3. 假如你是张凡，昨天和同学们一道去紫金山春游，不幸扭伤了脚，虽伤得并不重，但医生让你在家好好休息。因此，你向班主任袁老师请假两天。请写一份请假条。

任务二　借条、领条

能力要求

任务目标	能力目标	知识结构
掌握借条、领条的写作	能根据借条、领条的定义，理解其内涵和特点	借条、领条的定义 借条、领条的特点
	掌握借条、领条的结构与写作格式，掌握正文的具体写法	借条、领条结构包含的要素和写作格式
	理解借条、领条的写作要求	写借条、领条要注意的事项

![案例点评]

【例文1】

借 条 　　今借到财务科人民币一千伍百圆整，作回家探亲用。日后按规定报销，多退少补。 　　此据 　　　　　　　　　　　　　　借款人：李爱兵（签名盖章） 　　　　　　　　　　　　　　　　　2014 年 1 月 20 日	标题 正文：借钱的对象、事由以及归还的日期 签名 日期

　　例文1所示借条写清了借什么、借多少。数字用大写可起到防止涂改增减的作用；借公家钱物时一般还要写明用途，便于管理人员作出相应的财务安排；"此据"独成一行起强调其证据作用；落款写经手人姓名以明确责任。

【例文2】

领 条 　　今领到校电教处发来的 28 寸××牌液晶电视机捌台，用于我系师生电化教学。 　　　　　　　　　　　　　　　物理系电教室：彭成功 　　　　　　　　　　　　　　　　20××年 2 月 10 日	标题 所领取物品名称及数量 签名 日期
今 领 到 　　校会计室发给的中文系教师 2012—2013 学年教学超工作量奖金人民币捌仟捌佰捌拾捌圆整。 　　　　　　　　　　　　　　经手人：中文系办公室 刘建国 　　　　　　　　　　　　　　　　　2014 年 1 月 15 日	标题 正文 署名 日期

　　例文2所示两则领条短小精悍而又清楚明白，在具体的形式上稍有不同。范文一标题用了"领条"，同时在接下来又以"今领到"单独作为一行；若没有"领条"以作标题，那么可将"今领到"视作标题，范文二即是。所选这几则范文在内容上将从何处领取、领取的什么、数目为多少、经办人、领取的时间等均交待得十分清楚。

![知识归纳]

　　借条又称借据，是人与人之间为处理财务、物资或事务来往，写给对方作为凭据或有所说明的条据是一种凭证性文书。钱物归还后，打条人收回条子，即作废或撕毁。

　　领条是单位或个人在领到钱物后，向发放物品或钱物的单位或个人所写的一种凭据。今天，人们一般在领取物品或钱款时只在造好的表册上签字即可，但这种以单独的领条形式出现的应用文也很常见。

一、借条、领条的格式

借条、领条一般由标题、正文和落款组成。

1. 标题

借条、领条的标题写在正文正上方，字体稍大。标题一般有两种方式：一种是直接由文种名组成，即写以"借条""借据""领条"字样；另一种是以正文内容的前三个字为标题，即以"今借到""今领到"作为标题，记住这类标题的正文需顶格写。

2. 正文

借条、领条的正文均另起一行空两格写。

借条的这部分要写明以下内容：①从哪里得到了什么东西，数量为多少。要写出所借钱物的数目及物品的品种、型号、式样、规格等；借出方也需写清楚；从单位借出的钱物要写上所为何用。②写明归还的具体日期或大致时间，有较为复杂的情况则要写明具体归还的方法。

领条正文的内容主要写明以下内容：从哪里领取，领取的东西都有什么，数目有多少；有的领条还要写出所领物品具体的用途；若正文所发放的物品种类较多，则可单独列表写出。

3. 落款

借条要写上写借条者的单位名称和经手人姓名或借方个人的姓名。必要时需加盖公（私）章，以示负责。单位、个人名称前一般写上"立据人"或"借款人"字样。在署名的下一行偏右写上借钱物的具体时间，年月日要对齐。

领条落款要在正文右下方写上单位、经手人的名称、姓名，个人领取的则写上个人姓名。在名下署上发文日期，落款处一般需加盖公章或私章。

二、借条、领条的写作要求

写借条、领条一般有以下要求。

（1）借（领）物品时，要当面清点好所领物品的品种和数量，如实写到领条上。

（2）借条、领条中涉及钱物就要写明钱物的数量，数词要大写（大写的 10 个基数是壹、贰、叁、肆、伍、陆、柒、捌、玖、拾）；如借（领）取的是整数钱款，末尾加"整"字，以防被人增添。

（3）借条、领条书写时行与行之间必须紧密，前后不留空白。

（4）借条、领条中无祝颂语。

（5）借条、领条不允许涂改。如写错了数字改正后应在改动处加盖印章或重写一张。

（6）借条在钱物归还后，应将其收回或当面销毁。

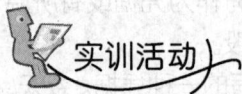

实训活动

1. 下面这张借条的写法有何不妥？

借　　条

新昌中学总务处：

　　今向贵处借用学生住宿用的铁床 15 付，淡绿色的，半旧的。用完后归还。

　　谢谢

敬礼

河岔中学（盖章）

---

2. 上体育课，你班需要向体育器材处借以下器材：足球 10 个，排球 5 个，跳绳 10 根，上完课后归还。请你以体育委员的名义写一张借条。

3. 开学之初，学校为学生发放校服。请你以班长身份领取全班 50 人的校服，并写一张领条。

4. 9 月 3 日，四（1）班卫生委员王小红领到医务室发下的医药箱 1 只，红药水和紫药水各 1 瓶，创可贴 10 条，药棉 2 包。请你代她写一张领条。

知识拓展

你又知道多少借条陷阱

借条是借款人向出借人出具的借款书面凭证。现实生活中，很多人都使用过借条。但朋友们是否知道，借条也会被一些别有用心的人用作欺诈钱财的手段，从而使你遭受经济损失。以下是律师们在办理案件过程中总结的常见借条陷阱类型：

一、是己借款，非己写条

案例：王某向张某借款 10 000 元。在张某要求王某书写借条时，王某称到外面找纸和笔写借条，离开现场后不久返回，将借条交给张某。张某看借条数额无误，便将 10 000 元交给王某。后张某向王某索款时，王某不认账。张某无奈起诉法院，经法院委托有关部门鉴定笔迹，确认借条不是王某所写，故驳回了张某的诉讼请求。后该案经张某申诉到检察机关要求抗诉，人民检察院在审查后，认为有必要由公安机关侦查。后经侦查，王某承认借款属实，借条是其找别人仿照自己笔迹所写。

二、利用歧义

案例 1：李某借武某 50 000 元，为武某出具借条一份。两个月后李某归还 5 000 元，遂要求武某把原借条撕毁，并重新为武某出具借条一份："李某借武某现金 50 000 元，现还欠款 5 000 元"。这里的"还"字既可以理解为"归还"，又可以理解为"尚欠"。根据《民事诉讼法》相关规定"谁主张，谁举证"，武某不能举出其他证据证实李某仍欠其 45 000 元，因而其权利不会得到保护。

案例 2：张某向王某借现金 3 000 元，向王某出具借条一张："借到张某现金 3 000 元，2012 年 8 月 17 日"。后王某持该借条向人民法院起诉，张某当庭辩称此借条证实王某借其款 3 000 元，要求王某归还现金 3 000 元。后经证实，张某在书写欠条时把本应写在现金 3 000 元后的借款人名字故意写在"借到"二字后面的空格处，致使欠条出现歧义，以达到不还借款的目的。

三、以"收"代"借"

案例：李某向孙某借款 7 000 元，为孙某出具条据一张："收条，今收到孙某 7 000 元。"孙某在向法院起诉后，李某在答辩时称为孙某所打收条是孙某欠 7 000 元，由于孙某给其写的借据丢失，因此为孙某打写收条。类似的还有，"凭条，今收到某某元"。

四、财物不分

案例：郑某为钱某代销芝麻油，在出具借据时，郑某写道：今欠钱某芝麻油毛重 800 元。这种偷"斤"换元的做法，使价值相差 10 倍有余。

五、自书借条

案例：丁某向周某借款 12 000 元，周某自己将借条写好，丁某看借款金额无误，遂在借条上签了名字。后周某持丁某所签名欠条起诉丁某归还借款 120 000 元。丁某欲辩无言。后查明，周某在 12 000 后面留了适当空隙，于丁某签名后便在后面加了 "0"。

六、两用借条

案例：刘某向陈某借款 18 000 元。出具借据一张："借到现金 18 000 元，刘某。"后刘某归还该款，陈某以借据丢失为由，为刘某出具收条一份。后第三人许某持刘某借条起诉要求偿还 18 000 元。

七、写条不写息

案例：李某与孙某商量借款 10 000 元，约定利息为年息 2%。在出具借据时李某写到：今借到孙某现金 10 000 元。孙某考虑双方都是熟人，也没有坚持要求把利息写到借据上。后孙某以李某出具的借条起诉要求还本付息，人民法院审理后根据《合同法》第 211 条 "自然人之间的借款合同对支付利息没有约定或约定不明的，视为不支付利息" 的规定，驳回了孙某关于利息的诉讼请求。

以上是常见写借条的欺诈手法，还有两个与出借款物有关的问题需要引起注意：一是借款时如果明知对方将用于非法活动，就不要借款给对方。依据我国法律规定，该借款不受法律保护，在对方不还钱的情况下无法通过诉讼途径予以保护。二是对约定有还款期限的借条，要在还款期限届满之后两年内主张权利即向人民法院起诉。根据我国法律规定，当事人请求人民法院保护民事权利的诉讼时效期间为两年，如果借款人在借款到期两年后向人民法院起诉，却没有诉讼时效中止、中断、延长情形的，就会丧失胜诉权。

写条据十大忌讳

一忌空白留得过大。条据的内容部分与签章署名之间的空白留得太大，容易被持据人增添补写其他内容，或将原内容裁去，在空白处重新添加内容。

二忌大写、小写分不清楚。写条据时，如果只有小写，没有大写；或者小数点位置不准确，数字前头有空格；或大写、小写不相符，都容易被持据人添加数字或修改，甚至由此而引发民事纠纷。

三忌用褪色墨水书写。用圆珠笔或其他易褪色的墨水书写条据，倘遇保存不当、受潮或水浸，字迹会变得模糊不清，并为某些别有用心的人用化学制剂涂抹留下可乘之机。

四忌不写条据日期。不写明日期的条据，一旦发生纠纷，事实真相常常难以查清，也容易对诉讼时效的确定造成困难。

五忌条据内容表述不清。有的条据将 "买" 写成 "卖"，"收" 写成 "付"，"借给" 写成 "借" 等，都极易颠倒是非。

六忌名字不写齐全。条据上有姓无名或有名无姓，都会给对方留下行骗的口实和赖账的把柄。

七忌不认真核对。请别人或由对方写的字据，应字字斟酌，认真审核，不能稀里糊涂地签字盖章。

八忌使用同音同义字。姓名不要用同音同义字、多义字代替，否则也容易引发责任不清的纠纷。以身份证上面的名字为准，就具有法定效力。

九忌印鉴不规范。由他人代笔书写或者代笔签名，而本人只在上面按一个手印，发生纠纷时也很难认定责任。

十忌还款时不索回条据。还款还物时，对方若称一时找不到借条，应该让其写一张收据留存，这样才不致给日后留下隐患。

总之，条据一经签订，一般对签约的各方就有了约束力，特别是经济性质的条据。因此，条据写得是否准确，权利与义务规定得是否严密、完备，关系到当事人的切身利益，影响到发生纠纷时是非曲直的判断和鉴别。

所以，写条据时必须认真、慎重，熟悉各类条据的格式及写法，绝不可掉以轻心。

领条日期难辨被告输官司

据 2006 年 4 月 8 日《重庆晚报》报道（记者　易守华），在一起借款纠纷中，被告出示的领条日期难以辨认，法院为此判决其支付 7 000 余元给原告。

2004 年 2 月 9 日和 2 月 23 日，原告余某与被告危某就当地一块土地整理工程达成协议。危某将石料和人工费的一部分发包给余某。2004 年 7 月 29 日，双方工程结算时，危某欠余某石料款及人工费欠款 10 993 元。3 个多月后，危某还欠了 7 000 余元。

为了证明自己已付清欠款，危某在庭审中举示了一张领条及一张复印件。领条原件严重破损，署名日期模糊不清。危某坚持认为，那张领条的日期应为 2004 年 8 月 9 日；而余某则说是 2004 年 7 月 29 日写的。这两个日期关系到余某是否收到危某支付的 7 083 元。

綦江县法院开庭审理后认为，按民事诉讼法第 64 条第一款规定的"谁主张，谁举证"原则，本案举证责任在危某。由于危某提交的原件缺乏客观真实性，最终法院一审判决危某支付余某 7 493 元欠款。

任务三　介绍信

能力要求

任务目标	能力目标	知识结构
掌握介绍信的写作	能根据定义，理解介绍信的内涵，区分其不同类型	介绍信的定义 介绍信的类型
	掌握不同类型介绍信的结构与格式，通晓其具体写法	手写式介绍信的具体写法 印刷式介绍信的具体写法
	明确介绍信的写作要求	写介绍信要注意的事项

案例点评

介　绍　信

××市××大酒店：

　　兹介绍×××同志壹名，前往你处联系 09 级学生实习事宜，请接洽并予协助。

　　此致

敬礼

　　（有效期×天）

　　　　　　　　　　××市旅游专科学校（盖章）

　　　　　　　　　　××年×月×日

【手写式介绍信】
标题
称谓
正文：被介绍者简况及事由
致敬辞
署名
日期

××市××局介绍信	【不带存根的印刷介绍信】
××负责同志： 　　兹介绍××同志前往你处联系×××事宜，请接洽并予协助。 　　　　　　　　　　　　　　　　××市××局（盖章） 　　　　　　　　　　　　　　　　　×年×月×日	

介绍信（存根）	介绍信	【带存根的印刷介绍信】 横排式
××字第××号 　　兹介绍×××等×人前往×××联系×××××××××××。 　　　　　　××年×月×日	××字第××号 ×××： 　　兹介绍×××等×名同志前往你处联系×××××，请接洽并予协助。 　　此致 敬礼 　　　　　　　　×××（盖章） （有效期限×天）××年×月×日	

介绍信（存根）	【带存根的印刷介绍信】 竖排式
××字第××号 　　兹介绍×××等同志×人前往×××联系××××。 　　　　　　　　　　　　　　　　××年×月×日 …………………第…………………号………… 介　绍　信 ×××： 　　兹介绍×××等同志×人，前往你处联系×××，请于接洽并给予协助。 　　此致 敬礼 　　　　　　　　　　　×××××（公章） （有效期×天）　　　　　××年×月×日	

　　介绍信的目的和作用就是介绍派人原因、证明所派之人的身份。这类介绍信的语言、格式较规范严谨，篇幅不长。

知识归纳

　　介绍信是用来介绍联系接洽事宜的一种应用文体。使用介绍信，可以使对方了解来人的身份和目的，以便得到对方的信任和支持。因此，介绍信具有介绍、证明的双重作用。

一、介绍信的格式

　　介绍信有手写式和填写式两种类型。

（一）手写式介绍信

手写式介绍信也可称为普通介绍信，是用一般公文信纸书写。其格式介绍如下。

1. 标题和称谓

手写式介绍信标题在第一行居中，一般写上"介绍信"三个字，字体可稍大；有的也可省略。

称谓单独另起一行，顶格写。要写明联系单位，且一定要写正确的全称或规范简称，这是对对方的尊重。有时介绍信是出具给单位领导人，应当在其姓名后加写职务名称，或者不写姓名只写职务名称。例如，"××公司×××总经理"。

2. 正文

正文要另起一行，空两格写介绍信的内容。介绍信的内容要写明如下两点：①说明被介绍对象的姓名、人数及相关的身份内容，还要写明前往何处何单位；②写明要接洽或联系的事项，以及向接洽单位或个人所提出的希望和要求等。

介绍信正文的起始句基本固定，以"兹介绍……""现介绍……"或"今介绍……"开头，后接派员名单、人数，必要时应写清派员的职务、政治面貌等，派出人数要用中文大写；然后写派员目的、事由，应当尽量写得具体、明白，有利于受文者一目了然。结束语常用"望予接洽为荷""请予以接洽"之类的固定用语。

3. 结尾和落款

手写式介绍信结尾要写上"此致—敬礼"等表示祝愿和敬意的话。最后可以在左下方用括号注明有效期限，如"（自即日起××天内有效）"或"（×月×日前有效）"。

落款处写出具介绍信的单位名称（全称或规范简称），位置在正文右下方，并署上介绍信的成文日期，加盖单位公章。不盖公章的介绍信是无效介绍信，受文单位可不予承认。

（二）填写式介绍信

填写式介绍信又称印刷式介绍信，是一种正式的介绍信，即铅印成文，内容格式等已事先印刷出来，使用者只需填写姓名、单位及事项，另加盖公章即可。

印刷式介绍信又可以细分为两种：一种为带存根的介绍信，另一种为不带存根的介绍信。

带存根的印刷式介绍信一般由存根联、间缝和正式联三部分组成。

1. 存根联部分

存根联部分格式有以下几项要求。

（1）存根联部分的第一行正中写有"介绍信"三个字，字体要大；紧接"介绍信"的字后，用括号注明"存根"两个字。

（2）第二行左上方或居中写有"××字×号"字样。

（3）正文要另起一行写介绍信的内容，具体内容与"手写式介绍信"相同。

（4）结尾只注明成文日期即可，不必署名，因为存根仅供本单位在必要时查考。

2. 间缝部分

存根联部分同正文部分之间有一条虚线，虚线上即有"××字第××号"字样。数字要大写，便于从虚线处截开后，字迹在存根联和正式联各有一半；同时，应在虚线正中加盖公章。

3. 正式联部分

正式联部分格式一般有以下几项要求。

（1）第一行正中写有"介绍信"字样，字体较大。

（2）第二行在右上方写有"××字××号"字样，内容照存根联填写。

（3）称谓要顶格写，写明所联系的单位或个人的称呼或姓名。

（4）正文应另起一行，空两格起再写介绍信的具体内容。内容同存根内容一样。

（5）结尾写明祝愿或敬意的话，后边还要写"此致—敬礼"，最后要注明该介绍信的有效期限。

（6）落款为出具介绍信的单位名称、出具时间，并加盖公章。

二、介绍信的写作要求

介绍信的写作有以下几项要求。

（1）不得虚假编造，冒名顶替。

（2）介绍信要简明扼要，不可太长。

（3）介绍信务必加盖公章。查看介绍信时，要核对公章和介绍信的有效期限。

（4）有存根的介绍信，存根联和正式联要内容完全一致。存根底稿要妥善保存，以备日后查考。

（5）介绍信不得涂改，要书写工整。有涂改的地方，可加盖公章。

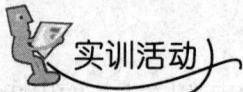

1. ××公司派刘星明等 3 位同志前往柳州重型机械厂联系购买 Z-502 型大型起重机事宜，请以公司名义为此写一封介绍信。

2. ××化妆品公司派王××前往摩登百货化妆品部推销产品并联系专柜事宜，请以公司名义写一封介绍信。

3. 单选题：有些专用书信的结尾有习惯的写法，"请予接洽为荷"用于（　　　）。

A. 邀请信　　　　　　B. 介绍信　　　　　　C. 自荐信　　　　　　D. 感谢信

任务四　证明信

任务目标	能力目标	知识结构
掌握证明信的写作	能根据定义，理解证明信的内涵、特点，区分其不同类型	证明信的定义、特点 证明信的类型
	掌握不同类型证明信的结构与格式，通晓其具体写法	不同类型证明信的写法
	明确证明信的写作要求	写证明信要注意的事项

案例点评

<table>
<tr><td>

证　明　信

×××局党委：

　　××同志，男，现年 50 岁，一九六四年九月考入我校学习，是××教授的研究生，一九六七年九月毕业。由于历史原因，毕业时未能发给研究生毕业证书，现即将补发。

　　特此证明

××大学　校长×××（签名）

××年×月×日

</td>
<td>

【作为材料存入档案的证明信】

称谓

正文：被介绍者简况及事由

结束语

署名

日期
</td></tr>
<tr><td>

证　明　信

　　兹有我公司工程师周文重同志（男，42 岁），技术员宋为国同志（男，30 岁），前往江西、湖南、福建、广东等省检查并重点修理我厂生产的××牌空调。希有关单位给予帮助。

　　特此证明

××省××市空调厂（公章）

2009 年 5 月 8 日

</td>
<td>

【作为证件用的证明信】
</td></tr>
<tr><td>

证　明　信

×××派出所：

　　兹有我单位×××，男，××××年×月×日生，汉族，家住××××。（身份证号码：362526××××××××××××）。于××××年×月×日将原一代身份证丢失，现需领取第二代居民身份证。

　　特此证明

××职业技术学院（盖公章）

××××年×月×日

</td>
<td>

【证明丢失证件等情况属实的证明信】
</td></tr>
</table>

　　这是三则不同类型的证明信。语言十分准确并且实事求是、严肃认真地证明了某项事情，最大的优点是篇幅短小精悍，寥寥数语便把所要证明的事项疏理清晰，值得借鉴。

知识归纳

　　证明信是以机关、团体、个人的名义凭确凿的证据，证明某人身份、经历或者有关事件的真实情况的专用书信。

　　证明信要求内容必须真实、准确、明白、肯定，对所证明的人和事要负责任。因此，写证明信时要持慎重、严肃的态度。

　　证明信一般也直接称作证明，具有凭证的作用。有的证明信有长久证明作用，可归档。

一、证明信的格式

　　不论是哪种类型的证明信，结构都大致相同，一般由标题、称呼、正文、署名和日期等构成。

实用文书写作

1．标题

证明信的标题通常有以下两种方式：①单独以文种名作标题，首行居中冠以"证明信""证明"字样；②由文种名和事由共同构成，一般也是写在首行中间，如"关于×××同志××情况（或问题）的证明"。

2．称呼

第二行顶格写上需要证明的单位名称，之后加冒号。一般不需要敬语。

一些供有关人员外出活动证明身份的证明信因没有固定的受文者，开头可以不写受文者称呼，而是在正文前用公文引导词"兹"引起正文内容。

3．正文

正文是证明信的主体部分。另起一行、空两格写明被证明事项的全部事实，要针对对方所要求的要点写，要证明什么问题就证明什么问题，其他无关的一律不写。如证明的是某人的历史问题，则应写清人名、何时、何地及所经历的事情；若要证明某一事件，则要写清参与者的姓名、身份，及其在此事件中的地位、作用和事件本身的前因后果。

正文写完后，要另起一行空两格，加"特此证明"四字作结束语；也可直接在正文结尾处写出。不写祝愿、勉励之类的话。

4．落款

要在正文的右下方写上证明单位或个人的姓名称呼，成文日期写在署名下另起一行，然后由证明单位或证明人加盖公章或签名、盖私章，以示负责；否则，证明无效。

二、证明信的写作要求

证明信写作一般有以下几项要求。

（1）实事求是，严肃认真，言之有据。

（2）对于随身携带的证明信，一般要求在证明信的结尾注明有效时间、过期无效的期限。

（3）语言要准确，文字书写要清晰、工整，字迹清楚，不要潦草。

（4）不能用铅笔、红色笔书写；若有涂改，必须在涂改处加盖公章。

实训活动

吕俊同志刚从××法律事务所调往××职业技术学院，学院希望原工作单位能够出具其工作经历及表现的证明。吕俊，现年 35 岁，中共党员，在××法律事务所担任律师，工作认真负责，业务能力强，多次被评为市级劳动模范、行业先进工作者。根据以上材料，写一封证明信。

知识拓展

各种证明信格式及范文大全

生活、工作中需要办理各种合理合法的证明信，手续烦琐，而且格式多种多样。下面我们列出了目前各种证明信的格式以及范文，供大家参考。

1. 出生证明

×××（性别）于××年×月×日在×省×市（或县）出生。×××的生父是×××，生母是×××。

2. 结婚证明

×××（性别，出生年月日）与×××（性别，出生年月日）于××年×月×日在×省×市（或县）登记结婚。

3. 夫妻关系证明

×××（性别，出生年月日）与×××（性别，出生年月日）现系夫妻关系。

4. 离婚证明

×××（性别，出生年月日）与×××（性别，出生年月日）于××年×月×日在×省×市（或县）登记结婚，××年×月×日在×省×市（或县）经××部门登记（或调解、判决）离婚。×××至××年×月×日未再登记结婚。

5. 未婚证明

×××（性别，出生年月日，现住广州市××区）至××年×月×日止未曾登记结婚。

已经离境者：×××（性别，出生年月日，原住广州市××区）至××年×月×日离境之日止在中国居住期间未曾登记结婚。

6. 经历证明

×××（性别，出生年月日）于××年×月至××年×月在××单位（应写明全称）任××（职称或职务），××年×月至××年×月在×××单位任××（或从事何种工作）。

7. 未受刑事处分证明

×××（性别，出生年月日，现或原住广州市××区）至××年×月×日止（已离境者请注明至××年×月×日离境之日止）在中国居住期间没有受过刑事处分。

8. 域外亲属关系证明

×××（性别，出生年月日，现住广州市××区）是居住在××国 ××市×××（性别，出生年月日）的××（相互关系）。

9. 亲属关系证明

×××（性别，出生年月日）的配偶是×××（出生年月日），子（或女）是×××（出生年月日），父亲是×××（出生年月日），母亲是×××（出生年月日），哥哥是×××（出生年月日），弟弟是×××（出生年月日），妹妹是×××（出生年月日）。

10. 国籍证明

×××（性别，出生年月日，现或原户籍地在广州市××区××路×号）具有中国国籍。

11. 死亡证明

×××（性别，出生年月日，生前住广州市××区）于××年×月×日在××（地点）因××（死因）死亡。

×××（单位人事部门印章）

12. 年收入证明

×××（性别，出生年月日，现住址）××年个人年收入为人民币×××元。

13. 离（退）休证明

×××（性别，出生年月日，现住址）于××年×月×日从×××（原工作单位全称）离休（或退休、退职）。

14. 曾用名、别名证明

×××（性别，出生年月日）的曾用名（别名）是×××。

15. 在职证明

（1）申请人有广州市户口者，须向公证处提供如下材料：①申请人单位（或档案所在地）人事部门证明信，格式如下：

×××（性别，出生年月日）于××年×月至××年×月在×××单位（应写明全称）从事何种工作，于××年×月任何职（职称或职务）。

×××单位（盖人事部门章）

②在职证明，格式如下：

×××（性别，出生年月日）于××年×月至××年×月在×××单位（应写明全称）从事何种工作，任何职（职称或职务）。

左下方贴申请人近期免冠照片并加盖单位（公司）行政印鉴，右下方为单位（公司）落款并加盖单位行政印鉴。

（2）外地人在广州市工作，人与档案分离，须向公证处提供如下材料：①公安机关出具的在广州市居住的暂住证。②单位人事部门出具的在广州市工作的经历证明信，格式同上。如单位无人事部门须在证明信中加以说明。③单位再为申请人出具一份在广州市工作的经历证明，格式如下：

×××（性别，出生年月日）于××年×月至××年×月在×××单位（应写明全称）从事何种工作，任何职（职称或职务）。

左下方贴申请人近期免冠照片并加盖单位（公司）行政印鉴，右下方为单位（公司）落款并加盖单位行政印鉴。

开信人：×××

××年×月×日

注：

（1）证明信由申请所在单位的档案管理部门，如人事、组织、劳资部门、人才交流中心或街道办事处（乡镇政府）根据掌握的真实情况负责书写，并写明出处，由书写人签名，加盖人事、劳资、人才交流中心等部门的专用章。凡由当事人本人写的证明信一律无效。

（2）证明信为两页以上的，需加盖骑缝章。

（3）申办哪种证明，提供哪种内容，不办的不必提供。

（4）证明信在开出后10天内有效。

（5）公证申请一经受理应即时缴纳公证费。

任务五　感谢信

能力要求

任务目标	能力目标	知识结构
掌握感谢信的写作	能根据感谢信的定义，理解其特点，区分其与表扬信的不同之处	感谢信的定义 感谢信的特点
	掌握感谢信的结构与写作格式，通晓标题、正文的具体写作方法	感谢信标题的写法 正文结构的具体内容
	领会感谢信的写作要求	写感谢信要注意的事项

案例点评

感　谢　信	标题
广大师生：	称谓
衷心感谢你们的慷慨解囊和无私帮助。我校孙××同学是不幸的，在人生最灿烂的时候却与病魔羁绊前行；但她又是幸运的，因为有我校广大师生最纯洁的爱心伴她同行。孙××，普普通通的一个大学生，出生在一个农村家庭，在被查出患上再生障碍性贫血重症，急需进行骨髓移植手术，但因家境寒贫无力承担巨额医疗费用而一筹莫展的时候，是我们大家，我们所有关爱她的老师、同学给了她新的希望——生命的希望。你们的善行义举极大地鼓舞了在病榻上与病魔斗争的孙××同学，也让每个参与其中的人看到了希望的曙光。我们相信，有大家的祝福、关爱与帮助，孙××同学会创造出生命的奇迹。	正文：陈述感谢的事由
在学院领导的关心下，学校学生会协同财会金融学院在全校范围内发起了"人人献出一点爱"的募捐倡议活动。这犹如冬日里最灿烂的一缕阳光，照亮了我们每个师大学子的心怀，那如波涛汹涌般的爱的暖流久久地在我们每个人的内心深处涤荡。	
此次捐款活动共持续两天时间，截至 9 月 17 日，共募集善款 13 321.6 元人民币，捐款名单可以在学院网站上查询。	
我们感谢所有捐献善款的老师、同学们，感谢你们的爱心捐助，是你们给了孙××重新拥有生命和美好人生的希望！在此，我们谨代表孙××同学及其家人向所有奉献爱心的人们致以最诚挚的谢意！谢谢你们！	表示敬意、感激
××学校学生会	署名
××年×月×日	日期

　　这是一封捐款感谢信。该感谢信交代了感谢的原因，表达了感激之情。语言朴实自然，情感由衷真挚。

知识归纳

　　感谢信是向帮助、关心和支持过自己的集体（党政机关、企事业单位、社会团体等）或个人表示感谢的专用书信，有感谢和表扬双重意思。

　　感谢信主要有以下几个特点：①感谢对象要确指，感谢信都有确切的感谢对象，以便让大家都清楚是在感谢谁。②表述事实要具体，感谢别人是有具体事由的，否则就会显得抽象空洞。③感情色彩要鲜明，感动和致谢的色彩强烈，言语里充满感激之情。

一、感谢信的格式

　　感谢信的标题、称呼、正文、结尾和落款的格式一般有以下要求。

1．标题

感谢信的标题写法多样。单独由文种名称组成，如《感谢信》；由感谢对象和文种名称共同组成，如《致××商场的感谢信》；由感谢双方和文种名称组成，如《××街道致××剧院的感谢信》。

2．称呼

感谢信的开头顶格写被感谢的机关、单位、团体或个人的名称或姓名，后面加上冒号。

3．正文

感谢信的正文另起一行，空两格写感谢的内容。

（1）感谢的事由。概括叙述感谢的理由，表达谢意。

（2）对方的事迹。具体叙述对方的先进事迹，叙述时务必交代清楚人物、事件、时间、地点、原因和结果，尤其重点叙述关键时刻对方给予的关心和支持。

（3）揭示意义。在叙述事实的基础上指出对方的支持和帮助对整个事情成功的重要性以及体现出的可贵精神；同时，表示向对方学习的态度和决心。

4．结尾和落款

结尾写上敬意的话、感谢的话，如"此致——敬礼""致以诚挚的敬意"等。

落款在右下方署上写感谢信的单位名称或个人姓名，在下面署上成文日期。

二、感谢信的写作要求

一般而言，感谢信的写作有以下基本要求。

（1）内容要真实，评誉要恰当。感谢信的内容必须真实，确有其事，不可夸大其辞。感谢信以感谢为主，兼有表扬，所以表达谢意时要真诚、说到做到。评誉对方时要恰当，不能过于拔高，以免给人一种失真的印象。

（2）用语要适度，叙事要精练。感谢信的内容以主要事迹为主，详略得当，篇幅不能太长，正所谓"话不在多，点到为止"。感谢信的用语要求是精练、简洁，遣词造句要把握好一个度，不可过分雕饰，否则会给人一种不真实、虚伪的感觉。

实训活动

1．评改下面这封感谢信。

感　谢　信

××中学：

　　我的孩子今年3月患了严重的心肌炎，不得不住院治疗。在住院期间，你校领导、老师和学生多次来医院探望、慰问。校团委与学生会还发动全校师生为我的孩子捐款，帮助我们解决困难。你们的大恩大德，我们全家人永远不会忘记。

　　最后，祝你们工作顺利，学习进步，万事如意！

学生家长　赵××

×月×日

2. 大丘村今年遭受了严重的灾难，驻地部队及时伸出援助之手，帮助村民渡过难关。请以大丘村的名义给部队写一封感谢信。

知识拓展

感谢信与表扬信的比较

感谢信与表扬信的相似之处：格式大同小异，感谢信不仅有感谢之意，也有表扬之意；表扬信则不仅有表扬之意，也有感谢之意。

感谢信与表扬信的区别：感谢信侧重于感谢，表扬信侧重于表扬；感谢信往往用于有相隶属的个人与个人、单位与个人或单位与单位之间，表扬信则可用于上级机关对下级部门或领导、组织对个人。

感谢信与表扬信在风格上也存在差异：感谢信在陈述对方事迹之后，多要揭示其事迹的高尚意义，说明自己的感谢之情，感情色彩是崇敬；表扬信在陈述对方的事迹之后，多要揭示其事迹的模范意义，说明自己的欣慰之感，并由此而表明对表扬对象的奖赏之情，语言的感情色彩重在嘉勉。

感谢信与答谢词的比较

感谢信：为了感谢对方的支援、帮助而使用的便函，如以电报形式发出即成感谢电。

答谢词：属于礼节性社交活动中所使用的讲话稿。它是在专门的仪式、宴会或招待会上宾客对主人的盛情接待表示感谢时所使用的一种礼仪文书。

任务六　名片、请柬

能力要求

任务目标	能力目标	知识结构
掌握名片的设计	能根据名片的定义，理解其内涵；根据不同标准，了解其类型	名片的定义 名片的分类
	熟悉名片的结构与设计格式，掌握其正文的具体设计	名片标题的写法 正文结构的具体内容
	领会名片的设计要求	设计名片应注意的事项
掌握请柬的设计	能根据请柬的定义，理解其内涵；根据不同标准，了解其类型	请柬的定义、作用 请柬的分类
	熟悉请柬的结构与设计格式，掌握其正文的具体设计	请柬标题的写法 正文结构的具体内容
	领会请柬的设计要求	设计请柬应注意的事项

案例点评

【例文1】

开头：单位标识及名称

正文：姓名、职街、地址、电话及其他联系方式

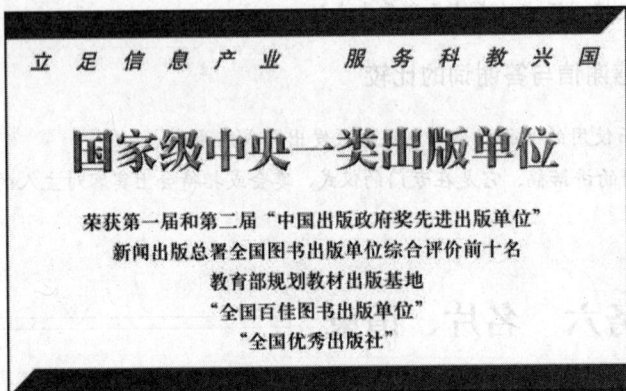

背面：单位宣传语

例文1所示名片是传统的设计方法，传递的信息简明清楚。

【例文2】

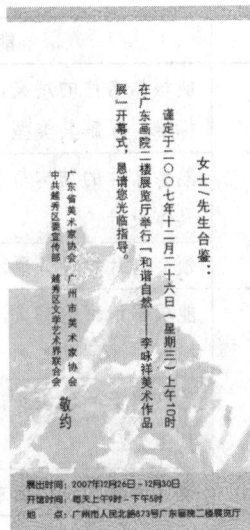

例文 2 是一张邀请有关人士出席美术展的请柬，时间、地点和具体内容用简短的话语就表达得很清晰。

知识归纳

一、名片

名片，顾名思义，就是带有本人名字的、用来交流、沟通或者纪念收藏的卡片。

1. 名片的分类

现代社会名片的使用相当普遍，分类也比较多，没有统一的标准。最常见的分类主要有以下几种。

（1）按名片用途分，有商业名片、公用名片、个人名片三类。

（2）按名片质料和印刷方式分，有数码名片、胶印名片、特种名片三类。

（3）按印刷色彩分，有单色、双色、彩色、真彩色四类。

（4）按排版方式分，有横式名片、竖式名片、折卡名片三类。

（5）按印刷表面分，有单面印刷、双面印刷两类。

2. 名片设计制作的主要内容

名片设计制作的主要内容有以下几项。

（1）姓名。最重要的一部分，名片的名字可以选择艺术字体，也可以选择自己的签名、印章等。

（2）公司名称。商务名片中不可缺少的一部分。

（3）公司标志。又称 LOGO，也可以印刷公司商标，是品牌形象的重要表现。

（4）联系方式。必要的一部分，手机、电话、邮箱、传真、即时通信、网址等，可以全部选择。

（5）职务。根据需要或所在公司的职务来印刷，让名片的接收者直观你在公司负责什么；也有不印刷职务的情况，可另外印刷社会上一些社会团体的头衔，如××会长、××委员、××顾问等。

（6）照片。常见的保险行业较多，让客户加深印象，也可以放自己的写真照片或艺术画像。常见的为演艺界人士或艺术家等。

（7）经营项目。产品信息等，更加直观地表现公司的产品，使客户加深印象。

（8）位置地图。把自己公司或店面的位置画成地图，写上行车路线，这样就可让客户直接找到。

（9）企业宣传语。即企业口号，宣传公司形象让客户加深印象，提高公司的知名度。个人名片也可以印刷上对受名片者的祝福。

（10）图片。行业的宣传语，让客户一看名片就知道企业的性质，如电信企业名片设计上和网络有关的底纹、航空企业印刷上蓝天飞机等。不过底纹或图形不要抢名片内容的风头，只起点缀作用。

3. 名片设计要求

设计名片一般有以下几项要求。

（1）名片设计必须做到文字简明扼要，字体层次分明，强调设计意识，艺术风格新颖。

（2）名片正面的内容不要太多，要留点空间，这样显得美观大方；否则，会让人觉得虚夸。

（3）名片的头衔以一个为宜，必要的也不要超过三个。印两个头衔时，一定要相关。

（4）名片要保持干净整洁，切不可出现折皱、破烂、肮脏、污损、涂改的情况。

二、请柬

请柬又称为请帖、柬帖，是为邀请客人参加某项活动而发的礼仪性书信。

发请柬是为了表示对客人的尊敬，也表明邀请者的郑重态度。所以请柬在款式和装帧设计上应美观、大方、精致，使被邀请者体味到主人的热情与诚意，感受到喜悦和亲切。

现在通行的请柬形式有：①双柬帖，即双帖，将一张纸折成两等分，对折后成长方形；②单柬帖，即单帖，用一张长方形纸做成。

无论双帖还是单帖，帖文的书写或排版款式均有横排、竖排两种。

1. 请柬的格式

从撰写方法上说，都有标题、称呼、正文、结尾、落款等。

（1）标题。双柬帖封面印上或写明"请柬"二字，一般应做些艺术加工，即采用名家书法、字面烫金或加以图案装饰等。有些单柬帖，"请柬"二字写在顶端第一行，字体较正文稍大。

（2）称谓。顶格写清被邀请单位名称或个人姓名，其后加冒号。个人姓名后要注明职务或职称，如"××先生""××女士"。

（3）正文。另起行，空两格。要写清活动内容，如开座谈会、联欢晚会、生日派对、国庆宴会、婚礼、寿诞等。要写明时间、地点、方式。如果是请人看戏或其他表演，还应将入场券附上。若有其他要求也需注明，如"请准备发言""请准备节目"等。

（4）结尾。结尾一般以"敬请（恭请）光临""此致敬礼"等作结。古代称此为"具礼"。

（5）落款。署上邀请者（单位或个人）的名称和发柬日期。

2. 请柬的写作要求

请柬的写作一般有以下几项要求。

（1）文字要美观，用词要谦恭，要充分表现出邀请者的热情与诚意。

（2）语言要精练、准确，凡涉及时间、地点、人名等一些关键性词语，一定要核准、查实。

（3）语言要得体、庄重，使人一看就懂，切忌乏味和浮华。

（4）在纸质、款式和装帧设计上，要注意艺术性，做到美观、大方。

实训活动

1. 给自己设计一张名片。为名片加上自己设计的标志，题材、构思不限，要与名片性质内容相关。

2. 判断题

（1）在邀请客人时，为了表示对客人的尊重，不论远近都可以发请柬。（　　　）

（2）请客用请柬，请别人承担某项工作或承担某一职务用聘书。（　　　）

（3）为了表示对被邀请者的诚意，在请柬结尾可以加上"请务必光临"之类的期请语。（　　　）

（4）请柬的发送时间越早越好。（　　　）

3. 以已故京剧名家身世为题材的电影《梅氏春秋》拟于20××年12月26日20:00在天河娱乐城举行电影首映式，拟邀请有关传媒记者参加。请据此消息，以中国电影集团公司的名义制作一份请柬。

知识拓展

名片的起源

名片起源于交往，而且是文明时代的交往，因为名片离不开文字。

原始社会没有名片，文字还没有正式形成，早期的结绳记事也只存在于同一部落内部，部落与其他部落没有往来。

奴隶社会尽管出现了简单的文字，但也没有出现名片。奴隶社会经济还不发达，绝大部分人都固着在土地上，奴隶没有受教育的权利；少量世袭奴隶主形成小的统治群体，由于统治小圈子长期变化不大，再加上识字不太普遍，也没有形成名片的条件。

名片的最早出现，始于封建社会。战国时代中国开始形成中央集权统治的国家，随着铁器等先进生产工具的使用，经济也得到发展，从而带动了文化发展，以孔子为代表的儒家与其他流派形成百家争鸣的景象。各国都致力于扩大疆土，扶持并传播本国文化，战争中出现大量新兴贵族。特别是秦始皇统一中国，开始了伟大的改革，统一全国文字，分封了诸侯王。咸阳成了中国的中心，各路诸侯王每隔一定时间就要进京述职。诸侯王为了拉近与朝庭当权者的关系，经常联络感情也在所难免，于是出现了名片的早期名称"谒"。所谓"谒"就是拜访者把名字和其他介绍文字写在竹片或木片上（当时还没发明纸张），作为给被拜访者的见面介绍文书，也就是现在的名片。

到了汉代，中央集权制国家进一步发展，随着汉初疆域扩大，"谒"的使用越来越普遍。进入东汉末期，"谒"又被改称为"刺"，由于东汉蔡伦发明的纸张开始普遍采用，于是"刺"由竹木片改成了更便于携带的纸张。

唐宋时期，中国封建社会进入了全盛期，带动了社会经济与文化大发展。唐初科举制度开始实行，让一些有才能的庶民也能靠自己的努力进入统治阶级中来。为了与世袭贵族争夺权力，他们在官场上相互提携，拉帮结派的门阀也开始形成。每次科举考试后，新科及第考生都要四处拜访前科及第位高权重者，并拜其为师，以便将来被提携。要拜访老师，必须先递"门状"，这时"刺"的名称也就被"门状"代替了。

到了明代，统治者沿袭了唐宋的科举制度并使之平民化，读书便成了一般人改善生活的唯一出路，识字的人随之大量增加。人们交往的机会增加了，学生见老师、小官见大官都要先递上介绍自己的"名帖"，即唐宋时的"门状"。"名帖"这时才与"名"字有了瓜葛。明代的"名帖"为长方形，一般长七寸、宽三寸，递帖人的名字要写满整个帖面。如递帖给长者或上司，"名帖"上所书名字要大，表示谦恭；否则，将会被视为狂傲。

清朝才正式有"名片"的称呼。清朝是中国封建社会的终结，由于西方的不断入侵，与外界交往增加，和国外的通商也加快了名片普及。清朝的名片开始向小型化发展，特别是在官场，官小使用较大的名片以示谦恭，官大使用较小的名片以示地位。

早期名片与近现代名片的主要区别是用手写而不是印刷。

《史记·郦生陆贾列传》记载，刘邦引兵过陈留，郦食其"踵军门上谒"。这里所记的"谒"就是我们今天呈递的名片，这是关于名片的一段最早的记载。

中国古代的名片又称"帖子""名剌""刺""名纸"，或者叫作"谒""柬"，是官员、商贾、文人相互拜访时呈递的，叫作"投刺"之礼。此风气在明清时期最为鼎盛。

现代意义的名片则来自于西方，是现代商业活动的产物。

交换名片应该注意的问题

在日常交往中、商务活动中，交换名片成为不可缺少的一部分，而交换名片时的礼仪问题也值得注意。我们必须要养成一种良好的习惯，才能给别人留下更好的第一印象，同时反映出一种个人修养。因此，在递送名片、接受名片、索要名片的时候要讲究正规的社交礼仪。

1. 准备工作

这是非常重要的一个环节，这个工作做得是否充分将直接影响到你的商务活动，因此应该在平时多留意自己的名片是否够用，要随身携带一定数量的名片，以便不够时及时补充，而不要在用的时候才临时找印刷厂，这样不仅耽误事情，印刷成本也会高；名片的质量非常重要，要保持干净整洁，切不可出现折皱、破烂、肮脏、污损、涂改的情况；名片最好准备专用的名片夹来放置，也可以放在公文包或上衣口袋内，在办公室应选择放在名片架或办公室内，切不可随便放置在钱包、裤袋内，以免在找名片的时候手忙脚乱，给别人留下非常不好的印象。

2. 递交名片

（1）观察意愿。除非自己想主动与人结识，否则名片务必要在交往双方均有结识对方并欲建立联系意愿的前提下发送。这种愿望往往会通过"幸会""认识你很高兴"等一类谦语以及表情、体姿等非语言符号体现出来。

（2）把握时机。发送名片要掌握适宜时机，只有在确有必要时发送名片才会令名片发挥功效。发送名片一般应选择初识之际或分别之时，不宜过早或过迟。不要在用餐、戏剧、跳舞之时发送名片，也不要在大庭广众之下向多位陌生人发送名片。

（3）讲究顺序。最佳方法是由近而远、按顺时针或逆时针方向依次发送。

（4）先打招呼。递上名片前，应当先向接受名片者打个招呼，令对方有所准备。可先作自我介绍，也可以说声"对不起，请稍候""可否交换一下名片"之类的提示语。

（5）表现谦恭。对于递交名片这一过程，应当表现得郑重大方、谦逊有礼。要起身站立主动走向对方，面含微笑，上体前倾15°左右，以双手或右手持握名片，举至胸前，并将名片正面面向对方，同时说些"请多多指教"、"欢迎前来拜访"等礼节性用语。切勿以左手持握名片。

3. 接受名片

（1）接受他人名片时，不论有多忙，都要暂停手中一切事情，并起身站立相迎，面含微笑，双手接过名片。至少也要用右手，而不得使用左手。

（2）认真阅读。接过名片后，先向对方致谢，然后至少要用一分钟时间将其从头至尾默读一遍，遇有显示对方荣耀的职务、头衔不妨轻读出声，以示尊重和敬佩。若对其名片上的内容有所不明，可当场请教。

（3）精心存放。接到他人名片后，切勿将其随意乱丢乱放、乱揉乱折，而应将其谨慎地置于名片夹、公文包、办公桌或上衣口袋之内，且应与自己名片区别放置。

（4）有来有往。接受他人名片后，应当即刻回给对方一张自己的名片。没有名片、名片用完了或者忘了带名片时，应向对方作出合理解释并致以歉意，切莫毫无反应。

4. 索要名片

向尊长索要名片，可以这样说："今后如何向您老请教"；向平辈或晚辈索要名片，可以这样说："以后怎样与您联系"；当他人索取本人名片，而自己又不想给对方时，应用委婉的方法表达此意，可以说："对不起，我忘了带名片。"或者："抱歉，我的名片用完了。"若本人没有名片，又不想明说，可以用这种方法表述。

任务七　邀请函、聘书

能力要求

任务目标	能力目标	知识结构
掌握邀请函的写作	能根据邀请函的定义，理解其内涵，比较其与请柬的异同	邀请函的定义、特点 邀请函与请柬的异同
	根据不同的分类标准，了解邀请函的不同类型	邀请函的不同类型
	熟悉邀请函的结构与格式，通晓其标题、正文的具体写法	邀请函标题的写法 正文结构的具体内容
	领会邀请函的写作要求	邀请函内容表述的特点
掌握聘书的写作	能根据聘书的定义，理解其内涵与特点及适用范围	聘书的定义 聘书的特点
	熟悉聘书的结构与格式，通晓其标题、正文的具体写法	聘书标题的写法 正文结构的具体内容
	掌握聘书的写作要求	写聘书应注意的事项

案例点评

【例文1】

"三层实木地板：中国未来十年的发展"专题研讨会	标题
邀　请　函	
尊敬的＿＿＿＿＿＿先生/女士：	称谓
您好！	
随着新一轮经济建设高潮的到来和内需市场的拉动，中国地板生产和销售也展现出新的局面。尤其作为现代科技创新成果的三层实木地板，市场前景颇为看好。为了有效地加强政府有关部门、行业协会、同行企业、供应商及新闻机构之间的信息交流与沟通，共同为发展中国三层实木地板产业献计献策，并就三层实木地板产品创新和市场开发等问题达成进一步共识，中国××工业协会××专业委员会定于 2009 年×月×日在广州××宾馆××厅，举办"三层实木地板：中国未来十年的发展"专题研讨会。专题研讨会采取主题发言和自由讨论有机结合的方式，规格高、形式新，具有较大的信息量。现诚邀您出席会议，并将有关事项通知如下。	正文：邀请的事由、时间、地点和事项
（1）本次专题研讨会会期一天。具体时间为 2009 年×月×日上午 9:00	

实用文书写作

至下午 4:30（中午招待午餐）。签到时间为上午 8:45。

（2）凡欲在专题研讨会上发言的单位，请事先拟好发言稿，随回执一起寄回，由会务组统一整理后编入会议资料集中。

（3）凡欲在专题研讨会上通过播放录像、设置宣传牌等方式展示企业及品牌形象的单位，请在回执上注明，并于会议举行前 10 天提交有关资料，支付相应费用。

（4）本次专题研讨会会务费标准为：外方企业，每人×××美元；中方企业，每人×××元人民币。凡本协会会员单位，可有一人免交会务费。

凡有意参加"三层实木地板：中国未来十年的发展"专题研讨会者，请妥善填写好回执，于×月×日前邮寄（或电传）至会务组。会务组通信地址：上海市××路××号×楼×座（上海××公共关系有限公司）。邮编：×××××。垂询电话：020-×××××。传真：020-×××××。

中国××工业协会××专业委员会（盖章）

2009 年×月×日

> 署名和日期，为求慎重，邀请单位还应加盖公章

例文 1 是一份研讨会邀请函，不仅要说明这一会议的内容、时间和地点，还必须说明举办这一会议或活动的背景和意义，会议或活动的主办和承办单位，参加这一会议或活动将有什么收获，以及会议或活动的参加（报名）方式和收费标准，以最大限度地激发有关组织或个人的兴趣，从而产生预期的效果。

【例文 2】

聘　书

　　兹聘请赵××同志为××家电集团维修部总工程师、主任，聘期自××年×月×日至××年×月×日，聘任期间享受集团高级工程师全额工资待遇。

××家电集团（章）

××年×月×日

> 标题
> 说明聘请担任什么工作、聘期及享受的待遇
> 署名
> 日期

聘　书

　　为提高科研水平，我院成立了科研项目评估委员会，特聘请××教授为该委员会学术顾问，指导我院的科研工作。

　　此致

敬礼！

××市社会科学院（盖章）

院长：××（盖章）

××年×月×日

> 标题
> 交代聘请的原因
> 致敬语
> 署名
> 日期

例文 2 所示两则聘书写得规范、明白、具体。全文内容简单，篇幅短小，语言简洁明了，把聘请的原因和职务交代得很清楚；同时体现出发文者郑重严肃、谦虚诚恳的态度。

一、邀请函

邀请函又称邀请信，是邀请亲朋好友或知名人士、专家等参加某项活动时所发的请约性书信。在国际交往以及日常的各种社交活动中，这类书信使用广泛，更正式的可以盖公章。

（一）邀请函与请柬的区别

邀请函与请柬都属于邀请客人参会的礼仪性文书，其区别如下。

1. 适用场合不同

邀请函多用于以口头交流为主要方式的会议活动，如有关邀请专家出席咨询会、论证会、研讨会，邀请记者参加发布会、记者招待会等；而举行各类较为隆重的仪式和交际活动，如开幕式、闭幕式、签字仪式、开工典礼、宴会、舞会等，则应当用请柬而非邀请函。

2. 规格不同

有的会议活动可能同时使用邀请函和请柬，这时一般的专家和客人发邀请函，而作为特邀嘉宾的上级领导、兄弟单位代表、社会名流等则应当用请柬。

邀请函作为对客人发出邀请的另一种专用函件，一般用 A4 纸印制，可套色，亦可单色，外观形式上自然不如请柬考究。但邀请函最大的优点是：有足够的篇幅（一页或多页），可对一次会议（或活动）的背景情况、具体内容以及规模和形式等方面做较为详尽的介绍和说明，从而引起被邀请者的关注，激发其兴趣。

邀请函可分为以下两种。

（1）发给特定对象的（如专家学者、新闻记者等）邀请函，一般用于专题研讨会、信息发布会和某些大型活动。这些被邀请者，主办者也许熟悉，也许不太熟悉。之所以不用请柬而用邀请函的方式，主要是这一邀请往往还蕴含着对被邀请者的一定期望，或希望他们在会上发言，或希望他们对会议（或活动）进行报道。因此在发出邀请的同时，有必要让他们大致了解一下这一会议（或活动）的有关情况。

（2）发给不确定对象的邀请函，往往用于正在筹备中的一些主题报告会、专题研讨会和大型展览会等活动。这类会议或活动，一般带有某种商业化运作性质，要求参与者交纳一定的费用。所以其邀请函的发出，虽有大致的范围，却并无多少确定的对象，具有"投石问路""广种薄收"的意味。

（二）邀请函的格式

邀请函一般由标题、称谓、正文、结尾和落款构成。各部分格式要求如下。

（1）标题。邀请书的标题通常有以下两种方式：一是单独以发文文种名称组成，如《邀请书》；二是由发文缘由和发文文种构成，如"阿里巴巴年终客户答谢会邀请函"。

（2）称谓。邀请函的称谓使用"统称"，并在统称前加敬语，如"尊敬的×××先生/女士"。

（3）正文。邀请函的正文是指商务礼仪活动主办方正式告知被邀请方举办礼仪活动的缘由、目的、事项及要求，写明礼仪活动的日程安排、时间、地点，并对被邀请方发出得体、诚挚的邀请。

（4）结尾。正文结尾一般要写常用的邀请惯用语，如"敬请光临""欢迎光临""敬请届时光临"。

（5）落款。落款要写明活动主办单位的全称和成文日期。

（三）邀请函的写作要求

邀请函的写作一般有以下几项要求。

（1）语言要含有尊敬之意。邀请函的主要内容类似于通知，但又有"希望其参加"的意思，不能是行政命令式的态度，所以在用词上一定要礼貌。有些邀请函在开头还应解释一下自己不能面邀的原因，以免引起不必要的误会。

（2）邀请函务必事项周详。邀请函是被邀请方进行必要准备的一个依据，所以各种事宜一定要在邀请书上显示出来，使被邀请方可以有备而来，也会使活动主办的个人或单位减少一些意想不到的麻烦。

（3）邀请函提前发送。邀请函要使被邀方早些拿到邀请，这样就可以使他对各种事务有一个统筹的安排，而不会由于来不及准备或拿到邀请函时已过期参加不了举办的活动。

二、聘书

聘书又称"聘请书"，是聘请某些有专业特长或名望权威的人参加某种活动或担任某项工作的凭证。聘书可以作为加强协作的纽带，可以增强应聘者的责任感和促进人才交流。

（一）聘书的适用范围

一般来说，聘书适用于以下两种情况。

（1）学校、工矿企业等在需要某方面有特长或有专业技能的人才时，发出聘书。这种情况下，往往是用人单位承担了某项工作，靠自己本单位或现有的人才资源无法顺利完成任务；或者由于企业的发展、事业的扩大，需重新聘用一些有专长、在工作中起重大作用的人。总之，这是一种对专业人才所发的聘书。

（2）社会团体或某些重要的活动为了提高自身的知名度、扩大影响力，常常聘请一些有名望的人加盟或参与，以期更好地开展活动。比如聘请名人作顾问、作指导、作某项比赛的评委等，均属于这种情况。

（二）聘书的格式

聘书一般已按照书信格式印制好，中心内容由发文者填写即可。完整的聘书格式一般由标题、称谓、正文、结尾和落款等几部分构成。

1. 标题和称谓

聘书的标题在正中，为"聘书"或"聘请书"字样，也可以不写标题。

称谓即聘请书上被聘者的姓名称呼，可以在开头顶格写，然后加冒号；也可以在正文中写明受聘人的姓名称呼。常见印制好的聘书则大都在第一行空两格写"兹聘请××……"。

2. 正文

聘书正文一般要求包括以下内容：①交代聘请的原因和请去所干的工作，或所要担任的职务。②写明聘任期限，如"聘期两年""聘期自××年×月×日至××年×月×日"。③聘任待遇，可直接写在聘书之上，也可另附详尽的聘约或公函写明具体待遇，这要视情况而定。④正文还要写上对被聘者的希望，这一点一般可以写在聘书上，但也可以不写而通过其他途径使受聘人切实明白自己的职责。

3. 结尾和落款

结尾一般写上表示敬意和祝颂的结束用语，如"此致敬礼""此聘"等。

落款要署上发文单位名称或单位领导的姓名、职务，并署上发文日期，同时要加盖公章。

（三）聘书的写作要求

聘书的写作一般有以下几项要求。

（1）聘书要郑重严肃，对有关招聘的内容要交代清楚；同时聘书的书写要整洁、大方、美观。

（2）聘书一般要短小精悍，不可篇幅太长，语言要简洁明了、准确流畅，态度要谦虚诚恳。

（3）聘书是以单位名义发出的，所以一定得加盖公章，方视为有效。

 实训活动

1. 选择题：有些专用书信的结尾有习惯的写法，"敬请光临"用于（　　）。

A. 邀请信　　　　　B. 介绍信　　　　　C. 自荐信　　　　　D. 感谢信

2. ×××学术研究协会为了纪念×××诞辰一百周年，决定在 20××年×月×日至×月×日在××大学迎宾楼举行×××学术研讨会，需要邀请几位对×××学术成就素有研究的专家参加。请你代为拟写一份邀请函。

3. 病文修改：请根据所学知识指出下文不足之处，并适当修改。

聘　　书
为了提高数学质量，本校总部成立了刊授教学研究会。故聘请刘××老师为指导教师。 刊授大学 <div align="right">××年×月×日</div>

 知识拓展

邀请函回执

在公共关系活动中，不少社会组织在发出请柬或邀请函的同时，往往还夹有"回执"，以便及时掌握和统计能够出席会议（或活动、宴请）的人数。如请柬，或发给较为确定对象的邀请函，回执的文字比较简单，如例文 1 所示。如属邀请函的后一种情况，即发给许多不确定对象的，则回执的设计有如会议（或活动）报名表，例文 2 即是。

【例文 1】

回　　执
贵公司请柬（或邀请函）已收到。我将准时出席（　　）因事不能出席（　　）本次会议（或活动、宴请）。 　　特此回复。 <div align="right">签名： ××年×月×日</div>
敬请填写后于×月×日前回寄××公司公共关系部（×路×号，邮编：×××××）

【例文2】

××专题研讨会回执

参加会议人员姓名		性别		年龄		职务	
任职单位与部门							
通信地址					邮编		
联系电话				电子邮箱			
是否入住会议统一安排的××宾馆			是　否		预计入住天数		
预计报到时间				预计离开时间			
是否需要预订回程机（车、船）票		是　否		回程机（车、船）票班次			
对本次会议 有何要求							
备注							

结婚邀请函内容上应注意的问题

（1）结婚请帖姓名用全称，不能用任何小名、昵称或姓名的缩写。

（2）将家庭成员的顺序写清。

（3）"和"字要出现。两个姓名之间应该写上"暨"或"和"，不用逗号或顿号。

（4）举行婚礼的具体日期、星期、时间要写清楚。年份不必出现在请帖上。

（5）在请帖一角附上婚宴的信息：地点、时间顺序等，或在卡里另附一页加以说明。

（6）称谓问题。如果请的是一家老小，就写全福。如果只请两口子，就写双福。如果请的是没结婚的朋友，就写双恋。如果请的是一个人，只需写上全名就行。如果请的是亲戚，还应在全名后加上称谓等。

任务八　欢迎词、欢送词、答谢词

能力要求

任务目标	能力目标	知识结构
掌握欢迎词、欢送词、答谢词的写作	能根据欢迎词、欢送词、答谢词的定义，理解其内涵与特点及适用范围	欢迎词、欢送词、答谢词的定义 欢迎词、欢送词、答谢词的特点
	熟悉欢迎词、欢送词、答谢词的结构与格式，通晓其标题、正文的具体写法	欢迎词、欢送词、答谢词标题的写法，正文结构的具体内容
	掌握欢迎词、欢送词、答谢词的写作要求	写欢迎词、欢送词、答谢词应注意的事项

![案例点评]

【例文1】

<table>
<tr><td colspan="2" align="center">欢 迎 词</td><td>标题</td></tr>
<tr><td colspan="2">各位乡友，女士们、先生们：</td><td>称谓</td></tr>
<tr><td colspan="2">　　"月出峨眉照沧海，与人万里长相随"。今天，我们在这里举办××籍在京人士招待会，与阔别家乡、在京工作的各位乡友欢聚一堂，同叙乡情。在此，我谨代表中共××市委、××市人民政府和347万家乡父老，对出席今天招待会的各位乡友表示热烈的欢迎和亲切的慰问！对你们长期以来关心、支持、帮助家乡经济社会发展表示衷心的感谢！</td><td>对与会的家乡在京务工者表示热烈欢迎</td></tr>
<tr><td colspan="2">　　我们的家乡××是一个山清水秀、美丽迷人的地方。改革开放以来，××各族儿女在党的领导下，聚精会神搞建设，一心一意谋发展，艰苦创业，奋发有为，取得了巨大成就。全市经济持续快速健康协调发展，各项社会事业全面进步，人民生活不断改善，城乡建设日新月异。这些成绩的取得，是党正确领导的结果，是全市干部群众艰苦奋斗的结果，也凝聚着你们的辛勤劳动和付出。你们身处异乡，心系故里，不遗余力地关心、支持家乡建设，为家乡经济发展和社会进步做出了积极贡献。你们立足实际，发挥优势，大力宣传××，积极推动××对外开放，是××对外经济文化交流的桥梁和纽带。你们恪尽职守，开拓进取，为首都建设辛勤工作，努力奋斗，创造了骄人业绩。你们是××人民的好儿女，是××人民的骄傲，家乡人民为你们感到自豪。希望你们在今后的工作中，继续发挥各自优势，一如既往地关心、支持家乡的发展，为全面建设小康社会，加快××发展新跨越做出新的更大贡献。我们将进一步解放思想，转变观念，抢抓机遇，加快发展，努力把××建设成××经济强市和国际旅游城市，把我们的家乡建设得更加美丽富饶。</td><td>介绍家乡的发展，拉近同乡心理距离，凝聚人心，达到共同创造美好家园的愿景</td></tr>
<tr><td colspan="2">　　拳拳游子心，浓浓家乡情。各位来宾，各位乡友，再过10多天就是中秋佳节和国庆节了。"每逢佳节倍思亲"。借此机会，我真诚地对所有××老乡说一声：你们在外辛苦了，家乡的父老乡亲很牵挂你们，希望你们常回家看看！预祝各位节日快乐！</td><td>再一次表达主办方此次酒会的目的，联络同乡，共谋发展</td></tr>
<tr><td colspan="2">　　谢谢大家。</td><td>祝颂语
表示感谢</td></tr>
</table>

　　这是一篇热情洋溢的欢迎词。开头部分对宾客的光临表示热烈的欢迎，主体部分阐明了共同建设美丽家乡的心愿和前景，结尾表达了良好的祝愿。

【例文2】

<table>
<tr><td colspan="2" align="center">欢 送 词</td><td>标题</td></tr>
<tr><td colspan="2">各位嘉宾：</td><td>称谓</td></tr>
<tr><td colspan="2">　　我们的旅行车已行驶在去机场的路上。透过车窗可以看见，南京的天空又下起了小雨。1000多年前唐朝诗人王维有一首著名的诗叫《渭城曲》，他在诗中写道："渭城朝雨邑轻尘，客舍青青柳色新。劝君更尽一杯酒，西出</td><td>点明欢送的缘由引用诗句、歌词道出依依不舍之情</td></tr>
</table>

实用文书写作

阳关无故人。"

今天，我们也在雨中与各位分别。不同的是，王维送的人要西出阳关，没有故人，而大家走是要飞回台湾，去见亲人。也许雨还是当年的雨，南京人常说：下雨天留客。我们南京人的习俗，但凡下雨的时候，是不放客人走的，一来下雨路滑，客人走路不方便；再者下雨无事，正是陪客的好时候。但是由于行程的安排，我们不得不违反南京这一民俗，在此相送。

"好花不常开，好景不常在，今日离别后，何日君再来？"邓丽君小姐这首《何日君再来》是我们常常唱起的一首歌。但我相信，我们之间友情的花朵会常开，华东地区的美景永远常在，今日离别后，什么时候你会再来？也许从此之后我们不会再相见。在大家这次华东黄金之旅的最后时刻，我想说：这一趟旅行大家都非常辛苦……

在华东的这几天，我们一同走过了……（回顾行程）　回顾双方经历的美好时光

好了，各位贵宾，我们的旅行车马上会到达本次行程的终点——南京禄口机场。几天前我们在这里开始起程，今天终于回到了起点，我们×天的行程马上就要结束了。有一首诗大家不会陌生，"轻轻地我走了，正如我轻轻地来，我挥一挥衣袖，不带走一片云彩"。天下之大，没有不散的宴席。短暂的相逢就要结束，挥挥手就要和大家告别，值此分别时：

首先小谢要代表××旅行社和南京××导游俱乐部感谢大家几天以来对领队小姐，对师傅和对小谢工作的关心、支持与配合，并对行程中不尽如意的地方表示深深的歉意。　表示感谢和依依不舍之情

各位到了机场后，即将乘坐飞机，回到自己温暖的家，在这里小谢祝大家一路平安、旅途愉快。

最后，祝大家在以后的日子里，生活好工作好样样都好，亲戚朋友好人人都好。羊年扬扬得意！欢迎再来华东！谢谢大家！再见！　表示美好祝愿，欢迎再来

例文2是一篇颇具煽情意味的欢送词。首先点明欢送的缘由，引用诗句、歌词道出依依不舍之情，其次回顾行程以及收获，最后写主人的感谢和祝愿。全文富有文采，更具真情实感。

【例文3】

××参观团团长雷××先生的答谢词　标题

×部长××饮料厂公关部的同志们：　称谓

我们今天初临贵境，刚下飞机就得到你们的热情接待。刚才×部长还向我们详细介绍了情况和经验，并周到地安排了参观和吃饭、休息，使我们感觉就像回到家里一样亲切、温暖，在此谨代表参观团的全体同志向你们——并通过你们向厂领导和全体职工致以衷心的感谢！　开头表明感谢的事由

××饮料厂因其生产的高级××牌健康饮料质量上乘和慷慨捐助群众性体育活动而闻名全国。我们虽然远在千里之外的大西北，××饮料的名声也早已如雷贯耳。我们这次远道慕名而来，不仅想看看你们是怎样生产、学习和生活的，而且想要学习你们改革开放的新思想、新观念和宝贵经验。刚才×部长介绍的3条经验已经使我们感到耳目一新。在今天的参观访问中，我们一定能够学到更多的东西。我们参观团的成员全部来自企业，虽然不都　评价其意义

是做饮料的，还有做电器的、微机械的、做家具的等，但我们相信，你们的宝贵经验于我们都会有极大的帮助和启发。

　　再次感谢东道主的盛情！谢谢！

结语：再次表示谢意

　　例文 3 所示答谢词结构完整，表达流畅、得体，情感自然，针对性强。首先表示感谢的事由，其次评价其意义，最后再次表示感谢。

知识归纳

一、欢迎词、欢送词、答谢词概述

1. 欢迎词

欢迎词是由东道主出面对宾客的到来表示欢迎的讲话文稿。

欢迎词具有欢愉性和口语性的特点。"有朋自远方来，不亦乐乎"，欢迎词要使客人有一种"宾至如归"的感觉，从而为下一步各种活动的完满举行打下良好基础；同时在遣词用语上，欢迎词要运用生活化的语言，既简洁又富有生活的情趣，拉近主人同来宾的亲切关系。

2. 欢送词

欢送词是在接待迎送宾客结束时，对其离去表示友情欢送的致词。

欢送词具有惜别性与口语性的特点。欢送词要表达亲朋远行时的感受，所以依依惜别之情要溢于言表；但格调也不可过于低沉，更应把握好分别时所用言辞的分寸。遣词造句也应注意使用生活化的语言，使送别既富有情趣又自然得体。

3. 答谢词

答谢词是指特定的公共礼仪场合，宾客对主人的热情接待，在仪式上表示感谢的讲话。

答谢词的适用范围比较广。就工作礼仪活动来说，主要有以下几种情况。

（1）答谢款待。一般在主人接待宴会上，对受到的热情接待和宴请表示感谢。

（2）答谢迎送。在欢迎、欢送仪式上，欢迎、欢送方负责人致欢迎词、欢送词，受到欢迎、欢送的一方代表就要致答谢词。

（3）答谢帮助。对帮助解决困难、接受捐赠的感谢。一般在捐赠仪式上，接受方负责人或代表要致答谢词，以表达感激之情。

（4）答谢道贺。单位之间有些庆祝活动、庆贺仪式，为了感谢兄弟单位前来参加活动、仪式或其他形式的祝贺，需要在一定场合表示感谢。

（5）答谢授受。单位团体或个人在受奖、受衔仪式上以致答谢词表示感激之情。

二、欢迎词、欢送词、答谢词的格式

欢迎词、欢送词、答谢词一般由标题、称呼、正文和落款四部分组成。

1. 标题

标题写法一般有两种：一种是单独以文种命名，如《欢迎词》《欢送词》《答谢词》（辞）；

另一种是由活动内容和文种名共同构成，如《在校庆 100 周年纪念会上的欢迎词》《在××商品交易会结束典礼上的讲话》。答谢词还可以写上致词人，如"××在×××上的答谢词"。

2．称呼

称呼要求写在开头顶格处。既可面对广泛的宾客（主人），也可涉及具体的对象，但均宜用亲切的尊称，如"尊敬的各位先生们女士们""亲爱的××大学各位同仁"，后加冒号。如涉及具体的人员，则要用对方的姓名、头衔。

3．正文

欢迎词正文因落在对宾客的热烈欢迎之情上，而要体现出迎客的诚意：①欢迎词的开头，应对宾客的光临表示热烈的欢迎；②欢迎词的主体，要根据双方的关系回顾相互交往的历程，阐明宾客来访的意义，展望美好的未来；③欢迎词的结尾，应再次表示欢迎，并预祝来宾做客愉快。

欢送词应对客人表示热烈的欢送并对客人在此期间取得的成绩予以肯定，给予适当的评价。结束语要以生动感人的语言对客人表示希望和勉励，并显示出依依惜别的感情，表示继续加强交往的意愿；结语常需再次对宾客的即将离去表示热烈的欢送。

答谢词正文基本内容一般表示感谢、阐明意义和致以祝愿。例如迎送答谢，写出受到盛情接待的情况、表示衷心的感谢；阐明此行的重要意义和影响；表达今后加强合作、交流的意愿以及良好的祝愿。答谢授受写出接受奖励、馈赠的心情、意义，并表达授受的态度。

欢迎词结尾可表达祝愿，答谢词可再次表示谢意。

4．落款

落款要署上致辞单位名称、致辞者的身份、姓名，并署上成文日期。一般在现场致辞时不必宣读这一部分。若需刊载，则应在题目下面或文末署名。

三、欢迎词、欢送词、答谢词的写作要求

欢迎词的写作一般有以下几项要求：①要用尊称，感情要真挚，热情而不失分寸；②措辞要慎重，切勿信口开河；③语言要精确、热情、友好、温和、礼貌；④篇幅短小，言简意赅。

欢送词的写作一般有以下几项要求：①对被欢送者的高度评价；②对既往与之相处时光的温馨回忆；③自己真心实意的惜别之情；④对被欢送者的美好祝福。

答谢词的写作一般有以下几项要求：①感情要真挚、坦诚而热烈，虚情假意、言不由衷或矫揉造作只能引来对方的反感；②评价要适度，要恰如其分，不可故意拔高、无限升华，以免有"虚情假意"之嫌；③因不同的场合，写法可以不同，有些可以写得活泼些，有些则要写得庄重些；④篇幅不宜过长，要求语言生动、简洁、得体。

实训活动

一、单选题

1．不管是欢迎词表达"有朋自远方来，不亦乐乎"的愉悦心情，还是欢送词表达亲朋远行

的依依惜别之情，都具有的特点是（　　　）。

    A. 说服力强　　　　　B. 号召力强　　　　C. 情理结合　　　　D. 感情真挚

    2. 答谢词是（　　　）。

    A. 迎接宾客仪式上主人致辞　　　　　　B. 欢迎宾客仪式上客人致辞

    C. 欢送宾客仪式上主人致辞　　　　　　D. 主人致词后，客人致辞

二、修改病文

    请根据所学知识，指出以下三篇病文习作中的不足之处，并适当修改。

【例文 1】

    ××旅游学院部分师生去花园酒店参观学习，宾馆总经理在欢迎仪式上致辞。欢迎词如下：

欢　迎　词

尊敬的各位教师、各位同学们：

    在此谨代表本宾馆的全体员工欢迎阁下同志们光临花园酒店。

    花园酒店坐落在风景秀丽的东湖岸边，三面环水，环境优雅。具有岛国风情，是××市委、市政府接待和开放的窗口。希望我们的服务能够让阁下有宾至如归的感觉，在此将宾馆内设备及服务向你们作一介绍。

    我们将忠诚地为阁下服务效劳，并希望你们能够提出宝贵意见。

花园酒店
总经理谨致

【例文 2】

欢　送　词

尊敬的女士们、先生们：

    首先，我代表×××，对你们访问的圆满成功表示热烈地祝贺。

    明天，你们就要离开××了。大家相处的时间是短暂的，虽然也有过一些不愉快的事情发生，但我们之间的友好情谊是长久的。借此机会，我为我们工作中的不足之处表示歉意。我国有句古语："来日方长，后会有期。"我们欢迎各位女士、先生在方便的时候再次来××做客，相信我们的友好合作会日益加强。

    祝大家一路顺风，万事如意！

【例文 3】

答　谢　词

同志们：

    巴黎是个历史悠久、风光绮旎的城市，有神圣的凯旋门，有世界闻名的凡尔赛宫，有万人敬仰的巴黎公社社员墙，有庄严的巴黎圣母院，还有国立现代艺术博物馆，卢佛尔宫，艾菲尔铁塔等著名建筑物。巴黎是世界上最大的城市之一。我们中国×市经贸代表团全体成员在你们的精心安排下，有幸参观了巴黎全市，一饱眼福。今天特地举行这样的答谢宴会，向××××副市长、××××总裁表示十二分的感谢。我以我个人的名义感谢在座所有的同志们、朋友们！

    我们双方这次贸易洽谈活动开展的卓有成效，一共签订了×项协议合同，这几项协议、合同的主要内容分别是……（略）我相信，今后我们两市间的贸易往来必有更大的发展。

    同志们、朋友们！让我们再次向你们表示衷心的感谢！

三、写作题

你校来了一批专业的实习老师，在各系部实习了三个月后返回××师范大学。请根据此情景按要求完成下列各题。

1. 假设学校教务处为欢迎这批实习老师开了一个座谈会，会上主管教学的××副校长致欢迎词，请试着拟写这篇欢迎词。

2. 实习结束，教务处又举办了一个欢送会，教务处长致欢送词，请试着拟写这篇欢送词。

3. 实习带队老师在欢送会上致答谢词，请试着拟写这篇答谢词。

知识拓展

新人如何在婚礼上致感谢词

新郎新娘致感谢词，应当结合自己的实际情况事先准备好，力争真情实意，力争感人肺腑。

其实记住4个字就行了（如果届时台上怯场的话）："感谢、承诺"。

感谢可分3~4个层面，结合鞠躬形式。

首先是感谢自己父母的养育恩。

其次是感谢对方父母，培养了这么个好……，并放心地交给自己；然后就是向对方父母承诺，今后如何对待他（她），以及如何对待他（她）的父母。

再次是感谢亲朋好友，百忙之中出席婚礼，见证这份爱情；同时向大家承诺，今后要幸福地生活

最后是感谢大家，希望大家吃得开心、玩得尽兴。

婚嫁祝词大观园

婚嫁祝词，古来丰富。根据被祝对象，归纳甄别，大体两类：一是对于新郎新娘；二是对于新人父母。

对新人的祝词，按时段分，可分婚礼前、婚礼日两种。

婚礼前，对新人的祝词可用志同道合、喜结良缘、百年好合、珠连璧合、比翼双飞、连枝相依、心心相印、同心永结、爱海无际、情天万里、永浴爱河、恩意如岳、知音百年、爱心永恒、白首偕老、天长地久。

婚礼日，对新人的祝词可用恭贺新婚、婚礼吉祥、新婚大禧、结婚嘉庆、新婚快乐、龙凤呈祥、喜结伉俪、佳偶天成、琴瑟和鸣、鸳鸯福禄、丝萝春秋、花好月圆、并蒂荣华、幸福美满、吉日良辰。

对新人的父母所用祝词也各有差别，对新郎父母的祝词有令郎婚禧、家璧生辉、恭贺字婚、祝福早孙、贺子纳媳、增祺添丁。

对新娘的父母所用祝词有令爱婚禧、福得佳婿、恭贺女嫁、于归志喜。

对双方父母共贺祝词有恭贺秦晋、贺继。

项目三

工作类文书

工作在不同的单位，遇到不同的事务，总会产生很多事务类文书，如计划、总结、调查报告等；即使在同一个单位，所应对的外界也是纷繁复杂的，既有商务往来产生的商务、经济类文书，也有面对法律问题产生的法律类文书，还有单位对内对外的宣传策划、行政管理产生的各种文书，这些就构成了工作类文书。

叶子毕业后，直接到一家从事房地产开发的大型集团公司从事文秘工作。集团公司每年都要在年底召开一次全国性房地产开发商业论坛暨年度公司员工表彰大会，大会所需要的各种文件草拟工作就落到了公司行政部，而叶子无疑就是这类会议筹备的主要人员。面对这项艰巨的任务，叶子仔细梳理起来，从这次会议的策划方案算起，居然要起草各类文书十多种……

任务一　计划

能力要求

任务目标	能力目标	知识结构
掌握计划的写作	能根据计划的定义，理解其特点，并区分不同类型的计划	计划的定义与特点 计划的类型
	掌握计划的结构与写作格式，通晓计划标题、正文的具体写作方法	计划标题的写法 计划正文结构的具体内容
	掌握计划的写作要求	写计划要注意的问题

案例点评

【例文 1】

2014 推广普通话宣传周活动计划　　标题

　　2013 年 9 月 11～17 日是第 16 届全国推普周。根据教育部等部门《关于开展第 16 届全国推广普通话宣传周活动的通知》和我省《实施办法》的要求，我校将围绕推普周组织开展系列宣传活动。　　前言写明目的，简洁明了

一、指导思想

　　通过多种渠道、多种形式继续深入宣传《国家通用语言文字法》，进一步提高全校师生语言文字规范意识和"推普"参与意识，在全校形成说普通话、写规范字、做文明人的良好风气，促进推广普及普通话和语言文字规范化工作向纵深发展，营造语言文字规范化的良好社会氛围。　　指导思想

二、具体措施　　具体措施

　　1. 召开语言文字工作领导小组会议，部署和落实具体工作。

　　2. 继续组织全体教师学习《国家通用语言文字法》及有关推普周的文件精神，开展一次语言文字规范知识讲座。

　　3. 按要求积极开展"三个一"活动，即在校园内悬挂一条宣传标语，办好一期推普宣传板报，组织学生走上街头开展一次社会实践活动。

　　4. 对全校醒目标语及橱窗文字进行一次整改。

　　5. 进行一次《爱国，从语言文字开始》的国旗下的讲话。

　　6. 组织教师开展"一话三字"比赛，即普通话、钢笔字、毛笔字、粉笔字比赛。

7. 把语言文字规范意识和"推普"参与意识落实到每一节课、每一个人。各年级语文备课组根据教学实际开展一次语文实践活动，强化"说普通话、写规范字、做文明人"的意识。各年级组织相关活动：高一诗歌朗诵比赛，高二纠正错别字比赛，高三语言基础知识的应用比赛。

例文 1 是一份活动计划，其指导思想明确，具有措施清晰，可操作性强。

【例文 2】

××市20××年春季全民义务植树造林工作计划	标题
根据全国五届人大第四次会议通过的《关于开展全民义务植树运动的决议》，希望我市广大人民群众积极响应党和政府的号召，人人争当义务植树的突击手，人人为绿化祖国贡献力量。为此，我市今年春季植树造林要做好以下几项工作。	前言写明依据、目标，写清楚为什么做，简洁明了
一、任务与要求 （一）全市今年春季计划造林面积××亩，植树××株。要求每人平均3～5株，并保证成活。春季植树造林要在植树节前基本完成。 （二）为保证以市政府为领导，以各区为单位，以全民义务植树造林指挥部为指导的群众性植树造林活动顺利开展，市政府要求： 　1. 各机关、团体的领导要带头，并指定专人负责此项工作。 　2. 充分发动群众，严密组织，并采取分片包干的办法。 　3. 要因地制宜，根据气候、土壤等不同条件，栽植不同品种的树。 　4. 各苗圃要及时做好挖苗备运工作。 　5. 加强各项工作的检查，2 月中旬由植树造林指挥部做一次全面检查验收。	明确做什么
二、措施 （一）2 月下旬召开一次全市植树造林工作会议，参加人员为本市机关、团体、学校、工厂的有关负责人及政府区以上的主要负责人等。重点研究植树造林的各项准备工作，采取必要的措施予以落实。 （二）各部门、各单位要加强对今年春季植树造林的领导工作，认真解决存在的问题并拿出具体的实施方案。 （三）抽调××名干部到植树造林第一线做具体技术指导工作。 （四）力争植树节前完成今年春季植树造林工作。	为保证任务的完成，采取的必要措施
××省××市政府 二零××年×月×日	落款

例文 2 是一份工作计划。该计划写得比较规范，前言写明目的，简洁明了；主体部分写明要完成的任务及措施。其可操作性和示范性均很强。

知识归纳

　　计划是人们对一定时间内的工作目标、完成任务的措施、办法和工作步骤预先拟定的事务文书。通常说的设想、规划、安排、方案、打算等，也都属于计划。

一、计划的特点和分类

　　相对于其他文种，计划具有以下两个特点。

　　（1）预见性。制订计划是对未来作出科学的预见，要求制订者在行文前必须对各种可能出现的情况有清醒的认识，对工作的目的、措施、办法有一个正确的设想。因此，没有预见性也就没有计划，预见性是计划的主要特点。

　　（2）程序性。在制订计划中，先干什么，后干什么，要有周密的时间安排与要求。执行计划时又有阶段性和轻重缓急。因此，制订计划必须有每个阶段的时间要求及相应安排，要体现计划的周密性和程序性。

　　可从不同角度对计划进行分类，常见的有以下几种。

　　（1）按内容分，有工作计划、学习计划、教学计划、生产计划等。

　　（2）按时间分，有年度计划、季度计划、月份计划、周计划。

　　（3）按范围分，有国家计划、单位计划、部门计划、个人计划等。

　　（4）按效力分，有指令性计划、指导性计划。

　　（5）按性质分，有综合性计划、专题性计划。

二、计划的格式

　　计划的格式多种多样，但无论哪种都应具备标题、正文、落款三部分。

（一）标题

　　计划标题有以下两种形式。

　　（1）公文式标题。一般由计划者、适用时间、计划事务和文种构成，如《××大学××学院2014—2015年第一学期教学工作计划》。计划者和适用时间也可全部或部分省略，如《××省机关单位工作人员社会养老保险试行方案》（省略适用时间）、《2014年度全民义务植树造林工作计划》（省略计划者）、《科研工作计划》（省略计划者和适用时间）。

　　（2）非公文式标题。一般采用双行标题形式，如《以现代化手段促进教学，提高教学质量——××学院教学改革计划》。

（二）正文

　　计划的正文由前言、主体和结尾三部分组成。

1. 前言

　　前言是计划的开头部分，简明扼要地表达出制订计划的背景、根据、目的、意义、指导思想等。前言的详略长短，要根据工作的重要程度、内容的多少来确定，总体上以精练简洁为原则。一般一两个自然段即可，有时可以更短小一些。

2. 主体

主体是对任务与目标、措施与步骤等内容要素的具体表述。

第一，任务与目标。要具体、明确地写明"做什么""怎么做"，提出完成任务的具体指标。通常由于内容繁多，需要分层、分条撰写。每一条都要写明具体的目的、任务、要求和完成时间等。

第二，措施与步骤。要明确先做什么、后做什么，体现出先后顺序。措施一般包括人力、物力、办法、手段、组织领导等内容，写作上要具体，特别是对完成任务的条件、步骤、时间都有要求。这样可保证工作有条不紊的进行，发挥计划的协调和推动作用。

3. 结尾

结尾可以用来提出希望、发出号召、展望前景、明确执行要求等，也可以在条款之后就结束全文，不写专门的结尾部分。

（三）落款

计划在结尾之后还要署明单位名称和制订计划的具体时间，如果以文件的形式下发，还要加盖公章。

三、计划的写作原则

计划的写作一般有以下几项原则。

（1）对上负责的原则。要坚决贯彻执行党和国家的有关方针、政策和上级的指示精神，反对本位主义。

（2）切实可行的原则。要从实际情况出发定目标、定任务、定标准，既不要因循守旧，也不要盲目冒进。即使是做规划和设想，也应当保证可行并能基本做到；其目标要明确，措施要可行，要求也是可以达到的。

（3）集思广益的原则。要深入调查研究，广泛听取群众意见、博采众长，反对主观主义。

（4）突出重点的原则。要分清轻重缓急，突出重点，以点带面，不能眉毛胡子一把抓。

（5）防患未然的原则。要预先想到实行中可能发生的偏差、可能出现的故障，有必要的防范措施或补充办法。

实训活动

1. 结合自己的实际情况，写一份学期课外阅读计划。要求：①有明确的目的，充分认识课外阅读多方面的作用；②有可行性，措施要具体，时间要有保证；③结构完整，语言简练，符合格式要求。

2. 修改以下计划的"前言"。

××县××站 2014 年工作计划

硕果累累的 2013 年过去了，光辉灿烂的 2014 年已经来临，为了创我站工作的新局面，更好地完成上级布置的任务，充分发挥××在发展商品经济中的作用，特制订我站2014年工作计划。

知识拓展

职业生涯规划的类型

很多人都是在工作了一段时间后，才意识到职业生涯规划的重要性。其实在还没有意识到的时候，你的不少决定与行为就已经对你的职业生涯产生了影响。不妨想想你是如何面对以下情况的。

文理科分班时，高考填写入学志愿时，大学时代学业、社会活动的安排，你是听信于父母、朋友、老师，还是凭自己的兴趣，抑或随心所欲？

选择工作时，你是挑热门的行业，薪资高的工作，还是只图轻松？

工作中，你是"做一天和尚撞一天钟"，还是在为自己的未来做准备？

在处理职业问题时，每个人采用的方法不尽相同。有学者将职业生涯规划分为三类：依赖型、直觉型、理性型。

1. 依赖型

依赖型依赖父母、朋友、老师，或遵从书本与社会舆论。

大部分中国学生从小只知道不断学习课本上的知识，在就业之前很少关注与职业有关的事情。加之学校、社会也缺乏相关的教育与资讯，导致很多人都不能正确处理可能影响到以后职业发展的问题。

在很多地方的高中，都会认为读文科的人比较笨，于是文理分科时，不少人明明喜欢文科，却屈从于社会舆论而选择了理科。

填写大学志愿，听从父母、老师的安排，尽挑当时最热门的专业。我在帮客户做职业方向定位服务时，都会询问他们选择大学专业的原因，最常见的回答就是"当初什么都不懂，父母帮我选的"，"觉得这个职业以后收入不错"。迄今为止，没有一个人是根据自己的兴趣能力自主选择的。

考研、留学也不知道为了什么，只是因为身边的大部分人都这么做。

工作后很多人也想过职业规划，可无从下手。父母、朋友、书本说的都有道理，该听谁的呢？该做何决定呢？面对众多不尽相同的意见，当事人自己反而没了主意。

想起一则杜撰的短文：联合国向全球青少年征文"对其他国家缺乏粮食的主见"，结果美国人不知道什么叫"其他国家"，欧洲人不知道什么叫"缺乏"，非洲人不知道什么叫"粮食"，中国人不知道什么叫"主见"。

如果你不假思索地执行别人的建议，最终也要由你承担结果，毕竟只有你才可以对自己的职业生涯负责。

所以在参考别人意见的同时，我们要有主见。我们要学会解决问题的思路方法，这比现成的答案更重要，正所谓"授人以鱼，不如授人以渔也。"

2. 直觉型

直觉型指凭自己的直觉、一时的喜好做出决定。

在我咨询的案例中，不少人都曾经在某一阶段凭喜好做出职业决定。比如因为感情受挫辞职疗伤、沉浸爱河无心工作、工作不顺频繁跳槽、收入不高追随热门……

这种类型的人职业生涯最容易出现的隐患就是不连贯，在每一领域的积累都不多，很难晋升到中高层。

当然，如果你清心寡欲、随遇而安、知足常乐，无衣食之忧，不在乎职场成败，随心所欲也是不错的选择，否则还是多用点心思。

3. 理性型

理性型综合考虑个人与职场等因素，分析利弊得失，做出并执行相应的计划。

实用文书写作

　　排除少数运气好的人在内，大部分职场成功人士在规划自己的职业生涯时，都是非常理性的。他们会及时关注职业信息，充分了解自我，制定合适的目标，并为目标而不断努力。

　　三种类型各有利弊。依赖型最省时省力，但是将自己的命运托付给他人，终究是一件危险的事情；直觉型短期内会很满足，可是长期来看随机性太强，会存在较大风险；理性型考虑周全，但是会花费较多时间与精力。

　　如果你在意职场的得失、追求事业的成功，如果你想在职业生涯中少一点烦恼、多一点快乐，建议你还是多花点时间与精力，多进行思考，做个"理性型"的人。

（佚名）

任务二　策划书

能力要求

任务目标	能力目标	知识结构
掌握策划书的写作	能根据策划书的定义，理解其内涵、特点	策划书的定义 策划书的特点
	根据不同的分类标准，区分策划书的类型	策划书的不同类型
	掌握策划书的结构与写作格式，通晓策划书标题、正文的具体写作方法	策划书标题的写法 策划书正文结构的具体内容
	掌握策划书的写作要求	写策划书要注意的问题

案例点评

九龙山矿泉水营销策划

一、前言

　　北京矿务局九龙山工业公司采用先进技术设备生产的九龙山矿泉水饮料，是京城第一家开发的天然优质矿泉水，其具有悠久的历史，是优质的"古水"。为了塑造企业最新形象，弘扬企业历史美名，拓展矿泉水销售市场，引导人民群众有益消费，在有效的时间内实现市场效果，特制定营销策划如下。

二、市场状况分析

　　（一）产品支持点

　　九龙山矿泉水是真正的取自九龙山地岩深处的千年"古水"，既含锶，又含偏硅酸，质量达标，有一定的保健功效。

　　（二）产品问题点

　　此矿泉水价位不够稳定，缺乏导向意识；包装质劣，欠美观，影响市场

标题

营销策划书一般都包括前言部分。前言主要内容就是介绍公司产品的背景、策划的目的和意义第二部分要结合市场状况进行分析，这是提出新的营销方案的前提

形象；营销管理人员不足，产、供、销难以市场为中心；销售方式原始，缺乏科学、规范、现代化的营销手段；消费习惯不易变更，"花钱买水"不易；假冒伪劣品扰乱市场。

（三）产品机会点

大众消费意识的提升，追求健身、便利。它是季节性集中饮品，能解渴、消暑。旅游旅途、文艺、体育、休闲娱乐，富有购买力。商社、宾馆、会议日趋青睐，追求自然、天然、纯净、高质量。

（四）营销策略

产品定位：京城第一品牌矿泉水。

目标：打开知名度，树立全新形象，进入以北京为中心的目标市场。

卖：天然、优质的"古水"；

传：先进技术设备，悠久历史的荣誉；

导：商业文化建设和消费习惯心理；

赢：社会美誉和市场占有率；

树：企业全新形象；

创：驰名品牌，著名商标。

（五）理论可行性

1. 宗旨：科学、艺术、现代、及时、有效、阶段。瞄准企业营销切入点，确定市场目标，创造市场机会。制定企业形象战略，提升企业在市场竞争中的识别。在商业运营中，将企业的经营理念和特质视觉化、规格化、现代化。采用全新技术、强点思维、有效管理，迅速获取市场制高点。

2. 手段：运用视觉设计与行为的展现，将企业理念融入实用、标准、美好的线条、色彩中，塑造企业最新形象，弘扬企业历史美名，拓展矿泉水销售市场，引导有益消费。

3. 调查市场、分析市场、定位市场，制定营销方略，择定宣传广告战略切入点，打开产品消费与销售死角。

4. 原则：合理合法、严谨创新、经济实用。

以市场目标为中心，符合人性、民族性，强调特质独到，塑造亮丽高档的艺术形象，符合法律、法规要求，按科学准则行为。

（六）营销谋略

1. 运筹帷幄，决胜千里。（略）

2. 创造市场，引导消费。（略）

3. 强调传播力度，有效而经济。（略）

4. 谋定而启动，用技而创益。（略）

5. 临危不惧，化险为夷。（略）

（七）营销目标

产品独到：可生产含二氧化碳型"加气"矿泉水。

高目标：占领以北京为中心的涉外销售市场。

三新：新观念（计划经济——市场经济）；新起点（导入 CI，提升产品定位）；新技术（全封闭自动化灌装生产线）。

（旁注）

产品策略

营销策略

产品分析既要客观，又要深入，通过横向、纵向对比，找出产品可能具备的优势，提出营销策略，进行分析论证第一：京城第一家引进国际先进技术设备的企业。

（八）VI 系统设计

强调通过艺术化的设计赞扬企业的事业领域、经营方针、企业文化和企业基本理念。

以背景设计法和传统民族化的纹样描绘出矿泉水的市场冲击力，以红色为背景主色调，辅以冷红、冷粉、肉色、淡绿、青绿、青蓝、灰色等在清新、和谐、动感的画面中体现企业新的营销理念和方略：

三高：高质量、高标准、高品味。

三新：新观念、新起点、新技术。

（九）产品行销

以北京为中心，放射性地逐渐向华北、东北、东南方向发展。

（十）价格   价格策略

为符合第一品牌，遵循目标市场需求，以市场竞争为导向，确立中级价位政策。

（十一）广告媒体   宣传策略

据企业实际现状和资金预算，合理有效地选择最佳目标媒介。

目的：打开知名度，占领市场。

策略：强调"三高""三新"，树形象，创第一。

传播过程：以北京为主战场，以长江以北地区和环渤海区域为主攻方向。

时间：8～10 月。

方式：会务、活动、报刊、广播、印刷等"硬""软"结合。

预算：初级 25 万～30 万元，中级 50 万元以上。   预算范围

此例文是一个比较典型的产品营销策划案例，通过调查分析市场现状，准确给产品定位，确立营销目标，提出理论依据，并对企业经营战略进行重点策划。这项营销策划科学、有据，并且切合当时、当地的实际。

知识归纳

一、策划书概述

策划就是筹划、谋划，讲究创意。

1. 策划书的分类

广义的策划书泛指所有开展某项工作或活动的富有创意的书面设计方案。狭义的策划书也叫策划案，一般包括活动策划书和市场策划书两大类。

活动策划书一种是经济类的，指公司或企业在短期内提高销售额，提高市场占有率的有效行为。如果是一份创意突出，而且具有良好可执行性和可操作性的活动策划案，无论对于企业的知名度，还是对于品牌的美誉度，都将起到积极的提高作用。另一种是专题活动策划书，主要指对外接待、参观、开业、庆典、新闻发布会、记者招待会、竞赛、捐助等大型活

动。这种专题活动是为了达到一定的目的，在一个特定的时期、特定的场合下，使成为对象的每一个人都能亲身体会到直接针对性的某种刺激媒介，这种直接性是报纸杂志、广播电视等媒介所不可比拟的。当组织有新产品问世、开张营业时，当组织声誉受损而受到指责、误解时，有针对性的专题公关活动就十分有必要。而专题活动策划书就是对上述这些活动所制订的行动计划。

市场策划书就是策划人员通过对市场项目进行系统分析，对市场活动的整体战略和策略进行运筹规划，从而对提出、实施和检验市场决策的全过程作预先的考虑和设想。市场策划书也叫企业策划书，简称"企划书"。

2. 策划书和计划的区别

同样是对尚未开展的工作进行筹划和安排，策划书与计划的不同在于：计划不需批准即可执行，无须论证；策划书需上报，经正式会议讨论通过后方可执行，需要对其可行性进行简要论证，并预测风险。

3. 策划书的特点

相对于其他文体，策划书有以下三个特点。

（1）针对性。每个活动都有自身的特点，这是策划书必须面对的客观现实，因此针对活动本身体现出特色，就是它的最大特点。

（2）现实性。策划书是在现实基础上，综合各方面条件，给出的实现目标的具体措施，因此能否实现目的取决于策划书是否立足现实基础上。尽管写得天花乱坠，但是现实中没有可操作性，这样的策划书不过是空中楼阁，可望而不可即。

（3）前瞻性。策划本来就是计划，是对未来一段时间内某项活动的一种设计，因此要对策划的目标、达到的效果进行充分预计，体现出前瞻性的特点。有时候，尽管策划得很好，但因为现实条件发生了一些变化，效果也可能会大打折扣，这就要求策划书的前瞻性必须做到科学、准确。

二、策划书的格式

策划书一般由标题、正文和落款三个部分构成。

1. 标题和落款

标题包括策划名称（策划主题）和文种，其中策划名称应尽可能具体写出策划时间、范围或对象。

策划书的落款包括署名和日期，一般分列在标题下方。其中署名写出策划者姓名及其所属部门、职务；若是小组形式，就写出小组的名称、负责人、成员的姓名（包括所属部门、职务）；如果有外界人员参与，也应记载。日期是策划书编制完成时的年月日。

2. 正文

策划书正文一般应从三个方面进行阐述。

第一，简要交代策划的背景和意义。简单交代策划主题的提出依据，策划活动进行的方式和程序等；简短写出实施策划项目给单位带来的社会效益，并明确地写出策划的核心构想或画龙点睛之笔。

第二，详细说明策划项目。这是说明策划内容的主体部分，要注意简单明了而且具体，使人容易理解。不要仅仅用文字表示，可适当加入一些图表。具体包括策划内容和实施步骤两方面。策划内容是对执行策划项目相关内容的描述；实施步骤则说明策划实施时的时间安排。较为复杂的活动策划还需以计划书为附件，从前期准备到成果的综合整理以至时间等各项内容都要附在计划书里。至于费用计划、人员计划、作业计划、对外委托部分，也都要编织成计划书。

第三，辩证地进行效果预测，说明方案的可行性与可操作性。这一部分，主要体现在市场策划书里面。一般来说，活动策划书在这个部分体现的是预案。可行性预测可从四个方面阐述：一是期待效果和预测效果。实事求是地提出该策划实行之后所能期待的效果，并采用可信赖的根据推测可得到的效果；同时，费用与效果所表示出来的效益，或对单位内外有形无形的效果等也要说明清楚。二是策划风险或症结。不论什么策划，要达到毫无风险、十分满意都是很困难的，对策划中不可逆转的风险以及可能出现的短处、问题症结等都不应回避，要一一列明，并写出自己的想法。三是可供参考的策划案、文献、案例等。可把本单位或其他单位的成功例子，或文献上记载的成功案例列出来作为参考。四是策划建议。针对策划风险或症结，说明策划实施应注意的问题及解决问题的建议。

三、策划书的写作要求

不同策划书的结构、基本步骤和基本要素都有一些比较特殊的要求，侧重点也各不相同。下面简单举例说明。

1. 营销策划书的结构

营销策划书的结构主要包括六个方面：前言、市场状况分析、产品策略、价格策略、营销渠道策略、促销策略。

2. 专题活动策划书写作的基本步骤

专题活动策划书写作的基本步骤主要有以下五个方面。

（1）选定主题。主题是对活动内容的高度概括，是整个策划的灵魂。要为广大公众所接受，就必须选好主题。

（2）选定日期。除了固定的纪念日外，日期的选择一般较为灵活，但策划时首先要将日期和时间确定下来，以便作具体的时间安排，并将其列入组织计划中。

（3）选择地点。选择地点时必须考虑公众分布情况、活动性质、活动经费以及活动可行性等诸多因素。

（4）通知参加者。要将具体日程安排通知给参加者，包括设计日程计划表、明确起止日期、明确每一天的活动项目。除节目内容和日期的安排外，许多时候同时也进行公众宣传方面的日程安排。

（5）费用预算。要计算好活动成本和各项费用支出，让有限的资金发挥最大的作用。

3. 社会赞助活动策划书写作的基本要素

社会赞助活动策划书写作的基本要素包括以下几方面。

（1）活动的前期研究。包括妥善选择赞助的对象、确定赞助的主题，积极的社会意义及将要产生的影响，分析政策和目标，保证组织受益和社会受益，达到树立企业良好形象、扩大社会影响力、显示爱心、提高社会组织知名度和美誉度的目的。

（2）制订赞助计划。包括赞助对象的范围、计划的预算、赞助的形式、赞助的宗旨等。

（3）整个活动的程序。包括报请公司批准→提请有关方面赞同许可→成立专门活动组织进行操作→得到内部员工和企业的支持→获得资金→确定分配方案并予以实施→新闻传播→获得领导和专家在内的各方面好评。

实训活动

1．根据下面提供的题材范围，选择自己比较熟悉并有体会的题目，留心搜集可供总结的材料，写一篇策划方案。

（1）为你家乡的一种特色食品作市场调查，写一份营销策划方案。

（2）为你所在地方的旅游产品写一份销售策划方案。

（3）利用业余时间对手机市场进行调查，写一份销售手机的策划方案。

2．阅读下面这个案例，回答后面的问题。

2004年5月，某地一个商场开业庆典，推出了一个策划项目：凡是手持百元人民币号码尾数为"88"的可当200元消费。结果顾客手持"中奖"人民币蜂拥而至，柜台被挤坏，还有人员受伤，主办商家只好提前宣布活动中止。这次活动招致顾客不满，还受到中国人民银行的警告，且工商部门也上门来干预。

（1）以上案例策划失败，错在哪些地方？

（2）为什么会造成如此局面？

（3）假如让你来策划这家商场的开业庆典，说说你的策划思路。

3．以一个值得纪念的日子为题，如同学聚会、重大事件、节日，写出一份策划书，并模拟举办一次庆典活动。

知识拓展

××活动策划书模板

一、活动目的及意义：

二、活动主题：

三、主办单位：　承办单位：　赞助商：

四、活动时间：

五、活动地点：

六、活动对象：

七、活动形式与内容：

八、活动流程（如有奖项，请写清楚相关奖项的设定，包括奖项的名额、金额、礼品、证书以及评分标准等）

九、前期工作安排：

十、活动现场：

十一、活动后期安排：

十二、要求与注意事项：

十三、应急预案：

十四、经费预算：尽量采用表格形式

十五、预期效果及展望：

营销策划文案模板

1．正文格式

（1）纸张格式为 A4 纸，左右边距 31.7mm，上下边距 25.4mm。

（2）正文采用宋体字、小四号字、1.5 倍行距；一级标题采用顶格四号字体加粗，如"一、移动营销行业背景"；二级标题采用顶格小四号字体加粗，如"（一）什么是移动营销"；三级标题采用空两格小四号字体加粗，如"1.移动营销的诞生"；四级标题采用空两格小四号字体，如"（1）移动营销"。

（3）页眉需注明策划书名称，提交人姓名，页脚注明"共几页，第几页"。

（4）篇幅不得少于 10 页。

（5）若引用数据资料需注明出处，如有调查问卷请放到附录中。

2．封面

一份完整的营销策划书文本应该包括一个版面精美、要素齐备的封面，以给人留下良好的第一印象。策划书的封面可提供以下信息：①策划书的名称；②策划的客户；③策划机构或策划人的名称；④策划完成日期及本策划适用时间段。因为营销策划具有一定时间性，不同时间段上市场的状况不同，营销执行效果也不一样。

3．目录

在营销策划书目录中，应该列举策划书各个部分的标题。原则上小规模的策划书目录以一页为佳，采用文字编辑软件的自动生成功能。一方面可以使策划文本显得正式、规范，另一方面可以使阅读者根据目录方便地找到想要阅读的内容。

4．摘要/前言

在摘要中，应该概述营销策划的目的、进行过程、使用的主要方法、策划书的主要内容，以使观看者可以对营销策划书有个大致的了解。

5．正文框架内容示例

一、策划目的

要对本营销策划所要达到的目标、宗旨树立明确的观点，作为执行本策划的动力或强调其执行的意义所在。

二、产品描述

对你将要进行营销的产品进行描述和界定，抓住产品特征。

三、分析产品当前的营销环境状况

这部分主要分析宏观环境。

主要是对影响营销的不可控因素进行分析，如自然地理环境、政治环境、居民经济条件、消费者收入水平、消费结构的变化、消费心理等；对一些受科技发展影响较大的产品，如计算机、家用电器等产品的营销策划还需要考虑技术发展趋势方向的影响。

四、行业背景与市场机会分析

这是对市场机会的把握和策略的运用，因此分析市场机会就成了营销策划的关键。只是找准了市场机会，策划就成功了一半。

（一）对产品的行业背景进行分析

分析目前行业市场上的竞争对手，找出与竞争对手的差距，把握利用好市场机会。

（二）针对产品目前营销现状进行问题分析（如果是现有品牌及产品）

1．此产品的营销现状。

2. 此产品营销现状中存在的问题。

（三）对产品的市场机会进行分析

五、目标市场选择及定位

1. 细分消费者市场

2. 选择目标市场

3. 对产品的市场进行定位

六、目标市场的消费状态分析

对目标市场的消费者进行具体的描述和分析，给目标受众定出一个大概的轮廓，说明目标市场的特征。

七、营销战略选择

说明所选用的营销战略及其目标，并分析选用此营销战略的原因。

八、具体的营销法案

（一）营销组合策略

1. 产品策略

2. 价格策略

3. 渠道策略

4. 促销策略

（二）推广策略（推广活动或手段）

运用各种营销手段和工具进行营销推广。

九、营销方案的组织与实施计划

具体的人员、时间、地点、进度等的安排计划。

十、备选方案概述

这一部分是作为策划方案的补充部分。 在方案执行中都可能出现与现实情况不相适应的地方，因此方案贯彻中必须随时根据市场的反馈及时对方案进行调整。

十一、附录（或参考文献）

营销策划书的编制一般由以上几项内容构成。企业产品不同，营销目标不同，则所侧重的各项内容在编制上也可有详略取舍。

任务三　总结

 能力要求

任务目标	能力目标	知识结构
掌握总结的写作	能根据总结的定义，理解其内涵、特点	总结的定义 总结的特点
	根据不同的分类标准，区分总结的类型	总结的不同类型
	掌握总结的结构与写作格式，通晓总结标题、正文的具体写作方法	总结标题的写法 总结正文结构的具体内容
	掌握总结的写作要求	写总结要注意的事项

实用文书写作

案例点评

【例文 1】

个人工作总结

×××

　　2012 年，我从省××所调到省局××处工作，调入省局工作后，我坚决贯彻执行党的劳教工作方针、政策，认真学习和实践邓小平理论及身体力行"三个代表"的重要思想，践行科学发展观，忠于职守，爱岗敬业，勤奋工作，不断提高政治素质和业务素质，提高管理水平和决策水平，在工作中能够解放思想、开拓进取，创造性地开展工作，各项工作取得了较好的成绩。现将一年来的工作情况总结如下。

　　一、加强政治学习，提高政治素质和理论水平

　　我严格按照学习教育计划和具体的工作进度时间安排学习，积极参加各项教育活动，切实做到开展业务工作和培训学习两不误，不断提高自己的政治理论水平。

　　（1）积极参加以"三个走在前面"为主题的排头兵主题实践活动。我按照制定实施方案的要求，加强社会主义荣辱观的学习，使自己强化了对"三个走在前面"具体内容的理解，提高了对开展排头兵主题实践活动必要性和重要性的认识，增强了当好排头兵的光荣感、责任感和使命感。

　　（2）自觉参加民主评议政风行风活动。我在进一步加强党风廉政建设的基础上，通过自学、讨论、整改等多种形式，学习了《建立健全教育、制度、监督并重的惩治和预防腐败体系实施纲要》《"三个代表"重要思想反腐倡廉理论学习纲要》和《中共中央关于加强党的执政能力建设的决定》，不断增强自身的执法执纪观念和勤政廉政意识，努力提高自身的公正执法思想意识和执法执纪能力。

　　（3）认真参加××岗位大练兵活动。我结合自身工作的实际情况，以岗位练兵活动作为提高自身整体素质和战斗力的切入点和途径。在深入学习理论的基础上，还注重培养自己的岗位技能、体能等，加强对××应知应会的基本知识、重点、难点问题的掌握，狠抓"双六条禁令"的落实，使自己进一步树立公正、文明执法意识，提高工作业务水平和政治素质。

　　（4）积极参加社会主义法治理念教育活动。我按照活动要求，认真参加学习讨论，把开展社会主义法治理念教育与教育管理工作改革紧密结合起来，对照检查和整改，端正自身的执法思想和观念，进一步牢固树立执法为民的思想，从根本上解决执法观念和执法行为上存在的偏差，准确地把握了社会主义法治理念的科学内涵和本质要求。

標題

署名

前言简单介绍自己的身份、一年来的主要工作

先从政治思想素质方面入手进行总结，这是个人工作总结的一般写法。进行政治思想总结也不是空泛的，而是依靠具体的活动载体，在具体的活动中叙述做法和取得的成绩

（5）以先进典型为榜样，努力实践"科学发展观"重要思想。我积极对照自身实际，做到边学、边查、边改、边提高，同时以实际行动体现党员先进性，把自己的岗位履行好，真正做到学有所获、学有所用、取得实效。

二、热情诚恳服务，务实创新工作

（1）认真做好处室的内勤和日常工作。省局××处的内勤工作，最大的特点就是要勤，工作是一环扣一环，每天的工作都要及时地处理，容不得拖拉懒散的现象，不然就会阻碍整个工作的正常运转；工作还要细，认真细致，有责任心，一旦出现差错所造成的损失是难以挽回的。因此我经常提醒自己，上班要做好表率，不迟到早退，工作从不计较个人得失，勤奋敬业，一丝不苟，勤勤恳恳地做了大量的工作，特别是做好处室的××人员相关材料的审核，有关制度的制定和执行，以及处室的其他日常和内勤工作。

（2）协助处室领导指导基层劳教单位的管理工作。我摆正自己的位置，扮好自己的角色，积极陪同、协助处室领导下基层××单位检查、指导安全防范工作和业务指导工作，特别是在重点时间，对重点部位进行清查，查找出安全隐患，及时处理突发事件，详细了解重点××人员的思想情况，防微杜渐，防患于未然。特别是在今年12月，我和处室的同志一起到省直单位××具体负责"12.1国际艾滋病日宣传活动"的安全保卫工作，圆满地完成了工作任务。

（3）更新观念，创新工作方式。我不断地探索、更新和完善管理内勤日常工作。为适应新时代发展，提高工作效率和工作质量，在日常工作中我力求改变旧的方法和观念，通过不断的学习、研究及分析，进一步规范了各类报表、本册、档案材料的制作，使各类材料更规范、更合法，上了一个新台阶。

三、恪守职业纪律，廉洁奉公

我负责××工作，这是一种权力工作，但权力掌握不好就是滋生腐败的土壤。我能严格要求自己，注重个人的党性修养锻炼，坚决抵制社会上各种不正之风，廉洁自律，秉公办事，自觉做到一身正气。对单位，强化服务意识；对工作，讲大局，重团结，增强自身全心全意为人民服务的意识。作为省局××处工作人员中的一员，我深刻地认识到"如果不严格要求自己，就有可能脱岗、失职，甚至犯罪"，因此经常对照《××法》及《××法》来检查和提醒自己，提高自己防腐拒变的能力，工作不徇私情、不贪不枉。

四、不足之处和努力方向

每个人都不可能十全十美，我也要一分为二地评价自己，既要看到自己的长处、优点和工作中的成绩，还要看到自己的缺点和工作中的不足之处，才会不断地改善自己，向更高的层次冲刺。我认为自己的领导艺术水平有待提高，处理问题太直，导致同事难以接受；有时又充当老好人，明知有些同志工作中有问题，碍于情面也不批评、不帮助，与同事之间缺乏沟通。在以

其次是从业务工作方面入手进行总结。从常规工作着手，进而涉及管理工作，又进一步总结工作创新问题，体现出逻辑层次的不断深入，是一种递进关系

再次从廉洁自律方面总结

最后指出不足，提出改进措施

后的工作中，我一定正视自己的不足之处，勇于解剖自己并加以改正，在新的一年中取得更好的成绩。

2013 年×月×日 | 落款

例文 1 是一份个人工作总结。该总结如实反映了个人在思想政治、业务工作、廉洁自律等方面取得的成绩，同时也指出了不足之处及改进措施。本文写作目的明确，层次分明，简明扼要。

【例文 2】

××自治区储备局劳动人事处 2013 年工作总结 标题

2013 年是全面贯彻落实党的"十八大"精神的一年。我们在上级的正确领导下，深入贯彻党的"十八大"精神，坚持两个文明一起抓，加强领导班子的建设，加大干部人事制度改革的力度，抓好人才整体性资源开发利用以及岗位培训，提高干部队伍素质，为我区储备部门的经济建设，为实现改革发展的新突破，提供可靠的财力支持和组织保障。 *（前言之中简要进行回顾，对过去一年的工作进行总体概括）*

一、认真开展机关思想作风的整顿工作。根据区党委《关于整顿直属机关作风，树立社会主义市场经济观念，确保我区改革与发展新突破决策实施的方案》，我局成立了以局党委书记张××为组长的机关作风整顿领导小组，制定了整改方案并切实抓好组织落实…… *（首先从政治思想素质方面入手进行总结）*

二、领导班子和干部队伍的建设进一步加强。坚持以思想政治建设为重点，全面推进各级领导班子的建设，提高领导水平和执政水平，大力培养选拔年轻干部。去年 8 月，将一批德才兼备、35 岁左右的年轻干部提拔到县处级领导岗位上来。 *（其次谈到领导班子和干部队伍建设）*

三、加快干部人事制度改革的步伐，推进干部能上能下的机制……通过这些人事制度的改革，健全和完善了干部能进能出、能上能下的竞争机制；建立了一个精干、高效、充满活力的干部队伍；创造了一个公开、平等、竞争、择优的用人环境。 *（以下按照工作性质进行总结）*

四、认真抓好基层管理制度综合配套改革试点工作……

五、组织开展物资储备知识竞赛活动……

六、加大岗位培训和继续教育的力度……

七、加强对基层单位工资总额的宏观控制和政策指导…… *（存在的不足）*

过去的一年，我们取得了一定的成绩，但与上级的要求仍有差距。主要表现在：思维方式和思想观念仍然滞后，跟不上形势发展的需要；不善于运用市场经济的思路和办法来解决问题；工作方法上仍存在忙于具体事务多，深层次研究问题少，参谋助手的作用发挥不够等问题。

在新的一年里，我们将深入贯彻党的"十八届三中全会"精神，以改革为动力，以改革促发展，开拓创新，不断攀登新台阶。 *（以后的努力方向）*

例文 2 是一份条文式总结，行文简要，眉目清楚。

知识归纳

　　总结是单位或个人对过去一个时期内的实践活动作出系统的回顾归纳、分析评价，从中得出规律性认识用以指导今后工作的事务性文书。

一、总结的特点和类型

　　相对于其他文种，总结有以下三个特点。

　　（1）自身性。总结是自身活动实践的产物。它以客观评价自身工作活动的经验教训为目的，以回顾自身工作情况为基本内容，以自身工作实践的事实为材料，所总结出来的理性认识也应该反映自身工作实践的规律。所以，内容的自我性是总结的本质特点。

　　（2）回顾性。从写作的时间看，总结是在事后进行的。从写作的目的看，总结是对已经过去的一个时期的工作、学习或思想进行回顾。从写作的材料看，写进总结的材料是那些已经历过的事情，不是构想中的，更不是虚构的。

　　（3）理论性。总结应当忠实于自身的工作实践活动，但不是工作实践活动的记录，不能完全照搬工作实践活动的全过程。它是对工作实践活动的本质概括，要在回顾工作实践活动全过程的基础上进行分析研究，归纳出能够反映事物本质的规律，把感性认识上升到理性认识，这正是总结的价值所在。

　　根据不同的角度划分，总结有多种类型。按内容可分为工作总结、生产总结、学习总结、教学总结、会议总结等；按时间可分为月度总结、季度总结、年度总结、阶段性总结等；按范围可分为全国性总结、地区性总结、部门性总结、本单位总结、班组总结等；按性质可分为综合总结和专题总结两类。

二、总结的格式

　　总结一般由标题、正文和落款三部分构成。

1. 标题

　　总结的标题大体上有两类构成形式：一类是公文式标题；另一类是非公文式标题。

　　公文式标题由单位名称、时间、事由、文种组成，如《××市民政局关于扶贫助残工作的总结》《××地区20××年普法工作总结》，有的只写《工作总结》。

　　非公文式标题比较灵活，或双行标题，如《锐意改革创新，不断开拓进取——××研究所20××年工作总结》；或单行标题，如《公费及劳保医疗制度改革的回顾》等。

2. 正文

　　总结正文的结构由前言、主体、结尾组成。

　　（1）前言。一般简明扼要地概述基本情况、交代背景、点明主旨或说明成绩，为主体内容的展开做必要的铺垫。

　　（2）主体。具体写成绩与经验、问题与教训。它是总结的核心部分，一般包括以下三部分：第一，成绩与经验，是总结的主要内容，要写主要做法，在分析成绩中得出规律性的认识；第二，问题与教训，是总结的一个重要内容，认真分析工作中存在的问题、缺点和不足，并由此得出教训；第三，结尾可以概述全文或说明好经验带来的效果，也可以提出今后的努力方向或改进意见。

3. 落款

总结的落款包括署名和时间两项内容，如果标题中已有署名，这里可不再写。

三、总结的写作要求

一般而言，总结的写作有以下几项要求。

（1）要有实事求是的态度。工作总结中常常出现两种倾向：一种是好大喜功，搞浮夸，只讲成绩，不谈问题；另一种是将总结写成"检讨书"，把工作说成一无是处。这两种都不是实事求是的态度。总结的特点之一"理论性"，正是反映在如实地、一分为二地分析、评价自己的工作上，即对成绩不要夸大，对问题不要轻描淡写。

（2）总结要写得有理论价值。一方面，要抓主要矛盾，无论谈成绩或谈存在问题，都不要面面俱到。另一方面，对主要矛盾要进行深入细致的分析，谈成绩要写清怎么做的、为什么这样做、效果如何、经验是什么；谈存在问题，要写清是什么问题、为什么会出现这种问题、其性质是什么、教训是什么。这样的总结才能对前一段的工作有所反思，并由感性认识上升到理性认识。

（3）总结要用第一人称。即要从本单位、本部门或本人的角度来撰写。表达方式以叙述、议论为主，说明为辅，可以夹叙夹议。

实训活动

根据下面提供的题材范围，选择自己比较熟悉并有体会的题目，留心搜集可供总结的材料，写一篇总结。

（1）入学以来个人在思想道德修养、专业学习、第二课堂和社会实践、班级工作、课外生活等任何一个方面的总结。

（2）选择班级或学校近期开展或组织的某一项活动，从活动组织者的角度进行回顾总结。

（3）××年以来班风或学风的建设情况。

知识拓展

及时作总结

不会总结的人就不可能进步。不及时作总结的人就是应付总结的人——不是为了进步而总结，而是因为"不得不"，如为了交差而总结。可以这样讲，不及时的总结就不是总结。

竞争给每一个人、给每一个企业都带来了压力——进步的压力。那么，什么才是进步呢？答案首先是改变。也就是说，你原来用一种方法做事，发现不论是速度还是效果都不如竞争对手的时候，就需要改变这样的方法，就需要发现新的方法，就需要寻找新的突破点，这就是进步。换句话说，只有当你完成了某种变化，只有当你采取了更有效的工作方法时，才意味着你在进步。

那么在每天的实际工作中，怎样做才叫实现进步呢？或者说怎样体现自己的进步呢？答案就在于——谋求更直接、更有价值的改变。具体地讲，就是你怎样发现你和对手的差距，你怎样感觉到你没有能够满足工作的要求。当感受到这样的差距和不足时，你就要去思考怎样改变。而只有当你完成了这样一些更直接、更富价值的改变时，才能证明自己的进步。

因此，在这样一种实现进步的过程中，最重要的一点就是作总结，而作总结的首要任务就是发现问题，就是找到差距与不足。所以要及时总结，当看到差距并感受到不足的时候，马上作总结。因为只有这样，你才不会进一步地重复错误的、低效的方法，才有可能使方法中的有效成分更早一些得到提高，使你在完成了这点改变之后的接下来的努力更富效果。

可以毫不夸张地讲，所有为了进步而作的总结都必须针对方法，都必须针对如何改进方法。因为没有方法你就无法实现目标，这一点在前面我们已经多次提到了。更高质量的总结意味着更快的进步，更高质量的总结也意味着更能够直接地服务于方法的改进。

因此，我们可以得出这样的结论：一份总结质量的高低将体现在它能够将多少曾经的未知变为已知；它能够把多少曾经的意外变成意料之中；它能够把方法中的无效部分去除掉；它能够为新的方法注入多少有效的成分。要做到这一点，作总结的时候就必须比较，把实际的效果和预期的内容进行比较，把自己这次的做法和曾经的做法进行比较，把自己的现状和对手的现状进行比较……

所有的比较都需要有标准，为了进步而作的总结就更需要有标准，虽然不能一一给出具体的内容，但是这个标准必须围绕着效益，必须围绕着工作的效率和效果，必须围绕着竞争优势的核心内容——科学的资讯、有效的方法、高质量的思维来进行。

严格地讲，为了进步所作的总结一定都是及时的总结——自己在成长的时候而作的一种比较、一种回顾、一种归纳。所以越是经常作总结的人，就越有更多的机会获得进步。在工作中，这样的总结应该每天进行，如果不能做到，企业也需要通过制度要求员工至少每周有一些总结。

只有做到及时总结的企业，如"当时我怎么就没有想到""我又没有注意到""我也不希望是这个结果""谁会想到发生意外呢"等问题和托词才不会频繁出现。也只有这样，企业才有可能避免重复、简单的错误，才有可能用更小的代价换取更多的收益。

想进步就要围绕方法及时作总结，想更快地进步就要经常作总结。通过总结你会发现曾经的意外将不再存在，曾经的未知也将迅速减少。

（佚名）

任务四　调查报告

能力要求

任务目标	能力目标	知识结构
掌握调查报告的写作	能根据调查报告的定义，理解其内涵、特点	调查报告的定义 调查报告的特点
	根据不同的分类标准，区分调查报告的类型	调查报告的不同类型
	掌握调查报告的写作格式，通晓其标题、正文的具体写作方法	调查报告标题的写法 正文结构的具体内容
	明确调查报告的写作要求	写调查报告要注意的事项

案例点评

×镇农民工返乡情况调查报告

公文式标题

一、我镇农民工返乡回流的现状

2008 年年底以来，由于受国际金融危机的影响，沿海及发达地区的许多企业相继关闭停产，致使全国出现农民工返乡高潮，我镇民工也出现大量回流的趋势。

指出调查对象现状

我镇外出农民工返乡分三种类型：一是正常的季节性返乡。由于年关临近，每年都有大批务工人员陆续返乡。二是受国际金融危机影响返乡。沿海地区的劳动密集型产业和外向型企业受到冲击，国外订单减少，企业生产下降，用工需求减少，出现了部分外出务工人员从东南沿海返乡的现象，这部分返乡人员所占比例较高。三是临时性返乡。外出农民工人员中因探亲访友、红白喜事、料理家事及其他原因临时返回的占 1%左右。

二、返乡人数

截至 2009 年 3 月 30 日，据不完全统计，我镇返乡农民工人数 152 人，约占本年度外出农民工总数的 27.5%，与去年同期相比明显增加，且目前外出农民工仍在陆续返乡，数字仍在逐步增加，与往年集中在春节前夕返乡的情况有较大区别。

三、返乡的主要原因

分析原因

1. 所在企业倒闭
2. 所在企业裁员
3. 所在企业降薪
4. 市场疲软，工作机会减少，工作报酬降低

四、存在的问题

存在的问题

一方面，返乡农民工由于长期在异地务工，有较稳定的岗位和收入。现由于失去工作、收入减少，回家后普遍存在无所适从的感觉；返乡农民工中除少数回家后从事畜牧、种植外，另有一部分暂时计划务农或打临时工，其余大部分仍准备在年后等待机会继续外出务工挣钱。

另一方面，农民工大量返乡给农村经济和社会稳定带来了一定影响。农民增收的压力增大，外出收入水平减少；农村土地调整压力加大，返乡劳力重新从事农业，增加了重新调整承包耕地的难度；本地就业岗位缺口加大，增加了再就业的压力。处在此种艰难的压力之下，会不利于社会的和谐稳定。

五、调查结果及建议

针对问题，提出具体的解决办法

一是切实提高认识，积极搞好引导服务。农民工是我国改革开放进程中出现的一个新群体，为社会经济发展、农民增收、新农村建设做出了重大贡献。这次全球性金融危机虽然给部分进城务工农民就业带来了负面影响，但

从推进现代农业和县域经济发展来讲也有有利的一面，如果引导和服务工作能跟上，把返乡农民工干事、创业的热情激发出来，就会形成推动发展的巨大动力。因此，对当前部分农民工返乡现象和情况必须要全面正确认识，积极应对。按照党的十七届三中全会精神，以科学发展观为指导，解放思想，拓宽思路，创新工作，履行好职能，努力为返乡农民工排忧解难，营造发展环境和条件，把他们的积极性保护好、调动好，为推进农业农村经济又好又快发展做出贡献。

二是高度重视农民工返乡问题，及时掌握农民工返乡动态信息。认真组织开展全面调研，对返乡农民工情况进行摸底登记，掌握情况和趋势，了解数量和分布，以及各自的特长、想法、要求等基本情况。结合当地二三产业发展、劳动力需求、农业生产特点等情况，提出对返乡农民工培训、再转移务工、创业的对策意见，为返乡农民工做好服务奠定基础。

三是加强就业指导。调查中发现很多人都是通过熟人介绍和自己找工作，如果想换工作只有自己找，且成本高。另外，有一部分人是看到别人在某一地方打工还可以，就随波逐流到那地方找工作。因此，农民外出务工存在一定盲目性和扎堆现象，发现现在所谓的劳务市场建设离大多数农民的需求还有较大差距。建议相关部门深入实际，加强与用工方的联系与沟通，搜集相关用工信息，通过网络、职介机构等渠道向广大农民工提供用工信息，促进农民工合理流动，减少他们找工作的成本，减轻他们外出务工的盲目性。

有针对性地开展农民工技能培训，切实提高他们的技能水平，能与用工单位联合培训最好，不搞那些完成任务式的培训；同时鼓励他们就近就业，尤其是国家的扩大内需计划，涉及许多基础设施建设，应大量使用农民工。

四是加强对自主创业农民工的信贷支持和帮扶引导，减轻他们创业的困难、风险和盲目性。对自主创业的农民工，政府可采取贴息、直接补贴、担保贷款等方式给予他们资金上的支持，解决资金短缺问题。

五是加强对农民工的跟踪调查，及时掌握他们的情况，必要时能提供及时的服务。

上例是一份农民工返乡情况调查报告，有分析有观点有材料，语言简练，篇幅短小。这份调查报告在写作上具有典范性，可供借鉴。

知识归纳

调查报告也称调查研究报告，是对社会生活中的某种事件、某个问题作专门的调查研究之后，将调查的材料和研究的结论写成书面报告的一种应用文。

调查报告通过对事件或问题的分析来反映问题，揭露矛盾，揭示规律，总结经验和教训，为领导部门提供决策的依据，为科学研究提供资料和信息。

　　调查报告具有写作过程的调查性、内容的真实性、选题的针对性、表达的平实性等特点。

　　调查报告按其反映对象和写作意图划分，有介绍基本情况的调查报告、推广典型经验的调查报告、揭露现实问题的调查报告、反映新生事物的调查报告、考察历史事实的调查报告等。

一、调查报告的格式

　　调查报告一般由标题、署名署时、正文三部分构成。

（一）标题

　　标题可以有以下两种写法。

　　一种是规范化的标题格式，一般由介词"关于"＋调查事由＋文种组成，如《关于农村基层党组织情况的调查报告》；也有的省略介词"关于"和文种，如《农民负担情况调查》。

　　另一种是自由式标题，包括陈述式、提问式和正副题结合使用三种。陈述式如《东北师范大学硕士毕业生就业情况调查》；提问式如《为什么大学毕业生择业倾向沿海和京津地区》；正副标题结合式，正题陈述调查报告的主要结论或提出中心问题，副题标明调查的对象、范围、问题，如《高校发展重在学科建设——××××大学学科建设实践思考》等。

（二）署名署时

　　署名署时即作者和写作时间。有的这两项都写在正文的右下方适当位置上；有的分开写，署名写在标题的正下方，而署时写在正文的右下方。

（三）正文

　　正文通常由开头、主体、结尾三部分组成。

1. 开头

　　各类调查报告的开头，主要有以下写法。

　　第一，交代调查本身情况。包括调查的起因、调查的内容、调查的对象和范围等。

　　第二，交代调查对象情况。包括调查对象各方面的概况或有关自然情况等。

　　第三，对全文内容作出概括。包括点出调查报告的结论性意见或主要经验等。

　　当然，有的调查报告可能是某两种写法的结合；也有的没有开头语，在标题下面分几部分直接写下去。

2. 主体

　　主体是调查报告最主要的部分，是对前言部分提出问题的回答，或者对提示内容的展开。要求具体写出调查研究过程中所得到的有关调查对象的基本情况：做法与措施、成绩与经验、问题与教训；也可以有些建议。当然不要求面面俱到，而是根据写作目的有所取舍，从而突出主题。

主体结构方式有三种。

第一，横式结构。就是以逻辑关系来安排结构，把材料分成几个部分来写，每个部分观点鲜明、中心突出。采用这种结构形式，要处理好各部分之间的关系，如并列关系、因果关系、分总关系、主从关系等，都应妥善安排。

第二，纵式结构。就是以时间顺序来安排结构，按调查事件发生、发展的先后顺序，从头至尾加以阐明。

第三，综合式结构。这种结构安排兼有横式、纵式的特点，相互结合地安排材料。

3. 结尾

不同内容的调查报告，结尾的写法也不同。一般来说，有以下几种写法。

第一，针对调查的内容，提出意见或深入研究的问题。对某些问题的调查，多以表明意见、建议作为结尾；对某些新生事物的调查，多以提出有待深入研究的问题作为结尾。

第二，概括全文的基本思想，深化调查报告的主题。对某些方面基本情况调查，推广某些成熟的典型经验，多采取这种写法结尾。

第三，补充式结尾。有些情况和问题与调查报告的中心内容和主旨关系不大，在正文部分没有提及，但又需要讲清，就可以在结尾处附带加以补充说明。

二、调查报告的写作要求

调查报告的写作有以下几项要求。

（1）必须掌握大量的第一手材料。深入调查是写好调查报告的基础，要深入群众，了解调查对象各方面的材料，包括正面的、反面的，直接的、间接的，历史的、现实的，弄清来龙去脉，为分析研究提供大量、可靠的事实依据。

（2）要善于作认真的分析与研究。对掌握的大量材料要进行科学的分析和综合研究，作"去粗取精、去伪存真、由此及彼、由表及里"的处理，要透过表面现象看到事物的真面目，抓住本质和规律，从而得出正确的判断和结论。

（3）要选用切实、可靠的材料说明观点。调查报告所揭示的结论，必须通过对具体情况、具体事实作客观的叙述和分析很自然地得出。要善于用精确、充足的材料来说明观点。不能脱离材料空发议论；也不能只摆一大堆材料，而不提出明确的观点和结论。

（4）调查报告的文字要朴素、明确、实在。调查报告的写作要用平实、朴素、明确的表达，把说理和叙事有机地结合起来；要善于用简要的议论总结经验，阐明规律，说明政策；还要注意运用可靠的统计数字和群众语言来印证观点。

实训活动

在下面三个内容中任选其一，调查完毕写一份调查报告。

（1）高职生消费情况调查报告（可选择本校、本班同学每月支出项目、金额，分若干档次进行调查）。

（2）本校本班同学阅读情况调查（如书籍、杂志、报纸占用时间，兴趣爱好等）。

（3）选择一经营比较好的生产、销售或服务单位进行调查。

知识拓展

调查报告与总结的区别

无论是在结构上、表达方式上还是在主旨提炼上，调查报告和总结都有许多共同之处，但也有着明显的区别。

1. 使用人称不同

调查报告是调查外单位的情况之后写成的书面报告，作者从局外人的角度，以局外人的语气客观地叙述情况、分析问题，因此采用第三人称的写法。

总结主要是总结本单位或者个人的情况，作者从当事人的角度，以当事人的口吻语气叙述情况、分析问题，所以采用的是第一人称。即使上级单位派人来帮助总结典型经验，作者也必须站在当局者的角度，采用第一人称的写法。

2. 写作目的不同

调查报告要从全局出发，选择具有普遍意义的问题、情况和经验，通过对某个"点"的剖析研究来指导、推动、改进"面"上的工作。

总结则是通过检查自己的工作，来指导今后的工作实践。

3. 材料来源不同

调查报告的写作材料，主要是通过深入细致地调查了解得来的。调查是获取材料的主要途径，调查工作的好坏是调查报告写作成败的重要环节。

总结的写作材料主要靠平时的积累，因此材料积累的多少成为总结写作的关键。当然，有时也需要搞些调查研究，取得材料，以便把总结写得更全面。

4. 调查范围不同

调查报告的写作题材要比总结广泛得多，可涉及社会生活的各个领域，不受空间和时间的限制。而总结的写作题材既受空间的限制——只能写本单位或个人的情况；又受到时间的制约——只能写已经完成的或正在进行的工作。从这个意义上说，调查报告的写作题材要比总结广泛得多。

任务五   简报

能力要求

任务目标	能力目标	知识结构
掌握简报的写作	能根据简报的定义，理解其内涵、特点，区分其类型	简报的定义、特点 简报的类型、作用
	熟悉简报的编排格式，掌握简报标题、导语、主体的写法	简报标题、导语的表现手法 正文结构的具体内容
	理解简报的写作要求	写简报要注意的事项

案例点评

广东省"我与祖国共奋进"主题教育实践活动

简 报

第（5）期

团省委"我与祖国共奋进"主题
教育实践活动领导小组办公室编　　　二〇××年五月十日

报头：简报名称、期数、主编单位和主办日期

团省委举办"青春号角"
——广东省纪念五四运动××周年文艺晚会

为大力弘扬五四精神，在全省青少年中进一步兴起社会主义荣辱观教育的热潮，全面启动"我与祖国共奋进"主题教育实践活动，团省委、南方广播影视传媒集团、省青联、省学联于20××年4月29日晚在广州天河体育馆联合举办"青春号角"——广东省纪念五四运动××周年文艺晚会。省委副书记×××，省委常委、组织部部长×××，省人大副主任×××，副省长×××，省政协副主席×××，省军区副政委×××等领导出席了晚会。广州地区各大高校的5 700多名大学生到现场观看了晚会。

晚会以"青春号角"为题，把纪念五四运动和开展社会主义荣辱观教育、"我与祖国共奋进"主题教育实践活动紧密结合起来，并将落实科学发展观、实施"十一五"规划、建设社会主义新农村、增强自主创新能力等内容巧妙地融入其中，通过精心编排的一个个青春激扬、感人至深、催人奋进的节目，大力弘扬五四精神、新时期广东人精神和志愿者精神，引导广大青少年争做"爱国、守法、诚信、知礼"的现代公民，与祖国共奋进、与广东同发展，为广东继续当好排头兵奉献青春力量。

晚会大胆创新，构思巧妙，气势宏大，场面生动，具有鲜明的时代特征、广东特色和青年特点。晚会采取"角色情景化串联"的崭新创作理念，以5个洋溢着青春朝气、个性鲜明的角色人物（大学生）参加支部主题团日的形式，让主题团日活动的场景贯穿整个晚会，突破了采用主持人串场的传统晚会模式。晚会节目主要取材于当代广东青年和青年工作实际，并以广州地区各高校、中学、少年宫的青少年学生为主体演出队伍，充分展现了当代广东青年的朝气、活力和风采，展示了广东共青团的工作理念和品牌项目。其中，晚会现场采访了广东省杰出青年志愿者、20××感动中国年度人物丛飞的妻子邢丹，根据真实故事编排了小品《老师，你别走》，这些节目生动地展示了广东志愿者热爱祖国、热爱人民的赤子情怀及关爱他人、奉献社会的价值追求。

晚会还于5月4日青年节当晚黄金时段在广东卫视台播出，受到社会各界的好评，在全省青少年中唱响了"我与祖国共奋进"的青春号角。

双行标题
主副标题形式

导语采用叙述式交代时间，主题活动内容，概括全文中心内容，简洁明白

介绍晚会的组织情况

概要介绍晚会的主要内容

报：×××、×××
　　团中央"我与祖国共奋进"主题教育实践活动领导小组成员
　　团中央办公厅、宣传部，团中央"我与祖国共奋进"主题教育实践活动
　　领导小组办公室
送：省委宣传部、省文明办
发：各地级以上市团委、县（市、区）团委，省直有关单位团委
　　各有关高等学校团委，团省委机关各部（室）、各直属单位

（共印 400 份）

报尾要写上报、送、发单位。上级单位用"报"，平级单位用"送"，下级单位用"发"

上例简报叙述了广东省团委举办的"我与祖国共奋进"主题教育实践活动的情况。层次清楚、体式规范、内容充实、主题突出，起到了相关部门互相学习，交流经验的作用。

知识归纳

简报是党政机关、群众团体、企事业单位简要报道工作情况的一种文书形式。简报有许多名称，如"动态""简讯""要情""摘报""工作通讯""情况反映""情况交流""内部参考"等。

一、简报的特点、分类和作用

简报具有篇幅简短、迅速及时、内部交流等特点。

简报按照不同的分类标准，可以划分为很多不同类型：①按时间可分为定期简报和不定期简报；②按发送范围分，有供领导阅读的内部简报，也有发送较多、阅读范围较广的普发性简报；③按内容可分为工作简报、生产简报、会议简报、信访简报、科技简报、教学简报等。

简报的作用主要体现在以下几个方面：①向上级汇报工作、反映情况；②平级机关之间交流经验、沟通情况；③向下级通报情况，传达上级意图。

二、简报的格式

简报的种类尽管很多，结构却不无共同之处，一般都包括报头、报核和报尾三部分。

（一）报头

简报一般有固定的报头，包括简报名称、密级、期号、编印单位、发行日期等。

（1）简报名称。印在简报第一页上方的正中处，为醒目起见，字号宜大，尽可能用套红印刷，如《高教简报》。

（2）密级。有些简报根据需要还应标明密级，如"内部参阅""秘密""机密""绝密"等，位于简报名称的左上方。

（3）期号。位于简报名称的正下方，一般按年度依次排列期号，用括号标注，有的还可以标出累计的总期号，如"第（12）期（总第四十六期）"。

（4）编印单位。应标明全称，位于期号的左下方，如"大会秘书处编"。

（5）发行日期。以领导签发日期为准，应标明具体的年、月、日，位于期号的右下方。写在与编印单位报头部分与标题和正文之间，一般都用一条粗线隔开。

（二）报核

报核是简报的关键部分，要简要真实地写出事物的情况，包括标题、按语、正文。

1. 标题

标题多为一行式，如《×××同志视察××工地亲切慰问我局职工》；也有双行标题，如《大胆改革，再创辉煌——××服装厂以管理促生产》。标题要求简洁、醒目，对读者有一定吸引力。

2. 按语

有的简报标题下有编者的"按语"，即"编者按"。编者观点的体现，是简报编者对所编简报材料附加的说明、提示、评论的一段文字。

3. 正文

正文包括前言、主体和结尾三部分。

前言是简报正文的开头。用简洁的语言提纲挈领地写出简报的主要内容、点明其中心；或交代清楚时间、地点、事件、人物、原因及结果，给读者一个总的印象。

主体是简报正文的核心。承接前言把它的内容具体化。这部分的写法比较灵活，没有固定模式，因简报的内容不同而异。

结尾或用一句话或几句话概括主题；或对全文做小结；或指出存在的问题；或提出今后的打算。

（三）报尾

在简报最后一页下部，用间隔线与报核隔开，横线下居左写明简报的报、送、发单位。报，指简报呈报的上级单位；送，指简报送往的同级单位或不相隶属的单位；发，指简报发放的下级单位。

在发送单位的右下端，还应包括本期简报的印刷数量，如"共印××份"，以便于管理、查对。

三、简报的写作要求

简报的写作一般有以下几项要求。

（1）真实。简报要全面、真实、客观地反映情况。反对报喜不报忧，反对合理想象，反对以偏概全。

（2）新颖。简报内容要新颖，要密切注意新形势、新情况、新问题、新动向，力求反映本单位、本部门的最新动态、最新经验，从而起到很好的宣传和交流作用。

（3）及时。简报具有新闻的时效性，编发须及时，不拖拉延误；同时要充分利用传真、电邮、网络等现代化的通信手段，加快信息的传递速度，以增强信息的有效性。

（4）简洁。简报最突出的特征就是简洁性，因此写作时一方面要注意选材的典型、精当，另一方面要注意语言的简洁、精练，做到篇幅短小精悍，能够把情况说明即可。如问题多，可分作几期编写。

实用文书写作

实训活动

广东××职业技术学院团委在 2014 年暑期发动全校团员搞了一次"同一片蓝天，共一份爱——关爱农村留守儿童"的公益活动。请你以广东××职业技术学院团委的名义，编一期简报，报道这次活动的情况。

知识拓展

简报的选稿要求

选稿是机关文字工作中常涉及的问题，但简报选稿最有代表性。选稿子，必须围绕该简报所在机关的职能来确定，主要的选稿原则是"有的放矢"。简报编辑要从大量来稿中挑出好的稿子，需要注意四个问题。

1. 思想要敏感

简报编辑的思想敏感应该表现在三点：一是对中央的方针政策，对上级机关的工作部署和本单位领导的安排，头脑要敏感。既能够迅速理解其精神实质，又能够清醒而敏捷地意识到简报在贯彻落实这些部署中应起的作用。二是对周围的事物，对各方面工作的变化和发展，对各式各样的信息，反应要敏感。既能够条理清楚地把这些情况输入自己的脑海，又能够迅速地反映出简报工作应采取的对策。三是对来稿中反映的动向、火花、事物萌芽，反应要敏感。既能够意识、鉴别，又能够牢牢抓住不放，不让好的线索在自己手中溜走。

2. 看问题要有预见性

工作不是一成不变的，是在不断发展的。作为单位"机关报"的简报，要起到对工作的指导作用，就必须对工作的进程有预见性。也就是说，简报的编辑看问题、审稿子，不能只想到今天、只看到眼前，还要看到明天，还要想到工作的下步发展，这样才能真正抓住符合事物发展方向的先进经验，抓住障碍事物发展的不良倾向，抓住事物发展过程中即将遇到的实际问题，选择出有指导意义的简报来。

3. 判断要准确

简报编辑的水平，很大程度上体现在对稿子的判断能力上。具体来讲，做好稿子的选择工作，应从三个方面搞好判断：一是搞好稿件的真伪和准确程度的判断。也就是通过看稿，对稿件的真实程度，对稿件在政治上、政策上、理论上以及工作上的指导意义正确与否心中有数。二是搞好稿件实际价值的判断。有的来稿所反映的问题抓得很准，写得也很清新；也有的来稿反映问题不突出，缺乏指导意义，简报编辑对这两类稿子是容易鉴别的，是能够迅速做出选择的。但有的稿子拉拉杂杂，往往把有价值的内容淹没在一大堆材料中。对这种稿子，编辑要慧眼识货，能从璞玉中剖露出"和氏璧"来。三是搞好稿件刊发"利与弊"的判断。有些来稿，事情是真实的，观点也是对的，但怎样刊发、什么时候刊发，有的应该掌握一定的火候。特别是一些反映问题的、对工作提出批评的稿子，在刊发时机上，是早发还是晚发"情况简报"，让大家都知道，还是发"情况反映"，只供领导参阅，不扩大宣传范围；在提法和措辞上，掌握什么样的分寸、用什么样的口径，这些都需要简报编辑认真动一番脑筋，积极而稳妥地做出判断。

4. 要灵活掌握稿件的写作质量

有些来稿虽然在质量上差一些，但反映的问题都很重要，材料也是翔实的，就应该考虑编发。必要时，简报编辑还可以亲自动手重写，绝不要仅仅因为文字逊色了一点，就把一些很有价值的文稿抛弃。

（佚名）

任务六 公文的格式

能力要求

任务目标	能力目标	知识结构
掌握公文的基本格式	掌握公文用纸的规定，了解公文的装订规格	公文制作的纸型 公文的装订规格
	掌握公文排版及书写的格式 了解公文中印刷的字号规定	公文的排版 公文的印刷
	掌握公文文件格式的要素构成及制作要求	公文写作应该符合的规范

案例点评

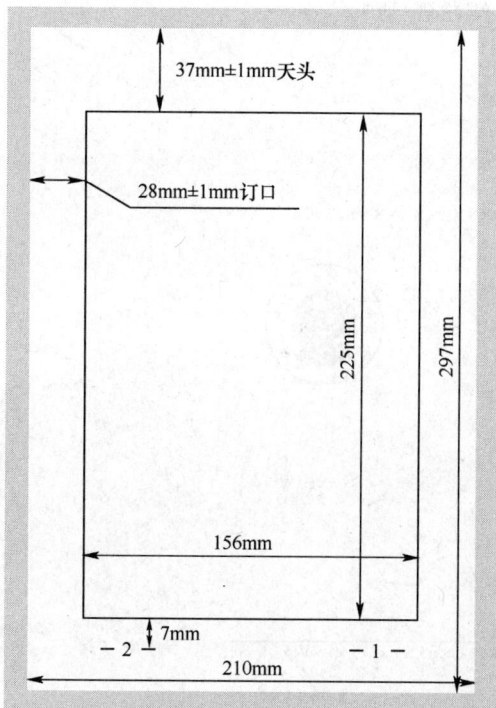

A4 型公文用纸页边及版心尺寸

公文用纸幅面：公文用纸采用 GB/T 148 中规定的 A4 型纸，其成品幅面尺寸为：210mm×297mm

公文页边与版心尺寸：
公文用纸天头（上白边）为 37mm±1mm
公文用纸订口（左白边）为 28mm±1mm
版心尺寸为 156mm×225mm（页码位于版心外）

公文首页版式

版头

主体

000001
机密★1年
特急

×××××文件

××× 〔2012〕10 号

×××××关于×××××的通知

×××××××，

×××××××××××××××××××××
×××××××××××××××××××××
×××××××××××××××××××××
××××.
×××××××××××.

×××××××××××××.
×××××××××××××.
×××××××××××××.
×××××××××××××××××××××

— 1 —

注：版心实线框仅为示意，在印制公文时并不印出。

公文末页版式

×××××××××××××.
×××××××××××××××××××
×××××××××××××××××××
××××××××××.

（×××××）

2012 年 7 月 1 日

版记

抄送：×××××××，×××××××，×××××，×××××××，
×××××.

×××××××× 2012 年 7 月 1 日印发

— 2 —

注：版心实线框仅为示意，在印制公文时并不印出。

知识归纳

党政公文的格式包括公文用纸格式、装订格式和行文格式。下面根据《党政机关公文处理工作条例》《党政机关公文格式》（GB/T9704—2012）（参见知识拓展）的有关规定对公文格式进行说明。

一、公文的纸型和装订规格

公文制作的纸型，一般为国际标准 A4 型纸张，采用左侧装订。通告等公开张贴的公文用纸大小，可视实际需要确定，没有硬性规定。

二、公文的书写格式

如无特殊说明，公文格式各要素一般用 3 号仿宋体字。特定情况可以作适当调整。一般每面排 22 行，每行排 28 个字，并撑满版心。特定情况可以作适当调整。如无特殊说明，公文中文字的颜色均为黑色。

公文版面干净无底灰，字迹清楚无断画，尺寸标准，版心不斜，误差不超过 1mm。双面印刷；页码套正，两面误差不超过 2mm。黑色油墨应当达到色谱所标 BL100%，红色油墨应当达到色谱所标 Y80%、M80%。印品着墨实、均匀；字面不花、不白、无断画。

三、公文的行文格式

根据《党政机关公文格式》的规定，党政公文有通用格式和特定格式两种。特定格式有信函格式、命令（令）格式和纪要格式，都有特定的版式要求。下面主要介绍通用格式。

党政公文格式由版头、主体、版记三部分组成。公文首页红色分隔线以上的部分称为版头；公文首页红色分隔线（不含）以下、公文末页首条分隔线（不含）以上的部分称为主体；公文末页首条分隔线以下、末条分隔线以上的部分称为版记。页码位于版心外。

（一）版头部分

公文的版头，包括份号、密级和保密期限、紧急程度、发文机关标志、发文字号、签发人和版头中的分隔线等项内容。

1. 份号

公文印制份数的顺序号。涉密公文应当标注份号。一般用 6 位 3 号阿拉伯数字，顶格编排在版心左上角第一行。

2. 密级和保密期限

公文的秘密等级和保密的期限。涉密公文应当根据涉密程度分别标注"绝密""机密""秘密"和保密期限。如需标注密级和保密期限，一般用 3 号黑体字，顶格编排在版心左上角第二行；保密期限用阿拉伯数字标注。

3. 紧急程度

公文送达和办理的时限要求。根据紧急程度，紧急公文应当分别标注"特急""加急"，电报应当分别标注"特提""特急""加急""平急"。如需标注紧急程度，一般用 3 号黑体字，顶格编排在版心左上角；如需同时标注份号、密级和保密期限、紧急程度，按照份号、密级和保密期限、紧急程度的顺序自上而下分行排列。

4. 发文机关标志

由发文机关全称或者规范化简称加"文件"二字组成，也可以使用发文机关全称或者规范化简称。联合行文时，发文机关标志可以并用联合发文机关名称，也可以单独用主办机关名称。

发文机关标志居中排布，上边缘至版心上边缘为 35mm，推荐使用小标宋体字，颜色为红色，以醒目、美观、庄重为原则。

联合行文时，如需同时标注联署发文机关名称，一般应当将主办机关名称排列在前；如有"文件"二字，应当置于发文机关名称右侧，以联署发文机关名称为准上下居中排布。

5. 发文字号

由发文机关代字、年份、发文顺序号组成，如国办发〔2014〕9 号。联合行文时，使用主办机关的发文字号。

编排在发文机关标志下空二行位置，居中排布。年份、发文顺序号用阿拉伯数字标注；年份应标全称，用六角括号"〔 〕"括入；发文顺序号不加"第"字，不编虚位（即 1 不编为 01），在阿拉伯数字后加"号"字。

上行文的发文字号居左空一字编排，与最后一个签发人姓名处在同一行。

6. 签发人

上行文应当标注签发人姓名。由"签发人"三字加全角冒号和签发人姓名组成，居右空一字，编排在发文机关标志下空二行位置。"签发人"三字用 3 号仿宋体字，签发人姓名用 3 号楷体字。

如有多个签发人，签发人姓名按照发文机关的排列顺序从左到右、自上而下依次均匀编排，一般每行排两个姓名，回行时与上一行第一个签发人姓名对齐。

7. 版头中的分隔线

发文字号之下 4 mm 处居中印一条与版心等宽的红色分隔线。

（二）主体部分

主体部分包括标题、主送机关、正文、附件说明、发文机关署名、成文日期、印章、附注、附件几个部分。

1. 公文标题

由发文机关名称、事由和文种组成，如《市人民政府关于切实做好退役士兵接收安置工作的通知》。

一般用 2 号小标宋体字，编排于红色分隔线下空二行位置，分一行或多行居中排布；回行时，要做到词意完整、排列对称、长短适宜、间距恰当、标题排列应当使用梯形或菱形。

2. 主送机关

公文的主要受理机关，应当使用机关全称、规范化简称或者同类型机关统称。

编排于标题下空一行位置，居左顶格，回行时仍顶格，最后一个机关名称后标全角冒号。如主送机关名称过多导致公文首页不能显示正文，应当将主送机关名称移至版记。

3. 正文

公文的主体，用来表述公文的内容。除个别极简短的公文外，正文内容一般分开头（又称原由或引据）、事项、结尾三部分。正文内容因文而异，具体撰写要求将在以后介绍。

公文首页必须显示正文。一般用 3 号仿宋体字，编排于主送机关名称下一行，每个自然段左空二字，回行顶格。文中结构层次序数依次可以用"一、""（一）""1.""（1）"标注；一般第一层用黑体字、第二层用楷体字、第三层和第四层用仿宋体字标注。

4. 附件说明

公文附件的顺序号和名称，是用来补充说明公文正文所附的图表或材料。

如有附件，在正文下空一行左空二字编排"附件"二字，后标全角冒号和附件名称。如有多个附件，使用阿拉伯数字标注附件顺序号（如"附件：1.×××××"）；附件名称后不加标点符号。附件名称较长需回行时，应当与上一行附件名称的首字对齐。

5. 发文机关署名

正文末尾右下侧写上发文机关名称，称为发文机关署名，署发文机关全称或者规范化简称。

6. 成文日期

署会议通过或者发文机关负责人签发的日期。联合行文时，署最后签发机关负责人签发的日期。用阿拉伯数字将成文日期中的年、月、日标全，年份应标全称，月、日不编虚位（即 1 不编为 01）。

7. 印章

公文中有发文机关署名的，应当加盖发文机关印章，并与署名机关相符。有特定发文机关标志的普发性公文和电报，可以不加盖印章。

加盖印章的公文：成文日期一般右空四字编排，印章用红色，不得出现空白印章。

单一机关行文时，一般在成文日期之上、以成文日期为准居中编排发文机关署名，印章端正、居中下压发文机关署名和成文日期，使发文机关署名和成文日期居印章中心偏下位置，印章顶端应当上距正文（或附件说明）一行之内。

联合行文时，一般将各发文机关署名按照发文机关顺序整齐排列在相应位置，并将印章一一对应、端正、居中下压发文机关署名，最后一个印章端正、居中下压发文机关署名和成文日期。印章之间排列整齐、互不相交或相切，每排印章两端不得超出版心，首排印章顶端应当上距正文（或附件说明）一行之内。

不加盖印章的公文：单一机关行文时，在正文（或附件说明）下空一行右空二字编排发文机关署名，在发文机关署名下一行编排成文日期，首字比发文机关署名首字右移二字，如成文日期长于发文机关署名，应当使成文日期右空二字编排，并相应增加发文机关署名右空字数。

联合行文时，应当先编排主办机关署名，其余发文机关署名依次向下编排。

加盖签发人签名章的公文：单一机关制发的公文加盖签发人签名章时，在正文（或附件说明）下空两行右空四字加盖签发人签名章，签名章左空二字标注签发人职务，以签名章为准上下居中排布。在签发人签名章下空一行右空四字编排成文日期。

联合行文时，应当先编排主办机关签发人职务、签名章，其余机关签发人职务、签名章依次向下编排，与主办机关签发人职务、签名章上下对齐；每行只编排一个机关的签发人职务、签名章；签发人职务应当标注全称。

签名章一般用红色。

当公文排版后所剩空白处不能容下印章或签发人签名章、成文日期时，可以采取调整行距、字距的措施解决。

8. 附注

公文印发传达范围等需要说明的事项。公文如有附注，居左空两字加圆括号编排在成文日期下一行。

9. 附件

公文正文的说明、补充或者参考资料。附件应当另面编排，并在版记之前与公文正文一起装订。"附件"两字及附件顺序号用 3 号黑体字顶格编排在版心左上角第一行。附件标题居中编排在版心第三行。附件顺序号和附件标题应当与附件说明的表述一致。附件格式要求同正文。

如附件与正文不能一起装订，应当在附件左上角第一行顶格编排公文的发文字号并在其后标注"附件"两字及附件顺序号。

（三）版记部分

版记部分包括版记中的分隔线、抄送机关、印发机关和印发日期、页码等内容。

1. 版记中的分隔线

版记中的分隔线与版心等宽，首条分隔线和末条分隔线用粗线（推荐高度为 0.35mm），中间的分隔线用细线（推荐高度为 0.25mm）。首条分隔线位于版记中第一个要素之上，末条分隔线与公文最后一面的版心下边缘重合。

2. 抄送机关

除主送机关外需要执行或者知晓公文内容的其他机关，应当使用机关全称、规范化简称或者同类型机关统称。

如有抄送机关，一般用 4 号仿宋体字，在印发机关和印发日期之上一行、左右各空一字编排。"抄送"两字后加全角冒号和抄送机关名称，回行时与冒号后的首字对齐，最后一个抄送机关名称后标句号。

如需把主送机关移至版记，除将"抄送"两字改为"主送"外，编排方法同抄送机关。当既有主送机关又有抄送机关时，应当将主送机关置于抄送机关之上一行，之间不加分隔线。

3. 印发机关和印发日期

公文的送印机关和送印日期。印发机关和印发日期一般用 4 号仿宋体字，编排在末条分隔线之上，印发机关左空一字，印发日期右空一字，用阿拉伯数字将年、月、日标全，年份应标全称，月、日不编虚位（即 1 不编为 01），后加"印发"两字。

版记中如有其他要素，应当将其与印发机关和印发日期用一条细分隔线隔开。

4. 页码

公文页数顺序号。一般用 4 号半角宋体阿拉伯数字，编排在公文版心下边缘之下，数字左右各放一条一字线；一字线上距版心下边缘 7mm。单页码居右空一字，双页码居左空一字。公文的版记页前有空白页的，空白页和版记页均不编排页码。公文的附件与正文一起装订时，页码应当连续编排。

实训活动

不定项选择题

1. 公文标题（　　）。

    A. 由发文机关名称、事由和文种组成

    B. 一般用 2 号小标宋体字，编排于红色分隔线下空一行位置，分一行或多行居中排布

    C. 回行时，要做到词意完整、排列对称、长短适宜、间距恰当

    D. 标题排列应当使用梯形或菱形

2. 公文盖印要注意（　　）。

    A. 杜绝空白印章

    B. 印章端正、居中下压发文机关署名和成文日期，使发文机关署名和成文日期居印章中心偏下位置

    C. 印章与正文同处一面

    D. 印章顶端应当上距正文（或附件说明）一行之内

3. 公文如有附件，按顺序应当注明附件的（　　）。

    A. 序号、作者、件数　　　　　　B. 序号、名称、件数

    C. 名称、来源　　　　　　　　　D. 作者、来源

知识拓展

党政机关公文处理工作条例

第一章 总 则

第一条 为了适应中国共产党机关和国家行政机关（以下简称党政机关）工作需要，推进党政机关公文处理工作科学化、制度化、规范化，制定本条例。

第二条 本条例适用于各级党政机关公文处理工作。

第三条 党政机关公文是党政机关实施领导、履行职能、处理公务的具有特定效力和规范体式的文书，是传达贯彻党和国家的方针政策，公布法规和规章，指导、布置和商洽工作，请示和答复问题，报告、通报和交流情况等的重要工具。

第四条 公文处理工作是指公文拟制、办理、管理等一系列相互关联、衔接有序的工作。

第五条 公文处理工作应当坚持实事求是、准确规范、精简高效、安全保密的原则。

第六条 各级党政机关应当高度重视公文处理工作，加强组织领导，强化队伍建设，设立文秘部门或者由专人负责公文处理工作。

第七条 各级党政机关办公厅（室）主管本机关的公文处理工作，并对下级机关的公文处理工作进行业务指导和督促检查。

第二章 公文种类

第八条 公文种类主要有：

（一）决议。适用于会议讨论通过的重大决策事项。

（二）决定。适用于对重要事项作出决策和部署、奖惩有关单位和人员、变更或者撤销下级机关不适当的决定事项。

（三）命令（令）。适用于公布行政法规和规章、宣布施行重大强制性措施、批准授予和晋升衔级、嘉奖有关单位和人员。

（四）公报。适用于公布重要决定或者重大事项。

（五）公告。适用于向国内外宣布重要事项或者法定事项。

（六）通告。适用于在一定范围内公布应当遵守或者周知的事项。

（七）意见。适用于对重要问题提出见解和处理办法。

（八）通知。适用于发布、传达要求下级机关执行和有关单位周知或者执行的事项，批转、转发公文。

（九）通报。适用于表彰先进、批评错误、传达重要精神和告知重要情况。

（十）报告。适用于向上级机关汇报工作、反映情况，回复上级机关的询问。

（十一）请示。适用于向上级机关请求指示、批准。

（十二）批复。适用于答复下级机关请示事项。

（十三）议案。适用于各级人民政府按照法律程序向同级人民代表大会或者人民代表大会常务委员会提请审议事项

（十四）函。适用于不相隶属机关之间商洽工作、询问和答复问题、请求批准和答复审批事项。

（十五）纪要。适用于记载会议主要情况和议定事项。

第三章 公文格式

第九条 公文一般由份号、密级和保密期限、紧急程度、发文机关标志、发文字号、签发人、标题、主送机关、正文、附件说明、发文机关署名、成文日期、印章、附注、附件、抄送机关、印发机关和印发日期、页码等组成。

（一）份号。公文印制份数的顺序号。涉密公文应当标注份号。

（二）密级和保密期限。公文的秘密等级和保密的期限。涉密公文应当根据涉密程度分别标注"绝密""机密""秘密"和保密期限。

（三）紧急程度。公文送达和办理的时限要求。根据紧急程度，紧急公文应当分别标注"特急""加急"，电报应当分别标注"特提""特急""加急""平急"。

（四）发文机关标志。由发文机关全称或者规范化简称加"文件"二字组成，也可以使用发文机关全称或者规范化简称。联合行文时，发文机关标志可以并用联合发文机关名称，也可以单独用主办机关名称。

（五）发文字号。由发文机关代字、年份、发文顺序号组成。联合行文时，使用主办机关的发文字号。

（六）签发人。上行文应当标注签发人姓名。

（七）标题。由发文机关名称、事由和文种组成。

（八）主送机关。公文的主要受理机关，应当使用机关全称、规范化简称或者同类型机关统称。

（九）正文。公文的主体，用来表述公文的内容。

（十）附件说明。公文附件的顺序号和名称。

（十一）发文机关署名。署发文机关全称或者规范化简称。

（十二）成文日期。署会议通过或者发文机关负责人签发的日期。联合行文时，署最后签发机关负责人签发的日期。

（十三）印章。公文中有发文机关署名的，应当加盖发文机关印章，并与署名机关相符。有特定发文机关标志的普发性公文和电报可以不加盖印章。

（十四）附注。公文印发传达范围等需要说明的事项。

（十五）附件。公文正文的说明、补充或者参考资料。

（十六）抄送机关。除主送机关外需要执行或者知晓公文内容的其他机关，应当使用机关全称、规范化简称或者同类型机关统称。

（十七）印发机关和印发日期。公文的送印机关和送印日期。

（十八）页码。公文页数顺序号。

第十条　公文的版式按照《党政机关公文格式》国家标准执行。

第十一条　公文使用的汉字、数字、外文字符、计量单位和标点符号等，按照有关国家标准和规定执行。民族自治地方的公文，可以并用汉字和当地通用的少数民族文字。

第十二条　公文用纸幅面采用国际标准 A4 型。特殊形式的公文用纸幅面，根据实际需要确定。

第四章　行文规则

第十三条　行文应当确有必要，讲求实效，注重针对性和可操作性。

第十四条　行文关系根据隶属关系和职权范围确定。一般不得越级行文，特殊情况需要越级行文的，应当同时抄送被越过的机关。

第十五条　向上级机关行文，应当遵循以下规则。

（一）原则上主送一个上级机关，根据需要同时抄送相关上级机关和同级机关，不抄送下级机关。

（二）党委、政府的部门向上级主管部门请示、报告重大事项，应当经本级党委、政府同意或者授权；属于部门职权范围内的事项应当直接报送上级主管部门。

（三）下级机关的请示事项，如需以本机关名义向上级机关请示，应当提出倾向性意见后上报，不得原文转报上级机关。

（四）请示应当一文一事。不得在报告等非请示性公文中夹带请示事项。

（五）除上级机关负责人直接交办事项外，不得以本机关名义向上级机关负责人报送公文，不得以本机关负责人名义向上级机关报送公文。

（六）受双重领导的机关向一个上级机关行文，必要时抄送另一个上级机关。

第十六条　向下级机关行文，应当遵循以下规则。

（一）主送受理机关，根据需要抄送相关机关。重要行文应当同时抄送发文机关的直接上级机关。

（二）党委、政府的办公厅（室）根据本级党委、政府授权，可以向下级党委、政府行文，其他部门和单位不得向下级党委、政府发布指令性公文或者在公文中向下级党委、政府提出指令性要求。需经政府审批的具体事项，经政府同意后可以由政府职能部门行文，文中须注明已经政府同意。

（三）党委、政府的部门在各自职权范围内可以向下级党委、政府的相关部门行文。

（四）涉及多个部门职权范围内的事务，部门之间未协商一致的，不得向下行文；擅自行文的，上级机关应当责令其纠正或者撤销。

（五）上级机关向受双重领导的下级机关行文，必要时抄送该下级机关的另一个上级机关。

第十七条　同级党政机关、党政机关与其他同级机关必要时可以联合行文。属于党委、政府各自职权范围内的工作，不得联合行文。

党委、政府的部门依据职权可以相互行文。

部门内设机构除办公厅（室）外不得对外正式行文。

第五章　公文拟制

第十八条　公文拟制包括公文的起草、审核、签发等程序。

第十九条　公文起草应当做到：

（一）符合党的理论路线方针政策和国家法律法规，完整准确体现发文机关意图，并同现行有关公文相衔接。

（二）一切从实际出发，分析问题实事求是，所提政策措施和办法切实可行。

（三）内容简洁，主题突出，观点鲜明，结构严谨，表述准确，文字精练。

（四）文种正确，格式规范。

（五）深入调查研究，充分进行论证，广泛听取意见。

（六）公文涉及其他地区或者部门职权范围内的事项，起草单位必须征求相关地区或者部门意见，力求达成一致。

（七）机关负责人应当主持、指导重要公文起草工作。

第二十条　公文文稿签发前，应当由发文机关办公厅（室）进行审核。审核的重点是：

（一）行文理由是否充分，行文依据是否准确。

（二）内容是否符合党的理论路线方针政策和国家法律法规；是否完整准确体现发文机关意图；是否同现行有关公文相衔接；所提政策措施和办法是否切实可行。

（三）涉及有关地区或者部门职权范围内的事项是否经过充分协商并达成一致意见。

（四）文种是否正确，格式是否规范；人名、地名、时间、数字、段落顺序、引文等是否准确；文字、数字、计量单位和标点符号等用法是否规范。

（五）其他内容是否符合公文起草的有关要求。

需要发文机关审议的重要公文文稿，审议前由发文机关办公厅（室）进行初核。

第二十一条　经审核不宜发文的公文文稿，应当退回起草单位并说明理由；符合发文条件但内容需作进一步研究和修改的，由起草单位修改后重新报送。

第二十二条　公文应当经本机关负责人审批签发。重要公文和上行文由机关主要负责人签发。党委、政府的办公厅（室）根据党委、政府授权制发的公文，由授权机关主要负责人签发或者按照有关规定签发。签发人签发公文，应当签署意见、姓名和完整日期；圈阅或者签名的，视为同意。联合发文由所有联署机关的负责人会签。

第六章　公文办理

第二十三条　公文办理包括收文办理、发文办理和整理归档。

第二十四条　收文办理主要程序是：

（一）签收。对收到的公文应当逐件清点，核对无误后签字或者盖章，并注明签收时间。

（二）登记。对公文的主要信息和办理情况应当详细记载。

（三）初审。对收到的公文应当进行初审。初审的重点是：是否应当由本机关办理，是否符合行文规则，文种、格式是否符合要求，涉及其他地区或者部门职权范围内的事项是否已经协商、会签，是否符合公文起草的其他要求。经初审不符合规定的公文，应当及时退回来文单位并说明理由。

（四）承办。阅知性公文应当根据公文内容、要求和工作需要确定范围后分送。批办性公文应当提出拟办意见报本机关负责人批示或者转有关部门办理；需要两个以上部门办理的，应当明确主办部门。紧急公文应当明确办理时限。承办部门对交办的公文应当及时办理，有明确办理时限要求的应当在规定时限内办理完毕。

（五）传阅。根据领导批示和工作需要将公文及时送传阅对象阅知或者批示。办理公文传阅应当随时掌握公文去向，不得漏传、误传、延误。

（六）催办。及时了解掌握公文的办理进展情况，督促承办部门按期办结。紧急公文或者重要公文应当由专人负责催办。

（七）答复。公文的办理结果应当及时答复来文单位，并根据需要告知相关单位。

第二十五条　发文办理主要程序是：

（一）复核。已经发文机关负责人签批的公文，印发前应当对公文的审批手续、内容、文种、格式等进行复核；需作实质性修改的，应当报原签批人复审。

（二）登记。对复核后的公文，应当确定发文字号、分送范围和印制份数并详细记载。

（三）印制。公文印制必须确保质量和时效。涉密公文应当在符合保密要求的场所印制。

（四）核发。公文印制完毕，应当对公文的文字、格式和印刷质量进行检查后分发。

第二十六条　涉密公文应当通过机要交通、邮政机要通信、城市机要文件交换站或者收发件机关机要收发人员进行传递，通过密码电报或者符合国家保密规定的计算机信息系统进行传输。

第二十七条　需要归档的公文及有关材料，应当根据有关档案法律法规以及机关档案管理规定，及时收集齐全、整理归档。两个以上机关联合办理的公文，原件由主办机关归档，相关机关保存复制件。机关负责人兼任其他机关职务的，在履行所兼职务过程中形成的公文，由其兼职机关归档。

第七章　公文管理

第二十八条　各级党政机关应当建立健全本机关公文管理制度，确保管理严格规范，充分发挥公文效用。

第二十九条　党政机关公文由文秘部门或者专人统一管理。设立党委（党组）的县级以上单位应当建立机要保密室和机要阅文室，并按照有关保密规定配备工作人员和必要的安全保密设施设备。

第三十条　公文确定密级前，应当按照拟定的密级先行采取保密措施。确定密级后，应当按照所定密级严格管理。绝密级公文应当由专人管理。

公文的密级需要变更或者解除的，由原确定密级的机关或者其上级机关决定。

第三十一条　公文的印发传达范围应当按照发文机关的要求执行；需要变更的，应当经发文机关批准。

涉密公文公开发布前应当履行解密程序。公开发布的时间、形式和渠道，由发文机关确定。

经批准公开发布的公文，同发文机关正式印发的公文具有同等效力。

第三十二条　复制、汇编机密级、秘密级公文，应当符合有关规定并经本机关负责人批准。绝密级公文一般不得复制、汇编，确有工作需要的，应当经发文机关或者其上级机关批准。复制、汇编的公文视同原件管理。

复制件应当加盖复制机关戳记。翻印件应当注明翻印的机关名称、日期。汇编本的密级按照编入公文的最高密级标注。

第三十三条　公文的撤销和废止，由发文机关、上级机关或者权力机关根据职权范围和有关法律法规决定。公文被撤销的，视为自始无效；公文被废止的，视为自废止之日起失效。

第三十四条　涉密公文应当按照发文机关的要求和有关规定进行清退或者销毁。

第三十五条　不具备归档和保存价值的公文，经批准后可以销毁。销毁涉密公文必须严格按照有关规定履行审批登记手续，确保不丢失、不漏销。个人不得私自销毁、留存涉密公文。

第三十六条　机关合并时，全部公文应当随之合并管理；机关撤销时，需要归档的公文经整理后按照有关规定移交档案管理部门。

工作人员离岗离职时，所在机关应当督促其将暂存、借用的公文按照有关规定移交、清退。

第三十七条　新设立的机关应当向本级党委、政府的办公厅（室）提出发文立户申请。经审查符合条件的，列为发文单位，机关合并或者撤销时，相应进行调整。

第八章 附 则

第三十八条 党政机关公文含电子公文。电子公文处理工作的具体办法另行制定。

第三十九条 法规、规章方面的公文，依照有关规定处理。外事方面的公文，依照外事主管部门的有关规定处理。

第四十条 其他机关和单位的公文处理工作，可以参照本条例执行。

第四十一条 本条例由中共中央办公厅、国务院办公厅负责解释。

第四十二条 本条例自 2012 年 7 月 1 日起施行。1996 年 5 月 3 日中共中央办公厅发布的《中国共产党机关公文处理条例》和 2000 年 8 月 24 日国务院发布的《国家行政机关公文处理办法》停止执行。

党政机关公文格式

1 范围

本标准规定了党政机关公文通用的纸张要求、排版和印制装订要求、公文格式各要素的编排规则，并给出了公文的式样。

本标准适用于各级党政机关制发的公文。其他机关和单位的公文可以参照执行。

使用少数民族文字印制的公文，其用纸、幅面尺寸及版面、印制等要求按照本标准执行，其余可以参照本标准并按照有关规定执行。

2 规范性引用文件

下列文件对于本标准的应用是必不可少的。凡是注日期的引用文件，仅所注日期的版本适用于本标准。凡是不注日期的引用文件，其最新版本（包括所有的修改单）适用于本标准。

GB/T 148 印刷、书写和绘图纸幅面尺寸

GB 3100 国际单位制及其应用

GB 3101 有关量、单位和符号的一般原则

GB 3102（所有部分）量和单位

GB/T 15834 标点符号用法

GB/T 15835 出版物上数字用法

3 术语和定义

下列术语和定义适用于本标准。

3.1 字 word

标示公文中横向距离的长度单位。在本标准中，一字指一个汉字宽度的距离。

3.2 行 line

标示公文中纵向距离的长度单位。在本标准中，一行指一个汉字的高度加 3 号汉字高度 7/8 的距离。

4 公文用纸主要技术指标

公文用纸一般使用纸张定量为 $60\sim80\,g/m^2$ 的胶版印刷纸或复印纸。纸张白度 80%～90%，横向耐折度 ≥15 次，不透明度 ≥85%，pH 值为 7.5～9.5。

5 公文用纸幅面尺寸及版面要求

5.1 幅面尺寸

公文用纸采用 GB/T 148 中规定的 A4 型纸，其成品幅面尺寸为：210 mm×297 mm。

5.2 版面

5.2.1 页边与版心尺寸

公文用纸天头（上白边）为 37 mm ± 1 mm，公文用纸订口（左白边）为 28mm ± 1mm，版心尺寸为 156 mm×225 mm。

5.2.2 字体和字号

如无特殊说明，公文格式各要素一般用 3 号仿宋体字。特定情况可以作适当调整。

5.2.3 行数和字数

一般每面排 22 行，每行排 28 个字，并撑满版心。特定情况可以作适当调整。

5.2.4 文字的颜色

如无特殊说明，公文中文字的颜色均为黑色。

6 印制装订要求

6.1 制版要求

版面干净无底灰，字迹清楚无断画，尺寸标准，版心不斜，误差不超过 1 mm。

6.2 印刷要求

双面印刷；页码套正，两面误差不超过 2mm。黑色油墨应当达到色谱所标 BL100%，红色油墨应当达到色谱所标 Y80%、M80%。印品着墨实、均匀；字面不花、不白、无断画。

6.3 装订要求

公文应当左侧装订，不掉页，两页页码之间误差不超过 4 mm，裁切后的成品尺寸允许误差 ±2mm，四角成 90°，无毛茬或缺损。

骑马订或平订的公文应当：

a）订位为两钉外订眼距版面上下边缘各 70 mm 处，允许误差 ±4mm；

b）无坏钉、漏钉、重钉，钉脚平伏牢固；

c）骑马订钉锯均订在折缝线上，平订钉锯与书脊间的距离为 3～5mm。

包本装订公文的封皮（封面、书脊、封底）与书芯应吻合、包紧、包平、不脱落。

7 公文格式各要素编排规则

7.1 公文格式各要素的划分

本标准将版心内的公文格式各要素划分为版头、主体、版记三部分。公文首页红色分隔线以上的部分称为版头；公文首页红色分隔线（不含）以下、公文末页首条分隔线（不含）以上的部分称为主体；公文末页首条分隔线以下、末条分隔线以上的部分称为版记。

页码位于版心外。

7.2 版头

7.2.1 份号

如需标注份号，一般用 6 位 3 号阿拉伯数字，顶格编排在版心左上角第一行。

7.2.2 密级和保密期限

如需标注密级和保密期限，一般用 3 号黑体字，顶格编排在版心左上角第二行；保密期限中的数字用阿拉伯数字标注。

7.2.3 紧急程度

如需标注紧急程度，一般用 3 号黑体字，顶格编排在版心左上角；如需同时标注份号、密级和保密期限、紧急程度，按照份号、密级和保密期限、紧急程度的顺序自上而下分行排列。

7.2.4 发文机关标志

由发文机关全称或者规范化简称加"文件"二字组成，也可以使用发文机关全称或者规范化简称。

发文机关标志居中排布，上边缘至版心上边缘为 35mm，推荐使用小标宋体字，颜色为红色，以醒目、美观、庄重为原则。

联合行文时，如需同时标注联署发文机关名称，一般应当将主办机关名称排列在前；如有"文件"二字，应当置于发文机关名称右侧，以联署发文机关名称为准上下居中排布。

7.2.5 发文字号

编排在发文机关标志下空二行位置，居中排布。年份、发文顺序号用阿拉伯数字标注；年份应标全称，用六角括号"〔〕"括入；发文顺序号不加"第"字，不编虚位（即 1 不编为 01），在阿拉伯数字后加"号"字。

上行文的发文字号居左空一字编排，与最后一个签发人姓名处在同一行。

7.2.6 签发人

由"签发人"三字加全角冒号和签发人姓名组成，居右空一字，编排在发文机关标志下空二行位置。"签发人"三字用 3 号仿宋体字，签发人姓名用 3 号楷体字。

如有多个签发人，签发人姓名按照发文机关的排列顺序从左到右、自上而下依次均匀编排，一般每行排两个姓名，回行时与上一行第一个签发人姓名对齐。

7.2.7 版头中的分隔线

发文字号之下 4 mm 处居中印一条与版心等宽的红色分隔线。

7.3 主体

7.3.1 标题

一般用 2 号小标宋体字，编排于红色分隔线下空二行位置，分一行或多行居中排布；回行时，要做到词意完整，排列对称、长短适宜、间距恰当，标题排列应当使用梯形或菱形。

7.3.2 主送机关

编排于标题下空一行位置，居左顶格，回行时仍顶格，最后一个机关名称后标全角冒号。如主送机关名称过多导致公文首页不能显示正文时，应当将主送机关名称移至版记，标注方法见 7.4.2。

7.3.3 正文

公文首页必须显示正文。一般用 3 号仿宋体字，编排于主送机关名称下一行，每个自然段左空二字，回行顶格。文中结构层次序数依次可以用"一、""（一）""1.""（1）"标注；一般第一层用黑体字、第二层用楷体字、第三层和第四层用仿宋体字标注。

7.3.4 附件说明

如有附件，在正文下空一行左空二字编排"附件"二字，后标全角冒号和附件名称。如有多个附件，使用阿拉伯数字标注附件顺序号（如"附件：1. ×××××"）；附件名称后不加标点符号。附件名称较长需回行时，应当与上一行附件名称的首字对齐。

7.3.5 发文机关署名、成文日期和印章

7.3.5.1 加盖印章的公文

成文日期一般右空四字编排，印章用红色，不得出现空白印章。

单一机关行文时，一般在成文日期之上、以成文日期为准居中编排发文机关署名，印章端正、居中下压发文机关署名和成文日期，使发文机关署名和成文日期居印章中心偏下位置，印章顶端应当上距正文（或附件说明）一行之内。

联合行文时，一般将各发文机关署名按照发文机关顺序整齐排列在相应位置，并将印章一一对应、端正、居中下压发文机关署名，最后一个印章端正、居中下压发文机关署名和成文日期，印章之间排列整齐、互不相交或相切，每排印章两端不得超出版心，首排印章顶端应当上距正文（或附件说明）一行之内。

7.3.5.2 不加盖印章的公文

单一机关行文时，在正文（或附件说明）下空一行右空二字编排发文机关署名，在发文机关署名下一行编排成文日期，首字比发文机关署名首字右移二字，如成文日期长于发文机关署名，应当使成文日期右空二字编

排，并相应增加发文机关署名右空字数。

联合行文时，应当先编排主办机关署名，其余发文机关署名依次向下编排。

7.3.5.3　加盖签发人签名章的公文

单一机关制发的公文加盖签发人签名章时，在正文（或附件说明）下空二行右空四字加盖签发人签名章，签名章左空二字标注签发人职务，以签名章为准上下居中排布。在签发人签名章下空一行右空四字编排成文日期。

联合行文时，应当先编排主办机关签发人职务、签名章，其余机关签发人职务、签名章依次向下编排，与主办机关签发人职务、签名章上下对齐；每行只编排一个机关的签发人职务、签名章；签发人职务应当标注全称。

签名章一般用红色。

7.3.5.4　成文日期中的数字

用阿拉伯数字将年、月、日标全，年份应标全称，月、日不编虚位（即 1 不编为 01）。

7.3.5.5　特殊情况说明

当公文排版后所剩空白处不能容下印章或签发人签名章、成文日期时，可以采取调整行距、字距的措施解决。

7.3.6　附注

如有附注，居左空二字加圆括号编排在成文日期下一行。

7.3.7　附件

附件应当另面编排，并在版记之前，与公文正文一起装订。"附件"二字及附件顺序号用 3 号黑体字顶格编排在版心左上角第一行。附件标题居中编排在版心第三行。附件顺序号和附件标题应当与附件说明的表述一致。附件格式要求同正文。

如附件与正文不能一起装订，应当在附件左上角第一行顶格编排公文的发文字号并在其后标注"附件"二字及附件顺序号。

7.4　版记

7.4.1　版记中的分隔线

版记中的分隔线与版心等宽，首条分隔线和末条分隔线用粗线（推荐高度为 0.35 mm），中间的分隔线用细线（推荐高度为 0.25mm）。首条分隔线位于版记中第一个要素之上，末条分隔线与公文最后一面的版心下边缘重合。

7.4.2　抄送机关

如有抄送机关，一般用 4 号仿宋体字，在印发机关和印发日期之上一行、左右各空一字编排。"抄送"二字后加全角冒号和抄送机关名称，回行时与冒号后的首字对齐，最后一个抄送机关名称后加句号。

如需把主送机关移至版记，除将"抄送"二字改为"主送"外，编排方法同抄送机关。既有主送机关又有抄送机关时，应当将主送机关置于抄送机关之上一行，之间不加分隔线。

7.4.3　印发机关和印发日期

印发机关和印发日期一般用 4 号仿宋体字，编排在末条分隔线之上，印发机关左空一字，印发日期右空一字，用阿拉伯数字将年、月、日标全，年份应标全称，月、日不编虚位（即 1 不编为 01），后加"印发"二字。

版记中如有其他要素，应当将其与印发机关和印发日期用一条细分隔线隔开。

7.5　页码

一般用 4 号半角宋体阿拉伯数字，编排在公文版心下边缘之下，数字左右各放一条一字线；一字线上距版心下边缘 7 mm。单页码居右空一字，双页码居左空一字。公文的版记页前有空白页的，空白页和版记页均不编排页码。公文的附件与正文一起装订时，页码应当连续编排。

8 公文中的横排表格

A4 纸型的表格横排时，页码位置与公文其他页码保持一致，单页码表头在订口一边，双页码表头在切口一边。

9 公文中计量单位、标点符号和数字的用法

公文中计量单位的用法应当符合 GB 3100、GB 3101 和 GB 3102（所有部分），标点符号的用法应当符合 GB/T 15834，数字的用法应当符合 GB/T 15835。

10 公文的特定格式

10.1 信函格式

发文机关标志使用发文机关全称或者规范化简称，居中排布，上边缘至上页边为 30mm，推荐使用红色小标宋体字。联合行文时，使用主办机关标志。

发文机关标志下 4 mm 处印一条红色双线（上粗下细），距下页边 20 mm 处印一条红色双线（上细下粗），线长均为 170 mm，居中排布。

如需标注份号、密级和保密期限、紧急程度，应当顶格居版心左边缘编排在第一条红色双线下，按照份号、密级和保密期限、紧急程度的顺序自上而下分行排列，第一个要素与该线的距离为 3 号汉字高度的 7/8。

发文字号顶格居版心右边缘编排在第一条红色双线下，与该线的距离为 3 号汉字高度的 7/8。

标题居中编排，与其上最后一个要素相距二行。

第二条红色双线上一行如有文字，与该线的距离为 3 号汉字高度的 7/8。

首页不显示页码。

版记不加印发机关和印发日期、分隔线，位于公文最后一面版心内最下方。

10.2 命令（令）格式

发文机关标志由发文机关全称加"命令"或"令"字组成，居中排布，上边缘至版心上边缘为 20 mm，推荐使用红色小标宋体字。

发文机关标志下空二行居中编排令号，令号下空二行编排正文。

签发人职务、签名章和成文日期的编排见 7.3.5.3。

10.3 纪要格式

纪要标志由"×××××纪要"组成，居中排布，上边缘至版心上边缘为 35 mm，推荐使用红色小标宋体字。

标注出席人员名单，一般用 3 号黑体字，在正文或附件说明下空一行左空二字编排"出席"二字，后标全角冒号，冒号后用 3 号仿宋体字标注出席人单位、姓名，回行时与冒号后的首字对齐。

标注请假和列席人员名单，除依次另起一行并将"出席"二字改为"请假"或"列席"外，编排方法同出席人员名单。

纪要格式可以根据实际制定。

11 式样

A4 型公文用纸页边及版心尺寸见图 1；公文首页版式见图 2；联合行文公文首页版式 1 见图 3；联合行文公文首页版式 2 见图 4；公文末页版式 1 见图 5；公文末页版式 2 见图 6；联合行文公文末页版式 1 见图 7；联合行文公文末页版式 2 见图 8；附件说明页版式见图 9；带附件公文末页版式见图 10；信函格式首页版式见图 11；命令（令）格式首页版式见图 12。

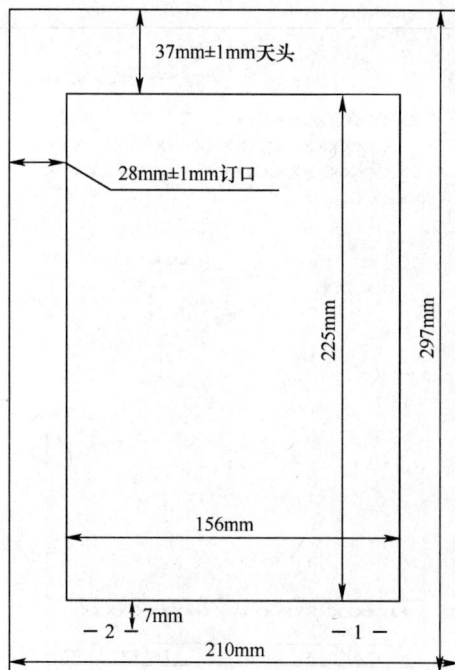

图1 A4型公文用纸页边及版心尺寸

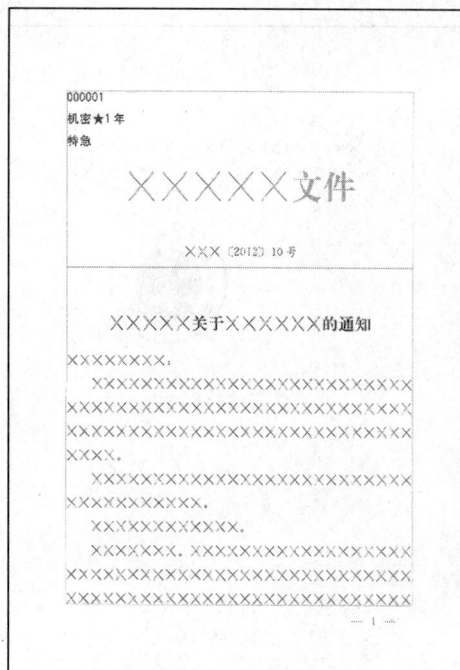

图2 公文首页版式

注：版心实线框仅为示意，在印制公文时并不印出（下同）。

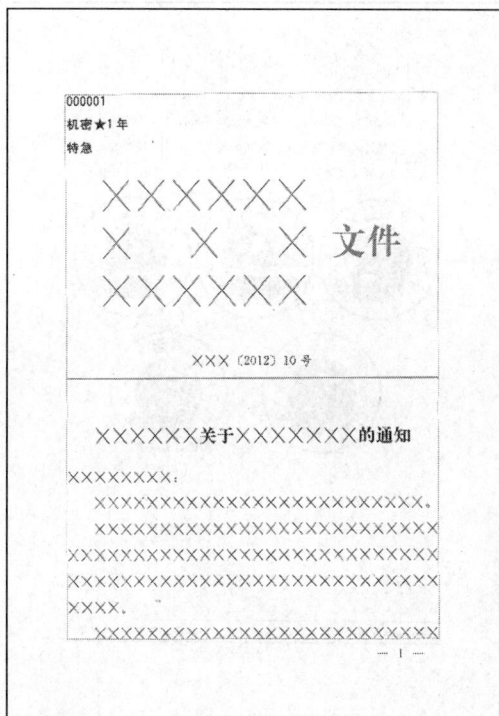

图3 联合行文公文首页版式1

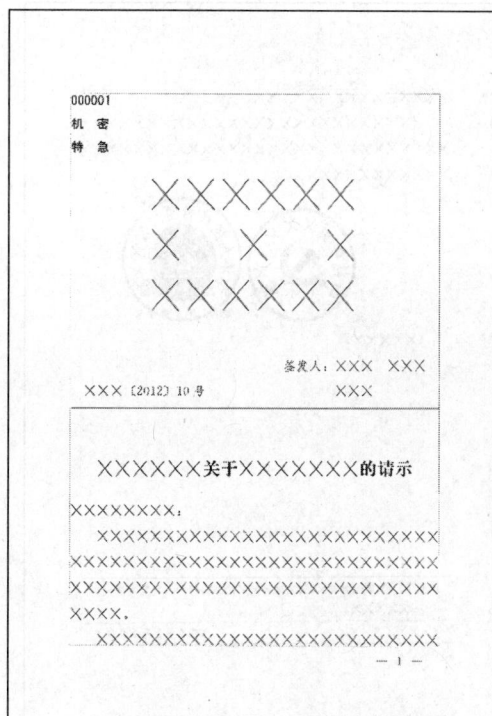

图4 联合行文公文首页版式2

图5　公文末页版式1

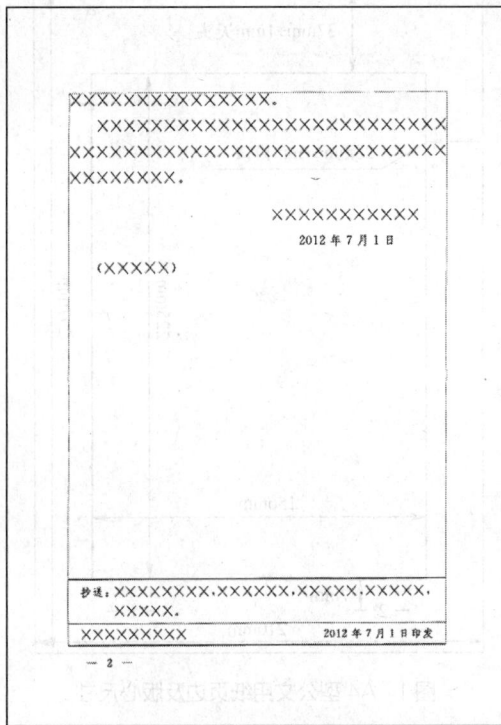

图6　公文末页版式2

图7　联合公文末页版式1

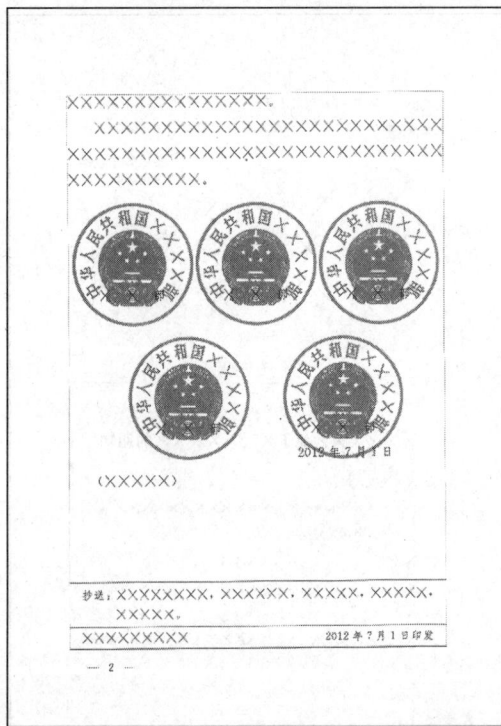

图8　联合公文末页版式2

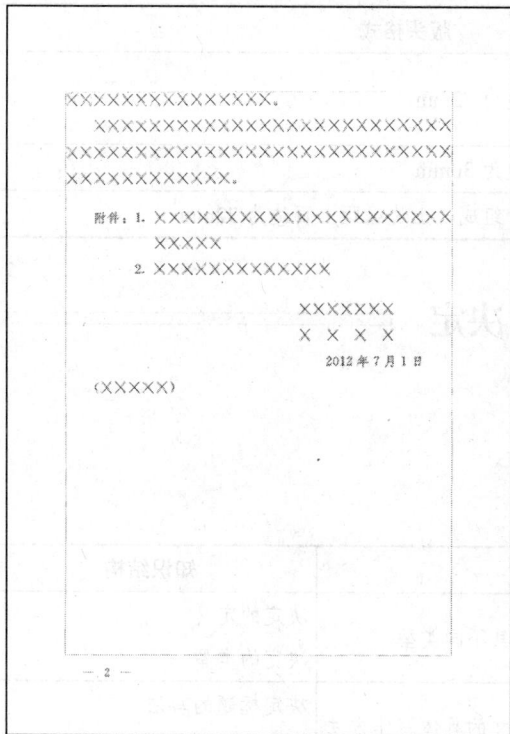

图9 附件说明页版式

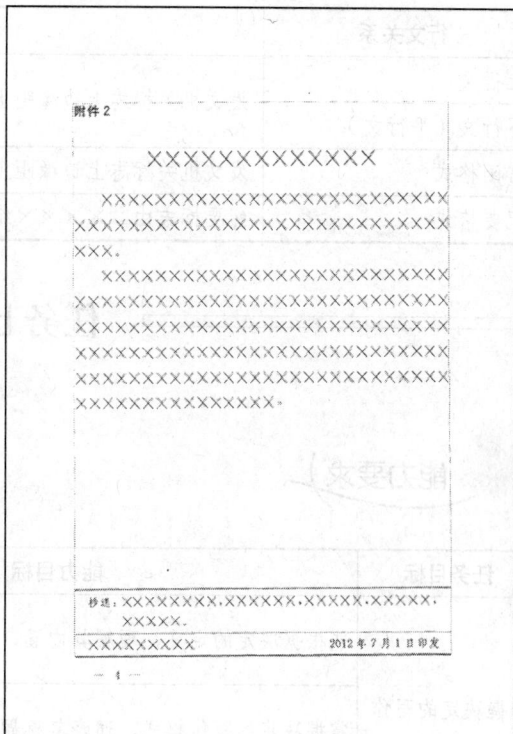

图10 带附件公文末页版式

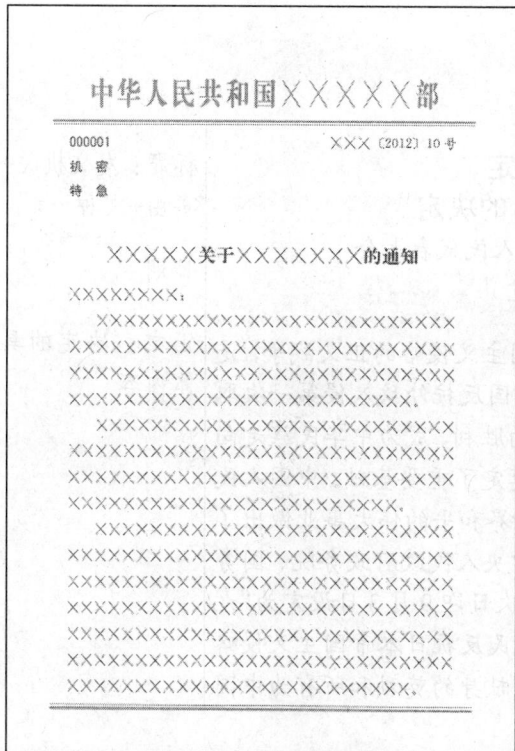

图11 信函格式首页版式

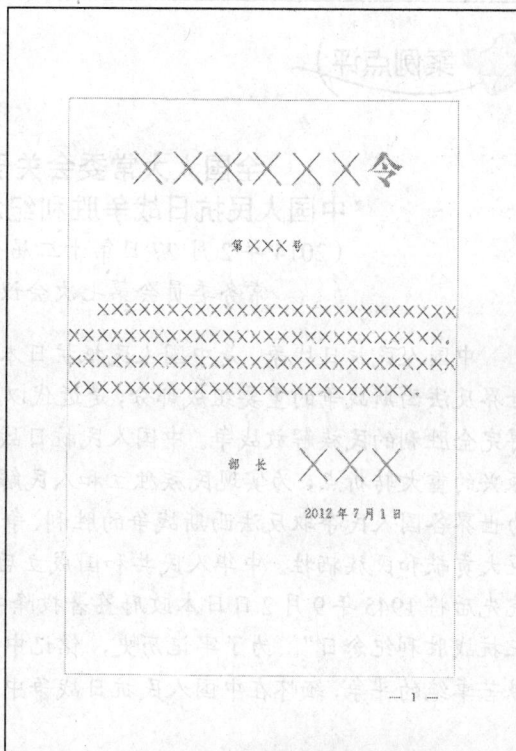

图12 命令（令）格式首页版式

版头格式列表

行文关系	版头格式
上行文	发文机关标志上边缘距上页边为 72mm
下行文（平行文）	
信函格式	发文机关标志上边缘距上页边为 30mm
纪要格式	纪要标志由 "××××纪要" 组成，上边缘距上页边为 72mm

任务七 决定

能力要求

任务目标	能力目标	知识结构
掌握决定的写作	能根据决定的定义，理解其内涵、区分其不同类型	决定的定义 决定的类型
	掌握决定的写作格式，通晓其标题、正文的具体写作方法	决定标题的写法 正文结构的具体内容
	领会决定的写作要求	写决定应注意的问题

案例点评

全国人大常委会关于确定
中国人民抗日战争胜利纪念日的决定①

（2014 年 2 月 27 日第十二届全国人民代表大会
常务委员会第七次会议通过）

标题：发文机关+
事由+文种

日期

正文：决定的具
体内容

中国人民抗日战争，是中国人民抵抗日本帝国主义侵略的正义战争，是世界反法西斯战争的重要组成部分，是近代以来中国反抗外敌入侵第一次取得完全胜利的民族解放战争。中国人民抗日战争的胜利，成为中华民族走向振兴的重大转折点，为实现民族独立和人民解放奠定了重要基础。中国人民为世界各国人民夺取反法西斯战争的胜利、争取世界和平的伟大事业做出了巨大贡献和民族牺牲。中华人民共和国成立后，中央人民政府政务院、国务院先后将 1945 年 9 月 2 日本政府签署投降书的次日即 9 月 3 日设定为 "九三抗战胜利纪念日"。为了牢记历史，铭记中国人民反抗日本帝国主义侵略艰苦卓绝的斗争，缅怀在中国人民抗日战争中英勇献身的英烈和所有为中国

---

① 摘自中国人大网，链接为 http://www.npc.gov.cn/npc/xinwen/2014-02/28/content_1832812.htm。

人民抗日战争胜利做出贡献的人们，彰显中国人民抗日战争在世界反法西斯战争中的重要地位，表明中国人民坚决维护国家主权、领土完整和世界和平的坚定立场，弘扬以爱国主义为核心的伟大民族精神，激励全国各族人民为实现中华民族伟大复兴的中国梦而共同奋斗，第十二届全国人民代表大会常务委员会第七次会议决定：

将 9 月 3 日确定为中国人民抗日战争胜利纪念日。每年 9 月 3 日国家举行纪念活动。

上例是一份全国人民代表大会常务委员会关于设立抗日战争胜利纪念日的决定。全文内容明确，条理清晰，结构简明。

知识归纳

决定是对重要事项作出决策和部署、奖惩有关单位和人员、变更或者撤销下级机关不适当的决定事项的下行公文。决定的使用范围较广，国家机关可以使用，基层单位也可以使用。决定按其内容的不同，大致可分为四种：重要事项决定、重大行动安排决定、法规性决定以及表彰或处分决定。

一、决定的格式

决定由标题与日期、正文和结尾组成。

1. 标题与日期

决定的标题，一般要求完整地写出发文机关、事由和文种三个要素；但有时也可由发文机关、文种构成，如《全国人民代表大会常务委员会决定》。

决定的日期，即会议通过或领导签发此项决定的日期。它写在标题之下，外用括号。重大法规性的决定，还需注明通过该决定的机关、日期和生效日期。文末不再注明。

2. 正文

宣布法规、重要事项安排、机构设置、人事安排等决定的正文，由两部分组成：一是作出决定的根据、原因、目的、意义；二是决定的重要事项。要求行文简短，直陈直述，不必分析。

对某项工作或重大行动作出安排的决定，内容丰富，行文较复杂。通常由决定缘由、决定内容和执行要求三部分组成。决定内容是全文重点，如果涉及材料多，一般采用分条式或分题式表述。要求行文眉目清楚，用语确切明了，便于有关人员把握和执行。

3. 结尾

在决定的正文之后，可写"本决定自发布之日起施行"，通常不写成文日期和发文单位。见诸报刊时，可在文末署发文机关名。

二、决定的写作要求

决定的写作有以下几项要求。

（1）标题要完整、规范。如作为党的代表大会，一般不用简称，而要用全称，以示庄重；党的委员会全体会议名称则常用简称。

（2）时间标注要准确。决定的时间标注要注意两个问题：一是成文日期要以会议通过的日期或领导人签发日期为准，不能以起草或打印的时间为成文时间。二是决定的时间一般要标注在标题下方，可用括号括起来。决定的时间不能标在文尾，因为决定一般不写抬头和落款。

（3）原由要准确、合理。决定的原由是事项的依据、理由。写作时要注意交代清楚，简明扼要，有理有据，令人信服。泛泛而谈、根据不足、说理不清的原由没有说服力，不可取。

（4）事项要明确、清楚。一般来说，内容比较复杂的决定，事项要一条一条地表述，把主要的、重要的放在前面，次要的放在后面。结构要合理，层次要分明，内容要合乎逻辑。

实训活动

一、选择题

1. 中共中央办公厅、国务院办公厅 2012 年 4 月 16 日发布，2012 年 7 月 1 日起施行的《党政机关公文处理工作条例》规定党政机关公文有（   ）。

    A. 十二类十三种   B. 十三类   C. 十四种   D. 十五种

2. 下列哪个事由，根据《条例》不可以使用"决定"（   ）。

    A. 严惩严重破坏社会治安的犯罪分子的工作安排

    B. 大兴安岭森林特大火灾事故的处理

    C. 授予×××全国劳动模范称号的嘉奖

    D. 在太平洋×地区试验运载火箭，使过往船只周知

3. 适用于对重要事项作出决策和部署的公文是（   ）。

    A. 决定   B. 命令   C. 通告   D. 批复

二、写作训练

××市民警李华、张辛为保护人民生命财产，与持枪歹徒搏斗而身负重伤，省公安厅为此作出表彰决定，并授予他们"优秀人民警察"的称号。请代省公安厅起草该决定。

知识拓展

国家行政机关历次公文种类对照表

1951 年 9 月 29 日中央人民政府政务院秘书厅《公文处理暂行办法》，共七类十二种：（一）报告、签报；（二）命令；（三）指示；（四）批复；（五）通报、通知；（六）布告、公告、通告；（七）公函、便函。

1957 年 10 月，国务院秘书厅《关于对公文名称和体式的几点意见》，共七类十二种：（一）命令、令；（二）指示；（三）报告、请示；（四）批复、批示；（五）通知、通报；（六）布告、通知；（七）函。

1981 年 2 月，国务院办公厅《国家行政机关公文处理暂行办法》，共九类十五种：（一）命令、令、指令；（二）决定、决议；（三）指示；（四）布告、公告、通告；（五）通知；（六）通报；（七）报告、请示；（八）批复；（九）函。

1987 年 2 月 18 日，国务院办公厅《国家行政机关公文处理办法》，共十类十五种：（一）命令（令）、

指令；（二）决定、决议；（三）指示；（四）布告、公告、通告；（五）通知；（六）通报；（七）报告、请示；（八）批复；（九）函；（十）会议纪要。

1993 年 11 月 21 日，国务院办公厅《国家行政机关公文处理办法》，共十二类十三种：（一）命令（令）；（二）议案；（三）决定；（四）指示；（五）公告、通告；（六）通知；（七）通报；（八）报告；（九）请示；（十）批复；（十一）函；（十二）会议纪要。

2000 年 8 月 24 日，国务院办公厅《国家行政机关公文处理办法》，共十三类十三种：（一）命令（令）；（二）决定；（三）公告；（四）通告；（五）通知；（六）通报；（七）议案；（八）报告；（九）指示；（十）批复；（十一）意见；（十二）函；（十三）会议纪要。

2012 年 4 月 16 日《党政机关公文处理工作条例》规定党政机关公文有 15 种：（一）决议；（二）决定；（三）命令（令）；（四）公报；（五）公告；（六）通告；（七）意见；（八）通知；（九）通报；（十）报告；（十一）请示；（十二）批复；（十三）议案；（十四）函；（十五）纪要。

任务八　通知

能力要求

任务目标	能力目标	知识结构
掌握通知的写作	能根据通知的定义，理解其内涵和特点	通知的定义 通知的特点
	根据不同的分类标准，区分通知的类型	通知的不同类型 通知的作用
	掌握通知的写作格式，通晓其标题、正文的具体写作方法	通知标题的写法 正文结构的具体内容
	明确通知的写作要求	写通知应注意的问题

案例点评

【例文 1】

××省教育厅转发教育部

关于禁止通过学校向学生搭车收费的通知

各市、州、县及××林区教育局（教委）：

　　现将《教育部关于禁止通过学校向学生搭车收费的通知》（教电〔2013〕65 号转发给你们，请认真贯彻执行。执行中有何问题，请及时报我厅财务处。

2013 年 3 月 12 日（印章）

右侧批注：
【批示性通知】

标题

称谓

正文：直接交代转发什么，有何要求

落款

教育部关于禁止通过学校向学生搭车收费的通知

各省、自治区、直辖市教育厅（教委），新疆生产建设兵团教委：

近来，一些地方的基层政府或单位违反规定通过中小学搭车向学生收取农业税、农村教育费附加、危房改造费、城镇建设费、报刊图书费、扶贫费、集资款等，个别地方因此造成学校停课，甚至引发了群众群体上访事件，不仅干扰了学校正常的教学秩序，也直接影响到学校乃至社会的稳定。为进一步加强中小学收费管理，制止通过学校向学生搭车收费行为，现就有关问题通知如下：

一、任何部门和单位不得将规定以外的任何费用下达给学校向学生收取，收取费用必须严格执行公示的项目和标准。

二、对地方政府及有关部门的搭车收费，学校要坚决予以拒绝，并及时向上级教育主管部门和当地纪检、监察部门反映，绝不允许学校向学生提出收取这些费用的要求，更不得因学生不缴纳规定项目和标准之外的费用而拒绝学生上学。

三、各地教育纪检、监察部门要采取切实有效的措施，建立畅通的渠道，接受学校、学生及家长对搭车收费和对学校、学生摊派费用的投诉，要及时对投诉进行调查处理。对因摊派和搭车收费影响学生入学和学校正常教学秩序的，要追究有关责任人的责任，并通过新闻媒体予以曝光。

四、各地教育行政部门、中小学校要严格执行国家及省级人民政府出台的各项收费政策，规范收费行为，加强收费管理。不得擅自设立收费项目，擅提收费标准，扩大收费范围。要认真执行教育收费公示制度，自觉、主动接受学生、家长和社会的监督。

2013 年 3 月 3 日（印章）

> 注意：被转发文件是这份通知的核心内容，是通知必不可少的部分，可把原文附上，不标"附件"二字

例文 1 是一篇典型的批示性通知。标题"转发"二字体现了通知的种类。正文部分说明被转发文件的名称和发文字号，然后提出要求和意见，用语明确，言简意赅。

【例文 2】

北京市人力资源和社会保障局
关于调整北京市 2014 年最低工资标准的通知①
京人社劳发〔2014〕29 号

> 【事项性通知】
>
> 标题

各区县人力资源和社会保障局，各人民团体，中央、部队在京有关单位及各类企、事业等用人单位：

> 称谓

为深入贯彻党的十八大和十八届三中全会精神，落实中央改革收入分配制度的要求，结合北京市实际情况，经市委、市政府批准，对我市最低工资标准进行调整。现将有关问题通知如下：

> 发文的缘由、目的和依据

---

① 摘自北京市人力资源和社会保障局网站，链接为 http://www.bjld.gov.cn/xwzx/zxfbfg/201402/t20140208_34552.htm。

一、我市最低工资标准由每小时不低于 8.05 元、每月不低于 1400 元，调整到每小时不低于 8.97 元、每月不低于 1560 元。 | 具体的事项和要求

下列项目不作为最低工资标准的组成部分，用人单位应按规定另行支付：

（一）劳动者在中班、夜班、高温、低温、井下、有毒有害等特殊工作环境、条件下的津贴；

（二）劳动者应得的加班、加点工资；

（三）劳动者个人应缴纳的各项社会保险费和住房公积金；

（四）根据国家和本市规定不计入最低工资标准的其他收入。

二、非全日制从业人员小时最低工资标准由 15.2 元/小时提高到 16.9 元/小时；非全日制从业人员法定节假日小时最低工资标准由 36.6 元/小时提高到 40.8 元/小时。以上标准包括用人单位及劳动者本人应缴纳的养老、医疗、失业保险费。

三、实行计件工资形式的企业，要通过平等协商合理确定劳动定额和计件单价，保证劳动者在法定工作时间内提供正常劳动的前提下，应得工资不低于我市最低工资标准。

四、生产经营正常、经济效益持续增长的企业，原则上应高于最低工资标准支付劳动者在法定工作时间内提供劳动的工资；因生产经营困难确需以最低工资标准支付全体劳动者或部分岗位劳动者工资的，应当通过工资集体协商确定或经职工代表大会（或职工大会）讨论通过。

五、在劳动合同中约定的劳动者在未完成劳动定额或承包任务的情况下，用人单位可低于最低工资标准支付劳动者工资的条款不具有法律效力。

六、上述各项标准适用于本市各类企、事业等用人单位。

七、本通知自 2014 年 4 月 1 日起执行。

北京市人力资源和社会保障局 | 落款
2014 年 1 月 30 日 | 成文日期

例文 2 是一篇事项性通知。正文部分先写发文的缘由、目的和依据，然后写具体的事项和要求。内容严密，表述具体明确，条理清楚，文字简练。

【例文 3】

中共××委员会宣传部关于召开全区宣传部长会议的通知

【会议性通知】

标题

各市委宣传部、党委宣传部： | 称谓

定于 9 月 9～10 日召开全区宣传部长座谈会，现将有关事项通知如下： | 发文的缘由

一、会议议题 | 通常先说会议主题

传达学习中宣部召开的部分省区市宣传部长座谈会精神；总结交流我区前 8 个月宣传思想工作；研究部署下一步工作。

二、参加人员 | 其次是参加人员

各市委宣传部长、党委宣传部长。

三、会议时间	再次是会议时间
9月9~10日（会期一天半，9月8日下午报到）。	
四、会议地点	接着是会议地点
报到及住宿地点：××市××路××宣传干部培训中心。	
会场：区党委办公楼三楼会议室	
五、有关事项	会议注意事项

（一）请参加会议人员准备约15分钟的发言。请将发言材料打印50份，在报到时交会务组（打印要求：16开幅面，在左上角用四号楷体注明"全区宣传部长座谈会发言材料"）。

（二）请各市委宣传部长、党委宣传部长安排好会议期间的各项工作，准时出席会议。在外出差、学习的，如无特殊情况，务请参加会议。

（三）请各市委宣传部、党委宣传部于9月5日下午下班前将参加会议人员名单报到自治区党委宣传部办公室。

联系人：×××	联系人及联系
电话：××××	方式
传真：××××××	
中共××委员会宣传部	落款
20××年9月4日	成文日期

例文3是一份说明清楚、内容齐全、格式完备的会议通知。

知识归纳

通知适用于发布、传达要求下级机关执行和有关单位周知或者执行的事项，批转、转发公文。

通知的使用不受内容繁简的制约，也不受机关性质与级别的限制，是公文中使用频率最高、使用范围最广的文种。

通知包括"晓"和"谕"两重功用，或告诉人们有关事项，或要求办理、执行。

一、通知的类型

通知按内容性质不同，可分为批示性通知、指示性通知、会议通知、事务性通知和任免通知五种。

（1）批示性通知。这类通知有"发布""转发""批转"三种不同形式。"发布"是将已获批准的行政法规用发布、印发或颁发通知的形式发给有关单位。"转发"是将上级、同级和不相隶属机关的来文，用转发通知的形式发给所属下级机关。"批转"是将下级机关来文用批转通知的形式发给所属单位。这类通知的正文内容都具有批语的性质，但职能、作用不同，行文关系不同，运用时不得混淆。

（2）指示性通知。上级机关对下级机关的某项工作有所指示，要求办理或执行，而其内容又不适宜用命令时，用指示性通知。

（3）会议通知。上级机关、单位、团体召开会议时，提前告知受文机关会议相关事项时用会议通知。

（4）事务性通知。要求下级机关办理或者需要知道有关事务性事宜时用事务性通知。

（5）任免通知是上级机关任免下级领导人时使用的通知。

二、通知的格式

通知由标题、主送机关、正文、落款和成文日期构成。

（1）标题。一般由发文机关、事由和文种三部分组成。视具体场合和内容，发文机关可省略，文种也可变"通知"为"预备通知""正式通知""紧急通知"等。

（2）主送机关。在标题之下、正文之上顶格写受文单位。如果受文单位有多个，要按一定顺序排列先后。

（3）正文。一般包括缘由、事项和要求三部分。当然，不同通知的正文写法不尽相同，我们在阅读例文时应细心体会。

（4）落款和成文日期。在正文右下方写上发文机关名称和日期。

三、通知的写作要求

通知的写作要求一般有以下几项。

（1）不要滥用通知。通知虽然有很广的适用范围，但是仍要慎用，因为很容易与通告、通报等文种混淆。通知与通告的主要区别在于：通知有下行文性质，在发文者与受文者之间一般存在领导与被领导关系；通告则为职能分管关系，不存在行政统管关系。

（2）主题要集中。每份通知要求说明一件事情，布置一项工作，达到一个目的。这就是一文一事，一文一主题。

（3）要点突出，措施具体。通知的写作要点在于将通知事项、要求、措施等交代清楚，做到明确具体、切实可行，使受文单位能正确理解并准确执行。

实训活动

1. 判断说明下列标题是否正确。

（1）国务院转发国家医药管理局关于进一步治理整顿医药市场意见的通知（　　）

（2）国务院办公厅批转关于国家旅游局进一步清理整顿旅行社意见的通知（　　）

（3）××乡人民政府关于印发××县人民政府〔2014〕10号文件的通知（　　）

（4）××厂关于转发×分厂《关于建立安全岗位责任制经验总结》的通知（　　）

（5）国家旅游局关于批转国务院《旅行社管理暂行条例》的通知（　　）

（6）关于批转财政局《转发"财政部关于重申不得将国家资金转入银行储蓄的通知"的通知》的通知（　　）

2. 根据下面提供的材料写一份通知。

××省教委职教处决定在全省高等职业学校开展《我爱我的专业》为主题的征文有奖活动。征文要求：体裁限为记叙文、散文、议论文；主题要明确、突出；材料要新颖、典型，要有较强的说服力和感染力；文稿一般不超过 3000 字；每个学校限交稿 3 篇；截稿时间：20××年×月×日。届时职教处将组织有关评委，评出一、二、三等奖和优秀奖。稿件寄省教委职教处，或发电子邮件至××××××@163.com 信箱，邮证编码为××××××。

3. ××总公司将召开一次销售工作会议，要求各分公司主管此项工作的负责人参加，会期两天。请按要求草拟一份会议通知。

知识拓展

公文中一些标点符号的用法

一、标题中标点符号的用法

公文的标题，即一级标题的末尾，一般不加标点符号。公文内部的标题，即二、三级标题的末尾，如果是居中标题，一般也不加标点符号；如果是缩两格标题，并且标有序号（如 1. 2. 3，第一，第二，第三，），可以加句号。公文内部的段首题，即公文自然段落的第一个句子所作的标题，其末尾可以加句号；如果不加句号，可以在段首题与其后的公文内容之间空一格。

公文标题的内部，除用书名号和引号外，尽量不用标点符号。例如，七届全国人大常委会第四次会议通过的一件公文的标题是：《全国人民代表大会常务委员会关于加强民主法制维护安定团结保障改革和建设顺利进行的决定》，在"加强民主法制"和"维护安定团结"之后，没有用顿号。

公文标题中含有两个以上标题时，一般只用两个书名号。从外到内，第一个用双书名号，第二个用单书名号，第三个以后可不再用书名号。例如，关于贯彻《中共中央关于转发〈中共全国人大常委会党组关于八届全国人大常委会立法规划的请示〉的通知》的意见。这个公文标题内含有 3 个标题，即中共中央关于转发《中共全国人大常委会党组关于〈八届全国人大常委会立法规划〉的请示》的通知、《中共全国人大常委会党组关于〈八届全国人大常委会立法规划〉的请示》《八届全国人大常委会立法规划》，只用两个书名号。

在公文正文中出现的公文名称，如果使用全称，应加书名号。例如，《中华人民共和国宪法》。如果使用简称可不加书名号。例如，宪法。如果是草案，使用全称时，应将"草案"二字用括号括起，置于公文名称之后、书名号之内，如《中华人民共和国公司法（草案）》；使用简称时，不加书名号和括号，如公司法草案。有时由于公文正文中出现的公文名称较长，而将制定机关在公文名称中略去（公文制定机关可以从公文中得知），这时公文名称也应加书名号。例如，《关于授权深圳市人民代表大会及其常务委员会和深圳市人民政府分别制定法规和规章在深圳经济特区实施的决定》，这个公文名称中的"全国人民代表大会常务委员会"被省略了。

人民代表大会以外的公文标题内部，也有用逗号的，并在标题末尾用问号等，例如，毛泽东一篇文章的标题《"友谊"，还是侵略？》。在人民代表大会公文中，这种情况是很少见的。

二、呼语中标点符号的用法

讲话稿、报告稿等公文中，一般都使用呼语，如"各位代表""同志们"。在讲话稿、报告稿中第一次出现的呼语，要顶格写，末尾一般加冒号，有时也可以加叹号。第二次以后出现的呼语，要缩两格写，末尾可以用冒号，也可以用叹号。在段首的呼语，可以用冒号，可以用逗号，也可以用叹号。较长的呼语，末尾一般用冒号，内部用顿号或逗号。例如，①"委员长、各位副委员长、秘书长、各位委员："。②"尊敬的××××议长阁下，尊敬的×××议长阁下，尊敬的议员先生们，朋友们:"。

三、主送机关中标点符号的用法

公文（单指印发而不在会议上口头报告、讲话的公文）一般都有主送机关。公文主送机关的末尾用冒号。涉及多个主送机关，内部用顿号将其隔开。例如，"全国人大法律委员会、内务司法委员会、财政经济委员会："。如果涉及不同的机关，而同一类机关又分为两个以上的机关，可分别用逗号、顿号将其隔开。例如，"全国人大各专门委员会，全国人大常委会办公厅、法工委："。

四、结构层次序数中标点符号的用法

第一层"一、二、三……"，用顿号，如"一、""二、""三、"；第二层"（一）、（二）、（三）……"，用括号，如"（一）""（二）""（三）"；第三层"1、2、3……"，用小圆实心点，如"1.""2.""3."；第四层为"（1）、（2）、（3）、"，用括号，如"（1）""（2）""（3）"。使用括号的层次序数，括号外不再加其他标点符号。

用"首先""其次""再次"表示顺序时，在"首先""其次""再次"之后分别用逗号。例如，"首先，""其次，""再次，"。用"第一""第二""第三"表示顺序时，在"第一""第二""第三"之后分别用逗号。例如，"第一，""第二，""第三，"。用"一是""二是""三是"表示顺序时，可在"一是""二是""三是"之后分别用逗号。例如，"一是，""二是，""三是，"。也可以不用标点符号，直接连接下文。用"甲""乙""丙""丁"表示顺序时，在"甲""乙""丙""丁"之后分别用顿号，如"甲、""乙、""丙、""丁、"。在"一方面""另一方面"之后，可以分别用逗号，也可以不用标点符号，直接连接下文。

五、句号的特殊用法

1. 在一些公文的开头语和其他段落的最后用以提起下文的一句末尾，过去常用冒号，现在可以用句号。例如，"我国人民代表大会制度的优越性还没有得到充分发挥，这个制度本身也需要在实践中进一步完善。……为此，全国人大常委会在今后工作中要努力做到以下几点。"（七届全国人大常委会向七届全国人大三次会议的报告）

2. 在一个使用分号的句子内部，不可以用句号。如果必须用句号，后面的分号要改用句号。

六、逗号的特殊用法

1. 如果在应该用顿号的并列短语内部还有应用顿号的并列的词，这时在并列的短语之间用逗号。例如，全国人大代表，设区的市、自治州、省、自治区、直辖市的人大代表，由下一级人大选举。

2. 主语部分较长，在主语部分和谓语部分之间用逗号。例如，全国人民代表大会、省级人民代表大会、设区的市级人民代表大会、县级人民代表大会、乡级人民代表大会，都是国家权力机关。

3. 句子的特殊成分，常常用逗号把它与别的成分隔开。例如，全国人民代表大会，我国的最高国家权力机关，行使修改宪法的职权。

4. 在用"以及""和"连接的句子中，在"以及""和"之前可以用逗号。例如，目前，县级人大常委会普遍设有办公室、代表联络室、法制室，以及财经、教科文卫、农业、城建等工作委员会。

5. 在×××说（指示、规定）之后，如果原文独立引用别人的话或文件的内容，用冒号。例如，宪法规定："中华人民共和国的一切权力属于人民。"如果将别人的话或文件的内容，用自己的话进行表述，用逗号。例如，宪法规定，国家的一切权力属于人民。

6. 在一个中心词置后的句子中，修饰这个中心词的、意思相对独立的短语之间，过去常用顿号，现在也可以用逗号。例如，社会主义公有制消灭人剥削人的制度，实行各尽所能，按劳分配的原则。

七、破折号的特殊用法

破折号的作用同括号的作用相近，都是表示文中的注释部分。通常比较重要的注释部分用破折号，不太重要的注释部分，即没有它也不影响句子意思完整的，用括号。

任务九　通报

能力要求

任务目标	能力目标	知识结构
掌握通报的写作	能根据通报的定义，理解其内涵和特点，比较通报与通知的区别	通报的定义、特点 通报与通知的区别
	根据不同的分类标准，区分通报的类型	通报的不同类型
	掌握通报的写作格式，通晓其标题、正文的具体写作方法	通报标题的写法 正文结构的具体内容
	明确通报的写作要求	写通报应注意的问题

案例点评

广州市人民政府办公厅关于 2012 年度
广州市人口与计划生育目标管理责任制考评情况的通报[①]
穗府办〔2013〕18 号

各区、县级市人民政府，市政府各部门、各直属机构：

2012 年，我市人口与计划生育工作以科学发展观为指导，深入贯彻落实党的十八大精神和《中共中央国务院关于全面加强人口和计划生育工作统筹解决人口问题的决定》（中发〔2006〕22 号）、《中共广东省委广东省人民政府关于加强我省计生工作促进人口长期均衡发展的决定》（粤发〔2011〕22 号）、《广东省人口与计划生育条例》，全面推进城市人口计生工作综合改革、优质服务区（县级市）创建活动，深入开展羊城幸福家庭促进计划和免费孕前优生健康检查活动，夯实基层基础工作，加强利益导向政策体系建设，加快信息化建设步伐，加速人口发展战略研究成果转化，全面完成了省下达的人口计划指标和各项工作任务。

根据《中共广州市委办公厅广州市人民政府办公厅关于印发〈广州市人口与计划生育目标管理责任制考评办法〉的通知》（穗办〔2009〕3 号）的规定，市有关部门按照《2012 年广州市人口与计划生育目标管理责任制考核方案》对全市 2012 年度人口与计划生育目标管理责任制落实情况进行了综合考评。经市人民政府同意，现将考评情况通报如下：

一、海珠区、天河区、荔湾区、白云区、萝岗区、花都、黄埔区、从化市、增城市、番禺区、越秀区、南沙区等 12 个区（县级市）全面完成 2012

标题：发文机关+事由+文种

主送机关

主体：阐明通报目的、内容并对受表彰者提出希望

[①] 摘自中国广州政府网站，链接为 http: //www.gzmz.gov.cn/publicfiles/business/htmlfiles/gzgov/s2812/201305/2329748.html。

年度人口计划及下达任务，通过省年度人口计生考核，授予完成任务先进奖，予以通报表彰。

二、白云区黄石街等 51 个街（镇）2012 年度人口与计划生育工作扎实，考核成绩达到 90 分以上，授予先进镇街奖，予以通报表彰。

三、花都区新华街等 5 个街（镇）2012 年度人口与计划生育工作进步明显，予以通报表扬。

四、在 2012 年度履行人口与计划生育综合治理工作中，广州市人力资源和社会保障局等 12 个单位成绩突出，授予先进单位称号，广州市教育局等 29 个单位完成任务，授予达标单位称号，予以通报表彰。

五、中共广州市纪委、市监察局等 505 个广州地区机团单位在 2012 年度人口与计划生育工作中，落实《广州市属地机团单位人口和计划生育管理服务规范（试行）》，属地考核达标。

希望受表彰和表扬的单位认真总结经验，进一步巩固工作成果，戒骄戒躁，再接再厉，争取更大成绩。各单位和各区（县级市）要扎实开展工作，不断提高人口与计划生育工作水平，为全面推进我市新型城市化发展、建设国家中心城市和"幸福广州"做出更大贡献。	结尾：发号召、提要求
附件：（略）	附件说明
广州市人民政府办公厅（印章） 2013 年 4 月 25 日	落款 成文日期

这是一个情况通报。在概要介绍 2012 年全市计划生育政策贯彻落实情况后，分析了全市的主要做法，并引领下文，提出各区县情况通报。行文规范，结构完整，语言简约，概括力强。

知识归纳

通报是用于表彰先进、批评错误、传达重要精神和告知重要情况的下行公文。它具有典型性、教育性、真实性等特点。

按其作用可分为表彰性通报、批评性通报和情况通报三种，见表 1。

表 1 通报的三种类型

类型\结构	表彰通报	批评通报	情况通报
情况原因	叙述被表彰的主要事实，交代时、地、人、事等要素	公布错误事实，交代时、地、人、事等要素	概述情况或传达重要精神
分析评价	评价意义、重要性、经验等	分析原因、危害、教训等	分析其性质与影响
决定事项	表彰及奖励决定	处理、处分决定	表明意见和态度
希望要求	号召学习先进榜样，弘扬精神	要求吸取教训，引以为戒	努力的方向、应对的措施等

一、通报的格式

通报一般由标题、主送机关、正文、落款和日期组成。

（1）标题。一般由发文机关+事由+文种构成。

（2）主送机关。作为"内部文件"指定下发单位的通报，要写上受文单位；普发性通报或在本单位公开张贴的，可省略受文单位。

（3）正文。通报正文由情况原因、分析评价、决定事项、希望要求四部分组成，具体内容见表1。通报写作时要注意叙议结合，将通报事情的前因后果、基本过程、主要情节简要叙述出来，并通过议论使人受到教育与启发，学到经验或吸取教训。写作分析评论部分时，要将通报的人和事上升到较高理性认识的程度，切忌就事论事；否则，很难使受文单位及其人员的认识得到升华。

（4）落款。写明发文日期并加盖公章。

二、通报的写作要求

通报的写作有以下三项要求。

（1）客观真实。通报的事例必须真实可靠，写作时要对事实材料反复核实，务求准确反映，不能对事实夸大或缩小，更不能虚构。

（2）选例典型。选取典型事例，使通报真正起到教育鼓励或引起警戒作用。

（3）把握时机。通报有很强的时效性。应抓住时机，及时将先进典型经验予以宣传推广；对反面典型予以揭露批评；对重要情况予以公布，以引起重视。

实训活动

以下面提供的材料为依托，以空军党委的名义起草一份表彰通报。

2009年3月22日央视网报道[①]2009年3月7日下午，李峰驾驶歼十战机在4 500米高空实施高难课目动作时，屏幕突然出现告警，李峰意识到飞机随时会出现发动机空中停车，失去动力。李峰快速检查飞机发动机工作状况，控制速度，立即请求返场。在距离机场7 000米的时候，飞机发动机停车，并以每秒25米的速度下坠，情况十分危急。李峰调整好飞机姿态，借助惯性，空滑转弯对准机场跑道。落地的飞机液压系统动力急剧下降，减速伞无法放出，李峰凭借娴熟的技术全力稳住飞机，飞机在跑道上滑行1 400米后，终于停了下来。近日，空军党委作出决定给李峰记一等功，同时授予他"空军功勋飞行人员金质荣誉奖章"。

知识拓展

通知与通报的区别

一、内容范围不同。通知可以发布行政法规和规章，批转和转发公文，传达需办理和周知的事项等；通报则是表扬先进，批评错误，传达、交流重要的情况、信息。两者虽然都有告知的作用，但通知主要是告知工作的情况，以及共同遵守执行的事项；通报则是告知正、反面典型，或有关重要情况。

---

① 报道链接为 http://news.xinhuanet.com/video/2009-03/22/content_11050322.htm。

二、目的要求不同。通知的目的是告知事项，布置工作，部署行动，其内容具体，要求受文机关了解要办什么事、该怎样办理、不能怎样办理，有严格的约束力；通报的目的主要是交流、了解情况，或通过正、反面的典型去教育人们，宣传先进的思想和事迹，提高人们的认识。

三、表现方法不同。通知的表现方法主要是叙述，告知人们做什么、怎样做，叙述具体，语言平实；通报的表现方法则常兼用叙述、说明、议论，有较强的感情色彩。

任务十　请示、批复

能力要求

任务目标	能力目标	知识结构
掌握请示的写作	能根据请示的定义，理解其内涵和特点，了解其适用范围及不同类型	请示的定义、适用范围 请示的特点、类型
	掌握请示的写作格式及正文的写作方法	请示标题的写法 正文结构的具体内容
	明确请示的写作要求	写请示应注意的问题
掌握批复的写作	能根据批复的定义，理解其内涵和特点	批复的定义 批复的特点
	掌握批复的写作格式，通晓其标题、正文的具体写作方法	批复标题的写法 正文结构的具体内容
	明确批复的写作要求	写批复应注意的问题

案例点评

【例文1】

关于建立中国工程院有关问题的请示

国务院：

近年来，我国科学家、工程技术专家和有关人士，曾多次提出建立中国工程院问题。

全国政协七届五次会议和中国科学院第六次学部委员大会期间，不少政协委员、学部委员和工程技术专家，又先后提出提案和建议。党中央和国务院领导同志十分重视这一建议。曾就建立中国工程院问题，多次作过批示。根据党中央和国务院领导同志的批示精神，组成了专家研究小组，经过广泛调查研究，听取各方面人士和有关产业部门的意见，进行反复酝酿和讨论，形成了工程院的初步方案。现就建立中国工程院的有关问题报告如下。

标题：发文机关+事由+文种
主送机关

主体：提出请示的事由及根据

一、关于建立中国工程院的必要性。（略）　　　　　　　　　｜请示的具体事项

二、关于组建中国工程院的一些原则。

（一）关于名称（略）

（二）关于中国工程院的性质和作用（略）

（三）关于中国工程院成员的称谓（略）

（四）关于中国工程院与中国科学院（学部）的关系（略）

（五）关于中国工程院院士的标准和条件（略）

（六）关于中国工程院第一批院士的产生及以后的增选制度（略）

（七）关于中国工程院的领导体制及学部设置（略）

三、关于中国工程院的筹建工作及进度安排（略）

以上请示当否，请批示。　　　　　　　　　　　　　　｜结语用语严谨，

　　　　　　　　　　　　　　　　　　　　　　　　　｜符合语体要求

　　附件：中国工程院筹备领导小组名单　　　　　　　　　｜附件

　　　　　　　　　　　　　　　　国家科委（盖章）　　　｜落款

　　　　　　　　　　　　　　　　中国科学院（盖章）

　　　　　　　　　　　　　　20××年××月××日　　　｜成文日期

　　例文1是一个请求批准性请示，按照法定的组织手续，由上级机关审核批准某一具体问题，对于所请求的事项做了详尽说明。主旨明确，理由充分，语言恳切，具有分寸。

【例文2】

关于增补人文学院党委委员的批复

｜标题：发文机关+

｜事由+文种

人文学院党委：　　　　　　　　　　　　　　　　　　　｜主送机关

　　你院《关于增补吴××、黄××两同志为党委委员的请示》院发｜发文缘由

〔20××〕12号已收悉。经校党委常委会研究，同意增补吴××、黄××两｜直接表态

同志为人文学院党委委员。

　　此复

　　　　　　　　　　　　　　　　中共××大学委员会　｜落款

　　　　　　　　　　　　　　20××年×月×日　　　　｜成文日期

　　例文2是一份答复下级机关请示事项的批复。正文开头引述来文标题及其发文字号，这是对发文缘由的一种说明。在说明来文已收悉后就直接表态。全文要言不烦，层次清楚，意尽文止。

知识归纳

一、请示

　　请示是下级机关向上级机关请求决断、指示、批示或批准事项所使用的呈批性公文。

（一）请示的应用范围、特点和分类

请示属于上行公文，应用范围比较广泛，具体如下。

（1）下级机关遇到新情况、新问题，因无章可循而没有对策或没有把握，需要上级机关给以指示的时候，要用请示。

（2）下级机关在处理较为重要的事件和问题时，因涉及有关方针政策必须慎重对待，需要报请上级机关批准时，要用请示。

（3）下级机关在工作中遇到问题，虽然有解决的办法，但由于职权、条件的限制，没有权力或没有能力实施这些办法，需要上级帮助解决的时候，要用请示。

（4）下级机关对有关方针、政策和上级机关发布的规定、指示有疑问，需要上级机关给予解答时，要用请示。

（5）下级机关之间在较重要的问题上出现意见分歧，需要上级机关裁决时，要用请示。

根据请示的应用范围可知，请示具有针对性、呈批性、单一性等特点。

按行文意图分，请示可分为求示性请示、求批性请示、求转性请示三类。①求示性请示是请求上级机关给予政策、认识上的指示的请示；②求批性请示是请求上级机关给予批准、认可的请示；③求转性请示是请求上级机关给予批转的请示。

（二）请示的格式

请示一般由标题、主送机关、正文、落款组成。

1. 标题和主送机关

请示的标题由发文机关名称、事由和文种构成，如《××县人民政府关于×××的请示》。

请示的主送机关是指负责受理和答复该文件的机关。每件请示只能写一个主送机关，不能多头请示。

2. 正文

请示的正文一般由开头、主体和结语等部分组成。

（1）开头。主要交代请示的缘由。它是请示事项能否成立的前提条件，也是上级机关批复的根据。原因讲得客观、具体，理由讲得合理、充分，上级机关才好及时决断，予以有针对性的批复。

（2）主体。主要说明请求事项。它是向上级机关提出的具体请求，也是陈述缘由的目的所在。这部分内容要单一，只宜请求一件事。另外请示事项要写得具体、明确、条项清楚，以便上级机关给予明确批复。

（3）结语。应另起段，习惯用语一般有"当否，请批示"，"妥否，请批复"，"以上请示，请予审批"或"以上请示如无不妥，请批转各地区、各部门研究执行"等。

3. 落款

请示的落款一般包括署名和成文时间两个项目内容。标题写明发文机关的，这里可不再署名，但需加盖单位公章。

（三）请示的写作要求

请示的写作一般有以下几项要求。

（1）一文一事。请示应当一文一事。不得在报告等非请示性公文中夹带请示事项。请示原则上主送一个上级机关，根据需要同时抄送相关上级机关和同级机关，不抄送下级机关。

（2）只能主送上级机关，不能送领导者个人。除上级机关负责人直接交办事项外，不得以本机关名义向上级机关负责人报送公文，不得以本机关负责人名义向上级机关报送公文。下级机关的请示事项，如需以本机关名义向上级机关请示，应当提出倾向性意见后上报，不得原文转报上级机关。

（3）不得越级，逐级请示。请示一般按隶属关系逐级请示，一般不得越级请示和报告。党委、政府的部门向上级主管部门请示、报告重大事项，应当经本级党委、政府同意或者授权；属于部门职权范围内的事项应当直接报送上级主管部门。

二、批复

批复是"答复下级机关请示事项"的公文，为下行文。

没有请示就没有批复，请示什么问题就批复什么问题。请示是批复制发的前提。

（一）批复的特点

相对于其他文种，批复有以下几个特点。

（1）被动性。批复必须以请示为存在条件，先有请示后有批复。任何一份批复都是因为有请示才形成的，这一点和大多数主动行文的行政公文不同。

（2）针对性。批复内容有很强的针对性，请示什么事项就批复什么事项，绝不能离开请示的内容来批复。因此，批复的内容是由请示的内容来决定的。

（3）权威性。请示的事项是发文机关无权解决的问题，这就需要直接上级机关表态并回复。因此，批复带有权威性。

（二）批复的格式

批复一般由标题、主送机关、正文、落款、成文日期等构成。

1. 标题和主送机关

批复的标题可以分为以下三种形式。

（1）发文机关+事由+请示机关+文种，如《财政部关于回复××省给××市政府财政拨款的批复》。

（2）发文机关+事由+文种，如《××市人民政府关于经济体制改革问题的批复》。

（3）事由+文种，如《关于加强政策研究工作的几个问题的批复》。

批复的主送机关即为报送请示的下级机关，要顶格写。

2. 正文

批复的正文包括批复缘由、批复事项、结尾三部分。主体部分是批复事项。

（1）缘由。指批复的原因和根据。一般只用一句话说明请示的日期、标题和发文字号以及收文情况，也有不重要的批复仅写出"来文收悉"，最好写成"《关于××的请示》××〔2008〕×号文收悉"。例如，《关于召开××市第×次归侨代表大会的请示》，市委批复的原由是："×侨联党字〔2008〕9号文收悉。"上级有关的文件和规定是答复请示的政策和理论依据，可表述为"根据××关于××的规定，现作'如下答复'"。

（2）事项。指批复的具体内容。批复事项必须紧扣请示事项，逐条批复。批复事项的内容包括批复态度和批复意见。态度要鲜明，意见要具体。如果批复的事项多，一般分条逐项列出。批复不能含糊不清，也不能回避不复。

（3）结尾。一般加尾语"此复""特此批复"等。

3. 落款和成文日期

批复的落款在正文之后的右下方加盖发文机关的公章。批复的成文日期以汉字书写在落款之下。

（三）批复的写作要求

批复的写作有以下几项要求。

（1）一文一批复。批复依赖请示而存在，请示为"一文一事"，批复也应是"一文一批复"。

（2）收到请示时必须予以答复。答复要简明扼要，观点明确，措辞肯定，不能模棱两可；批复的意见要具体可行，以便下级机关按照执行。

（3）态度严谨，文字简练，语气肯定。这样才可对下级行为动向有所制约，以实现其指挥的目的。

实训活动

一、多项选择题

1. 请示的主送对象可以是（　　）。
   A. 有商洽必要的平行机关　　　　B. 需请求其批准的不相隶属机关
   C. 直属的上级领导机关　　　　　D. 上级业务主管部门
2. 下列有关说法正确的是（　　）。
   A. 各机关对于自己无权决定或难以处理的问题均应制发请示公文
   B. 请示这类公文要求上级回复，故应与工作报告相区别
   C. 某机关对于后勤的安排，几位领导意见不一致，此时应该制发请示
   D. 请示不能使用议论的表达方式
3. 下列各具体事项可以使用请示这一文种的有（　　）。
   A. 请求协调与帮助解决本机关无法解决的困难与问题
   B. 请求审核批准或批转本机关制定的法规、规章或决定、报告等
   C. 请求协调与解决本机关无法解决的困难和问题
   D. 根据规定必须履行审批程序的事项
4. 批复具有以下特点（　　）。
   A. 权威性　　　　B. 针对性　　　　C. 被动性　　　　D. 公开性
5. 下列有关说法，能用来说明批复有明确针对性的是（　　）。
   A. 批复只印发给申报请示的单位及有关单位
   B. 批复的内容只答复请示的具体事项
   C. 批复的内容应予认真遵守与执行

    D. 批复的开头和结尾要与请示的标题与发文字号相互照应

二、写作训练

1. 以下面提供的材料为依托，以广东省人民政府的名义向国务院起草一份请示。

    丹霞山风景名胜区位于广东省韶关市仁化、曲江两县境内，面积 186 平方千米，分丹霞山、韶石山、大石山三个景区。距韶关市区最近处 10 千米，最远处 50 千米，柏油公路直达主峰景区，观光旅游的交通十分方便。

    根据国务院《风景名胜区管理条例》，我们对丹霞山风景名胜区进行了资源调查、评价，编制了总体规划，现申请把丹霞山风景名胜区列为国家重点名胜区。

    据地质考证，6 500 万年前丹霞山所在地是一个大湖泊，由于造山运动，形成红岩峭壁和嶙峋洞穴，构成奇异的自然风景。在全世界同类地形中，以丹霞山最为典型，"丹霞地貌"已成为国际地质学名词。现丹霞山景区已开发接待游客的范围为 12 平方千米，主要景点有 87 处，山、瀑、江、湖兼备，绿化良好，兼之摩崖石刻、寺庵、亭台楼阁点缀其间，自然人文景观丰富。靠丹霞山南侧的韶石山景区，傍地涎水，是历史上舜帝南巡奏乐之处，内有"三十六石"的奇景；丹霞山两侧的大石山景区，类似丹霞山的奇山异峰，有丹寨幽洞、岩柱等自然景观。在丹霞山风景名胜区附近，有"金鸡岭""九龙十八滩""古佛岩""南华寺""马坝人遗址"等风景及名胜古迹，总面积约 4 万平方千米。目前，粤北地区以丹霞山风景名胜区为中心形成了我省一条重要的旅游线。

2. 多媒体教学已在各学校得到广泛应用，但××学院××系至今还没有一套多媒体教学设备。为了加强教学过程中现代教学手段的成分，提高教学质量和教学水平，该系急需购置一套多媒体教学设备，计划耗资 30 600 元。根据以上材料写一份请示，并针对请示内容写一份批复。

知识拓展

请示和报告的区别

    请示和报告都是上行公文，常常被混淆使用，但实际上有着明显的区别。

    一是行文目的、用途不同。这是两类文种最基本的区别。请示旨在请求上级批准、指示，需要上级审批，重在呈请；报告是向上级汇报工作、反映情况，提出意见或建议，答复上级询问，一般不需上级答复，重在呈报。

    二是呈量时间不同。请示需要事前行文，不能"先斩后奏"；报告一般在事后或者工作进行过程中行文。这正如平常工作中所说的"事前要请示，事后要报告"。

    三是主送机关不同。请示一般只主送一个直接上级机关。不宜多头、多级主送，以免因责任不明或者互相推诿影响到办文效率和质量。即使受双重领导的机关、单位上报请示，也应根据内容分别写明主送、抄送机关，以根据主次分清承办责任，由主送机关负责答复请示的问题。而报告有时可多级多头主送，如情况紧急需要上级领导机关尽快知道的灾情、疫情等。

    四是受文机关处理方式不同。请示均属承办件，收文机关必须及时处理，明确作答，限期批复；报告多属阅知件，除需批转的建议报告外，收文机关对其他报告都不可作答复。如果把请示误写为报告，就可能因不同处理方式而误时误事。

    五是涉及内容不同。请示用于向上级机关请求批准、指示，凡是下级机关、单位无权处理、无力解决以及按规定应经上级机关批准认定的问题，均可写为请示。由此可将请示分为请求指示的请示、请求批准的请示和请求批转的请示等三类。其中第一类多涉及法规政策上、认识上的问题，第二类多涉及人事、财务、机构等方面的具体事项。而报告按其内容可分为向上级汇报工作的工作报告、反映情况的情况报告、提出意见建议的建议报告、答复上级询问的答复报告、报送文件、材料或物品的报送报告。

六是写作重点不同。请示和报告虽然都要陈述、汇报情况，但报告的重点就在汇报工作情况，报告中不能夹带请示事项。而请示中陈述情况只是作为请示原因，即使反映情况所占篇幅再大，其重点仍在请示事项。

七是文面结构形式不同。请示多采用篇段合一式、三段式或总分条文式结构，篇幅一般较短。报告常用总分条文式、分部式或贯通式（多段式）结构，篇幅一般较长。

正因为有上述区别，绝不能把请示误用为报告，也不能写为请示报告。

任务十一　报告

能力要求

任务目标	能力目标	知识结构
掌握报告的写作	能根据报告的定义，理解其内涵和特点	报告的定义 报告的特点
	根据内容不同，区分报告的类型	报告的分类
	能够写不同类型的报告	不同类型报告的格式
	掌握报告的写作要求	掌握报告的写法

案例点评

【例文1】

广东省石油公司英德供应站
关于解决油库长期遗留的山地及树木归属问题的报告

省石油公司：

我站于×××年五月新建油罐两个，扩建了油库，占用当地东方村部分山坡地及该地树木。扩建后几年来，库界未定，东方村多次提出，要求补偿被占用的山地及树木，但几经协商，均未有结果，以致发生纠纷，库区围墙被推倒十多米。最近，双方本着对国家财产和群众利益负责的精神进行协商，彼此谅解，终于达成协议，由我站给予东方村山坡地及树木一次性补偿费×万元；并经双方划定界线，新建围墙为界，界内土地及树木永久归我站所有。我站应付的补偿费×万元拟在"保管费"中列支。现随文上报所订协议及库区界图，请核备。

附件：1.《××山地及树木归属协议》（略）

【工作报告】标题：发文机关+事由+文种

主送机关
开头：总述开展工作的主要背景

主体：叙述报告的具体内容

结尾：用随文上报协议及界区图和

2.《英德石油站界区图示》（略）

"请核备"作结

20××年×月×日

【例文2】

关于张××同志职称评定问题的答复报告

××市人民政府办公室：

　　接市办5月20日查询我单位张××同志有关职称评定情况的通知后，我们立即进行了调查。现将有关情况报告如下：

　　张××同志是我集团公司二分厂工程师。该同志1967年起曾在××工学院受过四年函授教育，学习了有关课程，但由于"文革"而未能取得学历证明。因缺乏学历证明，在今年上半年职称评定时，根据上级有关文件精神，我单位职称评委会决定暂缓向上一级职称评委会推荐评定他的高级工程师职称，待取得学历证明后补办。该同志认为这是刁难，因而向市政府提出了申诉。

　　接到市政府办公厅查询通知后，我们专程派人去××工程学院查核有关材料，得到××工学院的支持，正式出具了该同志的学历证明。现在，我集团公司职称评委会已为张××同志专门补办了有关评定高级工程师的推荐手续，并向该同志说明了情况。对此，他本人已表示满意。

　　特此报告。

××集团公司

20××年5月30日

右栏批注：
【答复报告】标题：发文机关+事由+文种
主送机关
答复的缘由：上级机关的查询
答复的具体内容：张××一事的原由、调查和处理情况
落款
日期

　　例文1是工作报告，向上级汇报工作，行文简洁，条理清晰。例文2是答复报告，正文将答复的事项表述得简洁明白，可令上级满意。

知识归纳

　　报告是向上级机关汇报工作、反映情况，回复上级机关询问的上行公文。报告能够帮助上级及时了解情况，掌握下情，为领导决策提供依据，利于下级机关接受上级的监督和指导。

一、报告的特点和分类

　　报告具有以下特点。

　　（1）沟通性。报告的沟通性体现在下级机关通过报告向上级机关反映情况或问题，以此取得上级领导的理解、支持、指导，减少和避免工作上的失误；上级机关通过报告掌握实践信息，了解下情，成为决策、指导和协调工作的重要依据。

　　（2）陈述性。报告一般不做理论的阐述和重要性的议论，表达方式以概括性的叙述和说明为主，不要求铺排大量的细节。议论多限于夹叙夹议。

（3）综合性。报告的内容可以是一文一事，还可以是一文多事，从多方面反映情况，篇幅也相对较长。

报告按内容可分为工作报告、情况报告和答复报告三大类。

（1）工作报告主要是向上级反映工作情况或上级交办的任务完成的情况。多数工作报告不向上级提出工作建议，但有的会提出。工作报告可分为以下两类：①呈报报告，向上级机关直接汇报工作，反映情况的报告，不要求上级机关批转；②呈转报告，向上级机关呈送，建议批准并转发有关地区或有关部门执行或参照执行的报告。

（2）情况报告用于向上级反映客观存在的情况和问题，特别是突发事件、特殊情况、意外事故及处理情况。

（3）答复报告是答复上级机关询问问题的报告。

二、报告的格式

报告一般由标题、主送机关、正文、结语和落款五部分组成。

1. 标题和主送机关

报告的标题采用发文单位、事由、文种三者齐全的公文式标题。

报告的主送机关，即发文机关的直属上级领导机关。

2. 正文

报告正文通常可分为开头、主体和结尾三大部分。报告开头用一段导语用以提示报告的主要内容，然后写"现将情况报告如下……"领起下文；报告主体部分要写明工作情况，发生的问题，以及对上级布置任务的执行情况等；报告结尾要交代今后工作意见和解决问题的打算。

不同类型的报告，具体写法各有不同。工作报告的正文要写明工作的基本情况、主要成绩、经验教训、今后意见，或提出有关建议；情况报告的正文要写出事件发生的原因、经过、性质、处理意见、处理情况或处理建议。工作报告反映的是常规性的工作，内容相对稳定，写法也相对固定，同时可以向上级提出工作建议。

答复报告的正文包括答复依据（即上级要求回答问题）和答复事项。

情况报告：汇报的是偶发和突发的特殊情况，内容多不确定，写法相对灵活。

3. 结语

报告结尾用语有"特此报告""专此报告""以上报告，请审阅"等。呈转报告结尾用语用"如无不妥，请批转有关单位执行""以上报告如无不妥，请批转××、××"等请求式用语。

4. 落款

报告的落款一般包括署名和成文时间两个项目内容。标题写明发文机关的，这里可不再署名，但需加盖单位公章。

三、报告的写作要求

报告的写作有以下几项要求。

（1）写工作报告时，应从实际工作中概括出能指导今后工作的规律性内容。

（2）写情况报告要及时，以便让上级机关及时掌握情况。

（3）写答复报告要针对上级机关提出的问题来回答。

（4）报告不得夹带请示事项。

实训活动

多项选择题

1. 报告具有以下特点（　　　）。

　　A. 沟通性　　　　　B. 陈述性　　　C. 综合性　　　　　D. 公开性

2. 下列有关说法，正确的是（　　　　）。

　　A. 报告不得夹带请示事项　　　　B. 工作报告只能在工作完成后行文

　　C. 写情况报告要及时　　　　　　D. "以上报告，请审阅"是呈转报告的结尾用语

任务十二　函

能力要求

任务目标	能力目标	知识结构
掌握函的写作	能根据函的定义，理解其内涵和特点	函的定义 函的特点
	根据不同的分类标准，区分函的类型	函的分类
	理解去函与复函正文所包含的具体内容	函标题的写法 去函与复函正文的具体内容
	掌握写作函的注意事项	掌握函的一般写法

案例点评

【例文1】

广州市人民政府关于鄂穗两地携手联合打捞"中山舰"的函

湖北省人民政府：

　　现沉于长江金口赤矶山江底的"中山舰"，是中国现代革命史上的重要历史文物，尽快将其打捞、修复和陈列展览，是海内外同胞的共同心声。

　　"中山舰"是重要的革命历史文物。该舰1938年参加"保卫大武汉会战"时被日军炸沉。尽快打捞"中山舰"，使其重展英姿，是一件深得海内外同胞和两岸有识之士拥戴的义举。这对于充实完善中国现代革命史文物，并重

【请批函】标题：
发文机关+事由+文种
主送机关

主体部分直接说明打捞中山舰的目的和意义

现其历史价值，加强爱国主义教育和革命传统教育，增强整个中华民族的凝聚力和向心力，改善两岸关系，促进台湾回归祖国大业的早日实现，都具有重要的意义和作用。

由于"中山舰"在广州的时间长达 21 年，且围绕"中山舰"的几次主要历史事件都发生在广州。因此，"中山舰"是把广州建设成为中国现代革命史教育基地，向广州、全国乃至海内外同胞进行爱国主义教育和革命传统教育不可缺少的文物。近几年来，广东省、广州市人大、政协、民革，黄埔军校同学会中的不少代表、委员、成员，各界有关专家学者、人民群众，以及港澳台同胞、海外华侨、华人，纷纷向广州市政府来电来函，希望广州市政府主动与贵省联系一起尽快组织打捞"中山舰"，并进行修复和陈列。为此，我们经过认真研究，提出由两地政府本着相互合作、相互支持的态度，协商联合打捞、修复、展出的办法和有关问题。 ——陈述广州参与联合打捞的必要性

专此函达，请答复。 ——结尾用语

广州市人民政府（盖章）——落款
××年×月×日——时间

【例文 2】

对市政协十二届二次会议第 46 号提案的答复函

——【答复函】标题：发文机关+事由+文种

霍开兵委员： ——主送机关

您提出的"关于积极防范农民工'返乡潮'可能引发的群体性土地流转纠纷的建议"提案收悉，感谢您对我市"三农"工作的关心和支持。现答复如下： ——复函的缘由

我市现有外出务工农民 50 余万人，主要集中在珠三角和长三角地区，大部分在服装、建筑、电子、餐饮等行业就业。去年下半年以来，受国际金融危机的影响，沿海及一些地区企业停产、转产，外出务工农民返乡日益增多。由于在二轮土地承包时，外出务工农民较多，部分承包地使用不规范，有不少外出务工人员回乡后承包地无法落实，存在较大隐患。针对这一新情况新问题，我市各级农业部门积极采取多种措施，切实做好返乡务工农民土地承包经营权落实工作和培训再就业工作，千方百计为返乡农民再就业铺设"绿色通道"。 ——答复的具体内容　复函内容分条列出

一是切实做好返乡务工农民土地承包经营权落实工作。（略）

二是加强返乡农民培训，为其再就业创造条件。（略）

三是充分发挥龙头企业带动作用。（略）

四是充分运用好、发挥好《合肥市促进现代农业发展若干政策》的导向和牵引作用。（略）

五是发挥典型示范带动。（略）

最后，感谢您对我市"三农"工作的重视和支持。希望您能继续关心我市"三农"工作，提出更多更好的意见和建议，推动我市农业农村经济社会

跨越式发展。谢谢!

合肥市农业委员会 | 落款
20××年6月11日 | 日期

　　例文1属于不相隶属的政府主管职能部门写的请求批准函，把请求批准的缘由表述得简洁清楚。例文2是答复函，正文将答复的事项表述得肯定、具体。

知识归纳

　　函适用于不相隶属机关之间商洽工作、询问和答复问题、请求批准和答复审批事项。它是一种平行文，不能用于上下级机关。

一、函的特点和分类

　　相对于其他文种，函有以下几个特点。

　　（1）灵活简便，不受作者职权范围与级别层次高低的制约，也不受内容繁简轻重差别的严格限制。

　　（2）内容较单纯，一般为一函一事。

　　（3）具有公文的法定效用，可郑重表示法定作者的意志与权威，对受文者的行为有强制性影响。

　　根据内容和功用，函大致可分为以下五类。

　　（1）告知函。即把某一事项、活动函告对方，或请对方参加（如会议、集体活动）。这种函的作用和内容类似通知，只是由于双方不是上下级和业务指导关系，使用"通知"行文不妥，故应该用"函"。

　　（2）商洽函。主要用于请求协助、支持、商洽解决办理某一问题。比如，干部商调函、联系参观学习函、要求赔偿函等。例文1即是商洽函。

　　（3）询问函。主要用于询问某一事项、征求意见、催交货物等。

　　（4）答复函。主要答复不相隶属机关询问相关方针、政策等问题而不能用批复时使用。

　　（5）请求批准函。主要是指向不相隶属的有关机关、部门请求批准时使用。如果是下级机关向上级机关请求批准，只能用请示，而不能用函。

　　根据行文程序，还可以分为致函（也叫去函）、复函。

二、函的格式

　　函由标题、主送机关、正文、落款和日期等几部分组成。

1. 标题和主送机关

　　标题通常有两种写法：一是完整式标题，由发函机关、事由和文种组成，如《××部关于选择出国人员的函》；二是由发函机关、事由、受理机关和文种组成，如《国务院办公厅关于悬挂国旗等问题给湖北省人民政府办公厅的复函》。

主送机关即收函单位名称，要写全称或规范化简称。

2. 正文

函的正文根据去函、复函的不同，写法也有区别。

（1）去函。主要用于与有关单位商洽工作、询问有关问题或向有关部门请求批准等，其行文是主动的。这种函一般包括缘由、事项和结尾三个部分。缘由部分一般需把所商洽的工作、询问的问题或请求批准的事项写清楚。如果内容较多，要采用分条的写法，使之条理分明。结尾只需写出"请研究函复""请函复""盼复"或"以上意见当否，请复函"等语言即可。

（2）复函。是用于答复商洽、询问的问题或批准有关单位的请求事项。这种函的行文一般是被动的，具有很强的针对性。复函的正文包括缘由、答复、结尾三部分。缘由部分要针对来函写收函情况，然后用"经研究，函复如下"过渡到下文。答复部分是复函的主题，要根据来函做出具体的答复。答复时一定要注意分寸，不得违背政策界限，结尾可写上"此复"或"特此函复"，也有的不写。

3. 落款和日期

函的落款和日期要写全称或规范化简称，下面署上日期。

三、函的写作要求

函的写作有以下几项要求。

（1）针对性。这种针对性首先指的是在写作过程中，要紧紧围绕函中所提出的问题和公务事项来写；二是往来机关应当与函中所提出的问题和公务事项相称，也就是函中所提出的问题和公务事项应该是函往来机关有可能解决的；三是除特殊情况外，应坚持一函一事。

（2）分寸感。函的用语力求平和礼貌，特别忌讳命令语气，但是也不能为了谋求问题的解决，极尽恭维逢迎之能事。

（3）直接性。无论是来函还是复函，在写作中都应该开门见山，尽快接触主题，力戒漫无边际、故意绕弯子，忌讳那些不必要的客套，尽量少讲空泛抽象的大道理。

实训活动

1. 根据例文《关于鄂穗两地携手联合打捞"中山舰"的函》的内容，以湖北省人民政府的名义起草一份复函。

2. 选择题：函灵活简便，可广泛应用于公务联系的各个领域，以下不适宜使用函件这一形式的事项有（　　　）。

A. 北京市人民政府就××发电厂建设问题向国家计委申请

B. 上海市浦东新区人民政府就浦东新区的道路规划问题向上海市交通厅询问

C. 上海市公安厅就打击车匪路霸问题向华东六省的公安厅提出建议

D. 国务院、中央军委就军队营区外义务植树进行指示

任务十三　纪要

能力要求

任务目标	能力目标	知识结构
掌握纪要的写作	能根据纪要的定义，理解其内涵和特点	纪要的定义 纪要的特点
	根据不同的分类标准，区分纪要的类型	纪要的分类
	能够写不同类型的纪要	不同类型纪要的格式
	掌握纪要的写作要求	掌握纪要的写法

案例点评

【例文1】

关于协调解决沙面大街 56 号首层房屋使用权问题的会议纪要

　　20××年 2 月 2 日上午，市政府办公厅××主任主持召开会议，协调解决沙面大街 56 号首层房屋使用权问题。参加会议的有省政府办公厅××处、广东胜利宾馆、市国土房管局、市外轮供应公司等有关部门的负责同志。

　　会议认为，沙面大街 56 号首层房屋使用权的问题是在过去计划经济和行政决定下形成的历史遗留问题。早几年曾多次协调，虽有进展，但未有结果。最近，按照省、市领导同志"向前看""了却这笔历史旧账"的批示精神，在办公厅的协调下，双方本着尊重历史、面对现实、互谅互让的原则，合情合理地提出解决这宗矛盾的方案。

　　经过协商、讨论，双方达成了共识。会议决定如下事项。

　　一、市外轮供应公司应将沙面大街 56 号房屋的使用权交给胜利宾馆。

　　二、考虑到市外轮供应公司在 56 号经营了 30 多年，已投入了不少资金，退出后，办公地方暂时难以解决，决定给予其商品损耗费、固定资产投资和搬迁费等一次性补偿费用共 95 万元。其中省政府办公厅和广东胜利宾馆负责 80 万元；考虑到省政府领导曾多次过问此事和省、市关系，另 15 万元由广州市政府支持补助。

　　三、省政府办公厅和胜利宾馆的补偿款于 20××年 2 月 7 日前划拨给市外轮供应公司。市政府的补助款于 3 月 5 日左右划拨。市外轮供应公司应于 2 月 15 日开始搬迁，2 月 20 日前搬迁完毕并移交钥匙。

　　四、市外轮供应公司原搭建的楼阁按房管部门规定不能拆迁。空调器和

【决议型纪要】标题：发文机关+会议名称+文种

前言简要地介绍了会议的基本情况

主体部分写会议讨论决定的四个主要内容

电话等 2 月 20 日前搬迁不了的，由胜利宾馆协助做好善后工作。

会议强调，双方在房屋使用权移交中要各自做好本单位干部群众的工作，团结协作，增进友谊，保证移交工作顺利进行。

××市政府办公厅 落款
20××年×月×日 时间

【例文 2】

【分项式纪要】标题：发文机关+会议名称+文种

××省人民政府办公厅关于食糖储备工作会议纪要

20××年×月×日，省政府办公厅召集省经委、贸易厅、财政厅、工商银行研究了省级食糖储备问题。秘书长×××同志主持会议，参加会议的有×××、×××等同志。会议确定事项纪要如下。 前言简要地介绍了会议的基本情况

一、当前食糖资源短缺，供应紧张，为保证我省市场消费和轻工食品生产正常进行，加强对食糖的调控能力，一致同意建立省级食糖储备制度。 主体部分写会议研究确定的四个主要内容

二、省级食糖储备暂安排 2 吨，由省糖酒茶叶公司落实货源。

三、食糖储备资金 6 000 万元，由省糖酒茶叶公司自筹 500 万元，省工商银行贷款 5 500 万元，贷款指标近期予以安排。

四、储备费用年需 730 万元，由省财政厅和代储企业共同承担。其中，省财政厅拨付一部分资金作为铺底资金，周转使用。省级储备糖坚持全年储备和季节性更新相结合，销售差价部分先抵补储备费用，如有节余，除适当给储备单位作留利外，主要用于充实储备资金；如出现亏损，先从基金中补贴，超过部分由省糖酒茶叶公司负担。

××省人民政府办公厅（印章） 落款
20××年×月×日 日期

例文 1 是决议型纪要，按会议进行的程序、顺序写出主要情况，如实反映会议精神。例文 2 是分项式纪要，指导思想明确，层次分明，任务明确具体。

知识归纳

纪要是记载会议主要情况和议定事项的党政公文。

一、纪要的特点和分类

相对于其他文种，纪要有以下几个特点。

（1）纪实性。纪要的纪实性体现为，根据会议文件、会议记录以及其他有关材料整理而写成，是会议基本情况的纪实。如会议存在分歧意见，也要真实地反映，不能擅自增减有关内容，更不能随意改动会议上达成的共识和形成的决定。

（2）提要性。只是对会议结果的择要归纳。

（3）指导性。会议纪要集中地反映了会议的精神实质，是与会者的看法和意见，对工作有一定的指导作用，要求与会单位和相关部门以此为据开展工作。

（4）周知性。纪要有的要求传达并贯彻执行，有的虽不要求贯彻执行，但也要求将会议情况、决议事项和主要精神作为信息，传达或通报给有关领导、有关人员以及一定范围的群众，因而具有明显的周知性。

纪要通常可按以下几种方式进行分类。

（1）按照会议内容的不同，可以分为例行纪要、工作纪要、协调纪要。

（2）按照性质的不同可以分为决议型纪要和综合参考型纪要。决议型纪要只记载与会人员经过讨论或协商在主要议题上取得的一致性意见，作为传达和部署工作的依据，对今后的工作具有指导作用。综合参考型纪要既可归纳双边或多边会议达成的协议情况，也可概括各种分歧意见，多适用于座谈会、经验交流会、学术讨论会等。

（3）按照写法的不同，可分为综述式、分项式和摘要式三种。

二、纪要的格式

纪要一般由标题、正文、落款和日期组成。

1. 标题

纪要的标题由"机关名称 + 会议名称 + 文种"组成。

2. 正文

纪要的正文一般包括前言、主体和结尾三部分。

前言，即会议基本情况。简述会议时间、地点、出席人员、中心议题和议程。标注出席人员名单，一般用3号黑体字，在正文或附件说明下空一行左空二字编排"出席"二字，后标全角冒号，冒号后用3号仿宋体字标注出席人单位、姓名，回行时与冒号后的首字对齐。标注请假和列席人员名单，除依次另起一行并将"出席"二字改为"请假"或"列席"外，编排方法同出席人员名单。纪要格式也可以根据实际制定。

主体，即会议的主要精神，包括会议的成果及议定的事项，应逐项列出。主体部分写法有两种：一是按会议进行的程序、顺序写出主要情况；二是将会议内容概括为几个方面，一一叙述。

结尾，一般提出希望和要求，发出号召，要求有关单位认真贯彻会议精神，努力完成会议提出的各项任务。也有的会议纪要不写专门的结尾。

3. 落款和日期

要写全称或规范化简称，下面署上日期。

三、纪要的写作要求

纪要的写作一般有以下几项要求。

（1）要广泛收集会议材料，做好会议前的准备和会议中的记录，全面掌握会议情况。

（2）要立足于会议实际，如实反映会议精神，概括全面，抓住要点，突出会议主题，能够正确归纳出会议讨论的有代表性的意见。

（3）讲究用语，注意条理。纪要常常以"会议"为第三人称而记述会议内容，用语精练、通俗，篇幅不宜太长。主体部分应注重使用下列层次或段落的开头语："会议认为""会议提出""与会者一致认为""会议决定""会议要求""会议希望""会议号召""会议讨论了以下几个问题""会议考虑"等。

实训活动

多项选择题

1. 纪要具有以下特点（　　）。

  A. 纪实性　　　　B. 提要性　　　　C. 指导性　　　　D. 周知性

2. 下列关于纪要的说法，错误的是（　　）。

  A. 按照会议内容的不同，可以分为例行纪要、工作纪要、协调纪要

  B. 纪要的正文一般包括前言、主体和结尾三部分

  C. 写纪要时，可以根据作者的喜好增减有关内容

  D. 纪要常常以第一人称记述会议内容

任务十四　招标书、投标书

能力要求

任务目标	能力目标	知识结构
掌握招、投标书的写作	能根据招、投标书的定义，理解其内涵、掌握其特点，区分不同类型	招、投标书的定义、特点 招、投标书的类型
	熟悉招、投标书的结构与写作格式，掌握其标题、正文的具体写作方法	招、投标书标题的写法 正文结构的具体内容
	领会招、投标书的写作要求	注意招、投标的程序

案例点评

【例文 1】

××学院修建实训大楼招标公告

经上级主管部门同意，我校将修建一栋实训大楼，由××市城市建设委员会批准，建筑工程实行公开招标。现将招标有关事项公告如下：

一、工程名称：××学院实训大楼

二、施工地点：××市××区××路×号

标题：招标单位+招标内容+文种

写明目的、依据及招标项目的名称

主体部分。这是招标公告的核心，详

三、建筑面积：××××m²

四、设计及要求：见附件

五、承包方式：实行全部包工包料

六、投标条件：凡有投标意向的具备法人资格且具有一、二级施工执照的企业，只要有其主管部门和开户银行的认可，均可投标。

七、招标要求：投标人请于 2014 年 6 月 5 日前来人或来函索取招标文书，收取成本费 30 元，逾期不予办理。

投标人请将投标文书及上级主管部门的有关签证等，密封投寄或派员直接送我校基建处。收件至 2014 年 7 月 5 日截止。开标日期定于 2014 年×月×日，在××市公证处公证下启封开标，地点在我校第一会议室。

招标单位地址：××市××路××号

电话：×××××××

传真：×××××××

联系人：×××

××大学招标办公室

2014 年 5 月 5 日

> 细写明招标内容、要求及有关事项

> 结尾部分。主要包括单位名称、地址、联系电话、传真、邮编、网址等

> 落款

例文 1 中招标书项目概况清晰、完整，对投标人的要求明确，语言表达简洁而准确。

【例文 2】

××××公司投标书

研究了招标文件 IMLRC-LCB9001 号，对集通铁路项目所需要货物我们愿意投标，并授权下述签名人××、××代表我们提交下列文件正本一份、副本四份。

一、投标报价表（略）

二、货物清单（略）

三、技术差异修订表（略）

四、资格审查文件（略）

五、××银行开具的金额为××的投标保函（略）

六、开标一览表（略）

签名人兹宣布同意下列各点：

1. 所附投标报价表所列拟供货物的投标总价为××元。

2. 投标人将根据招标文件的规定履行合同的责任和义务。

3. 投标人已详细审查了全部招标文件的内容，包括修改条款和所有供参阅的资料及附件。投标人放弃要求对招标文件作进一步解释的权利。

4. 本投标书自开标之日起九十天内有效。

5. 如果在开标之后的投标有效期内撤标，则投标保证金将被贵公司

> 标题：招标单位+文种

> 引题简述了投标方的意愿、授权人姓名及为投标所做的充分准备

> 正文着重阐明了投标方的投标报价表、货物清单、技术差异修订表、资格审查文件、银行开具的投标保函及开标一览表同时宣布承诺招标文件规定履行的责任和义务

没收。

6. 我们理解你们并不限于接受最低和你们可以接受任何标书。

投标单位名称：中国沈阳××公司

地址：×××××××

电话：××××××××

电报：×××××××

授权代表姓名：××（签章）

投标者姓名：××（签章）

××××年××月××日

> 结尾主要包括投标单位名称、地址、联系电话、传真、投标日期等

例文2是一份写得不错的投标书。该投标书紧扣要求，格式规范。

知识归纳

一、招标书

招标书是招标人利用投标者之间的竞争达到优选买主或承包项目的目的，从而利用和吸收各地甚至各国的优势于一家的商品交易行为所形成的书面文件。一般正式招标书都采用广告、通知、公告等形式发布。

（一）招标书的特点和分类

相对于其他文种，招标书有以下几个特点。

（1）广告性。招标书也称为招标通知、招标公告、招标启事，是一种告知性文件。它一般通过大众传媒公开，因此也称招标广告，具有广告性。

（2）竞争性。招标书是吸引竞争者加入的一种文书，具有相当的竞争性。

（3）紧迫性。招标书要求在短时间内获得结果，因此又具有时间的紧迫性。

招标书根据不同的标准，可分为如下几种类型：①按时间分，有长期招标书和短期招标书；②按形式分，有招标广告和招标文件；③按内容及性质分，有企业承包招标书、工程招标书、大宗商品交易招标书；④按招标的范围分，有国际招标书和国内招标书；⑤按招标的方式分，有公开招标书和邀请招标书。

（二）招标书的格式

招标书一般由标题、正文、结尾三部分组成。

1. 标题

招标书的标题常见写法有以下四种。

一是完全性标题，其写法是"招标单位 + 招标内容 + 文种名称"，如《××集团公司经营管理招标书》。

二是不完全性标题，其写法是"招标单位 + 文种名称"，如《××公司招标广告》。

三是简明性标题，只写文种名称《招标书》《招标公告》或《招标通告》。

四是广告性标题，如《谁来承包××工厂》。

2. 正文

招标书正文由引言、主体部分组成。

引言部分主要交代招标人此次招标的目的、根据、项目名称等。文字应准确精练、简明扼要。

主体部分要翔实交代招标方式（公开招标、内部招标、邀请招标）、招标范围、招标程序、招标内容的具体要求，双方签订合同的原则、招标过程中的权利和义务、组织领导、其他注意事项等内容。

3. 结尾

要详细而具体地写清楚招标单位（或承办招标事项的单位）的名称、地址、电话、传真、邮编、联系人等，以便于外界与之联系招标事宜。

（三）招标书的写作要求

招标书的写作一般有以下三项要求：招标方案应切实可行；招标标准应当明确，表达必须准确；内容要合法合规、真实可靠。

二、投标书

投标书是对招标书的回答。它是投标者根据招标书中提出的条件和要求，对自身的投标条件进行自我审核后，向招标单位提出自己投标意向的书面材料。

（一）投标书的特点

投标书有两个特点：一是针对性，投标书必须针对招标书的条件要求，作出切合实际、真实可信的回答；二是竞争性，投标者要中标，投标书就要有极强的竞争性，要表明自己的实力，列举自己的优越条件，以充分显示自己的竞争能力，从而战胜众多竞争对手。

（二）投标书的格式

投标书一般由标题、正文、结尾三部分组成。

1. 标题

标题一般由"投标项目+文种名称"构成，如"××宿舍建筑工程投标书"；也可以直接以"标书"或"投标书"作为标题。

另外，还有一种新闻式标题，分主题和副题两部分，如"有实力，讲信誉——我的投标书"。

2. 正文

投标书正文一般由前言、主体两部分组成。

前言部分简要交代投标目的和依据，点明投标的项目和内容。

主体部分是投标书正文的核心，也是决定投标者能否中标的关键部分。主要包括三个方面的内容：一是具体写明投标项目的指标；二是实现各项指标、完成任务的具体措施；三是对招标单位提出希望配合与支持的要求。

3. 结尾

投标书的结尾要写清投标人的名称、地址、电话、电报等，以便招标单位进行联系。

（三）投标书的写作要求

投标书的写作一般有以下四项要求：熟知投标程序；用语要准确无误，不可使用模糊词语，避免产生歧义和误解；要体现出自身优势，重点突出"我有他无，他有我强"的竞争能力；要在规定的有效期内递交投标书。

实训活动

1. 根据下列材料，写一份招标书。

巴西水利当局对利加辛水利工程项目所需的各种服务用车辆进行国际招标，包括服务用吉普车、服务用小吨位运输汽车和大型推土机。必须运交到工地，负责装配、维修。允许制造商分别对个别项目进行投标。巴西水利当局已从世界银行获得一笔贷款，用于支付本合同所需的外汇，其余费用自筹解决。只接受来自世界银行成员的享有盛誉的车辆注册商标制造商的投标，合同凭商标交易；而且必须保证随时提供各种备件和维修设备。有意者可以在 2014 年 3 月 31 日后按下列地址以每份 5 美元的价格购买招标文件，多买不限，售后不退。要求投标人随同投标单一起提供附有资格证书的材料，并交纳投标保证金 2 万美元。所有投标文件应于 2014 年 5 月 20 日前递交招标人，晚于此日期将被视为无效。定于 2014 年 5 月 25 日在巴西水利局采购工程项目处会议厅内公开开标。

联系人、地址、电话、传真等。

2. 根据下述材料，拟写一份招标公告。

××职业技术学院对南校区学生公寓物业管理权进行公开招标，选定物业管理单位对南区学生公寓物业进行管理。管理范围包括：学生公寓（3～14 层）28 776.5m^2；周边道路、运动场 6 704m^2；绿化面积 1 171m^2。招标内容按招标单位提供的《招标文件》。凡达到××市物业管理三级以上资质的物业管理公司或高校后勤服务公司（集团）均可参加投标。

3. 根据下述材料，替某市第一建筑公司的周总拟一份投标书。

某招标公司受区城建局委托，对尚需装修的花园大酒店进行招标。花园大酒店拟定装修款不超过 160 万，工期从 2009 年 9 月到 2010 年 1 月，欢迎有同类项目建筑经验并且口碑良好的建筑公司参加竞标。某市第一建筑公司是某市建筑行业的龙头老大，想以 120 万元竞标，保证按时完成。

知识拓展

招标、投标的一般程序

招标、投标的活动一般分为四个阶段，现以建设工程施工项目为例进行分析。

1. 招标准备阶段

基本分为以下几个步骤：具有招标条件的单位填写《建设工程招标申请书》，报有关部门审批；获准后，组织招标班子和评标委员会；编制招标文件和标底；发布招标公告；审定投标单位；发放招标文件；组织招标会议和现场勘察；接受投标文件。

2. 投标准备阶段

根据招标公告或招标单位的邀请，选择符合本单位施工能力的工程，向招标单位提交投标意向，并提供资格证明文件和资料；资格预审通过后，组织投标班子，跟踪投标项目，购买招标文件；参加招标会议和现场勘察；编制投标文件，并在规定时间内报送给招标单位。

3. 开标评标阶段

按照招标公告规定的时间、地点，由招投标方派代表并有公证人在场的情况下，当众开标；招标方对投标者作资格后审、询标、评标；投标方做好询标解答准备，接受询标质疑，等待评标决标。

4. 决标签约阶段

评标委员会提出评标意见，报送决定单位确定；依据决标内容向中标单位发出《中标通知书》；中标单位接到通知书后，在规定的期限内与招标单位签订合同。

招标中如何评标

评标即招标有关部门对投标书的交易条件、技术条件及法律条件进行评审、比较，选出最佳投标人。

一、评标机构

评标工作由招标人负责组织，具体评标事务由招标人依法组建的评标委员会负责，并独立履行下列职责：①审查投标文件是否符合招标文件要求，并作出评价；②要求投标供应商对投标文件有关事项作出解释或者澄清；③推荐中标候选供应商名单，或者受采购人委托按照事先确定的办法直接确定中标供应商；④向招标人或者有关部门报告非法干预评标工作的行为。

评标委员会由采购人代表和有关技术、经济等方面的专家组成，成员人数应当为 5 人以上单数。其中，技术、经济等方面的专家不得少于成员总数的 2/3。采购数额在 300 万元以上、技术复杂的项目，评标委员会中技术、经济方面的专家人数应当为 5 人以上单数。招标人就招标文件征询过意见的专家，不得再作为评标专家参加评标。采购人不得以专家身份参与本部门或者本单位采购项目的评标。采购代理机构工作人员不得参加由本机构代理的政府采购项目的评标。评标委员会成员名单原则上应在开标前确定，并在招标结果确定前保密。

招标人应当请纪检部门派员从市招标投标管理中心设立的政府采购评审专家库中，通过随机方式抽取评标专家。招标人对技术复杂、专业性极强的采购项目，通过随机方式难以确定合适评标专家的，经市招标投标管理中心同意，可以采取选择性方式确定评标专家。

二、评标方法

货物或者服务招标采购的评标方法分为最低评标价法、综合评分法和价比法。

（1）最低评标价法。是指以价格为主要因素确定中标候选供应商的评标方法，即在全部满足招标文件实质性要求的前提下，依据统一的价格要素评定最低报价，以提出最低报价的投标人作为中标候选供应商或者中标供应商的评标方法。该方法适用于标准定制商品及通用服务项目。

（2）综合评分法。是指在最大限度地满足招标文件实质性要求的前提下，按照招标文件中规定的各项因素进行综合评审后，以评标总得分最高的投标人作为中标候选供应商或者中标供应商的评标方法。综合评分的主要因素是：价格、技术、财务状况、信誉、业绩、服务、对招标文件的响应程度，以及相应的比重或者权值等。上述因素应当在招标文件中事先规定。评标时，评标委员会各成员应当独立对每个有效投标人的标书进行评价、打分，然后汇总每个投标人每项评分因素的得分。采用综合评分法的，货物项目的价格分值占总分值的比重（即权值）为30%～60%；服务项目的价格分值占总分值的比重（即权值）为10%～30%。执行统一价格标准的服务项目，其价格不列为评分因素。有特殊情况需要调整的，应当经市招标投标管理中心批准。

（3）性价比法。是指按照要求对投标文件进行评审后，计算出每个有效投标人除价格因素以外的其他各项评分因素（包括技术、财务状况、信誉、业绩、服务、对招标文件的响应程度等）的汇总得分，并除以该投标人的投标报价，以商数（评标总得分）最高的投标人为中标候选供应商或者中标供应的评标方法。

三、评标程序

评标应当遵循下列工作程序。

（1）投标文件初审。初审分为资格性检查和符合性检查。资格性检查是指依据法律法规和招标文件的规定，对投标文件中的资格证明、投标保证金等进行审查，以确定投标供应商是否具备投标资格。符合性检查是指依据招标文件的规定，从投标文件的有效性、完整性和对招标文件的响应程度进行审查，以确定是否对招标文件的实质性要求作出响应。

（2）澄清有关问题。对投标文件中含义不明确、同类问题表述不一致或者有明显文字和计算错误的内容，评标委员会可以书面形式（应当由评标委员会专家签字）要求投标人作出必要的澄清、说明或者补正。投标人的澄清、说明或者补正应当采用书面形式，由其授权的代表签字，并不得超出投标文件的范围或者改变投标文件的实质性内容。

（3）比较与评价。评标委员会应当按照招标文件中规定的评标方法和标准，对资格性检查和符合性检查合格的投标文件进行商务和技术评估，综合比较与评价。

（4）推荐中标候选供应商名单。中标候选供应商数量应当根据采购需要确定，但必须按顺序排列中标候选供应商。

采用最低评标价法的，按照投标报价由低到高顺序排列中标候选供应商；投标报价相同的，按技术指标优劣顺序排列。评标委员会认为排在前面的中标候选供应商的最低投标价或者某些分项报价明显不合理或者低于成本，有可能影响商品质量和不能诚信履约的，应当要求其在规定的期限内提供书面文件予以解释说明，并提交相关证明材料；否则，评标委员会可以取消该投标人的中标候选资格，按顺序由排在后面的中标候选供应商递补，依此类推。

采用综合评分法的，按评审后得分由高到低顺序中标候选供应商；得分相同的，按投标报价由低到高顺序排列；得分且投标报价相同的，按技术指标优劣顺序排列。

采用性价比法的，按商数得分由高到低顺序中标候选供应商；商数得分相同的，按投标报价由低到高顺序排列；商数得分且投标报价相同的，按技术指标优劣顺序排列。

（5）编写评标报告。评标报告是评标委员会根据全体评标成员签字的原始评标记录和评标结果编写的报告，主要内容包括：招标公告刊登的媒体名称、开标日期和地点；购买招标文件的投标人名单和评标委员会成员名单；评标方法和标准；开标记录和评标情况及说明，包括投标无效投标人名单及原因；评标结果和中标候选供应商排序表；评标委员会的授标建议等。

四、评标要求

招标人应当采取必要措施，保证评标在严格保密的情况下进行。任何单位和个人不得非法干预、影响评标办法的确定及评标过程和结果。在评标中，不得改变招标文件中规定的评标标准、方法和中标条件。

投标文件有下列情况之一的，应当在资格性、符合性检查时按照无效投标处理：①应交未交投标保证金的；②未按照招标文件规定要求密封、签署、盖章的；③不具备招标文件中规定资格要求的；④不符合法律、法规和招标文件中规定的其他实质性要求的。

任务十五　经济合同

能力要求

任务目标	能力目标	知识结构
掌握经济合同的写作	能根据定义，理解经济合同的内涵、掌握其特点	经济合同的定义、特点
	根据不同的分类标准，了解经济合同的不同类型	经济合同的不同类型
	熟悉经济合同的结构与写作格式，通晓其具体写法	经济合同标题的写法 正文结构的具体内容
	明确经济合同的写作要求	《劳动合同法》有关内容

案例点评

房屋装修合同

张三（以下简称甲方）为装修××房屋（××小区10-2-12），经与李四（以下简称乙方）双方协商，订立本合同，以共同恪守。在双方同意的情况下，本合同由××起草。

一、工程项目

1. 三个房间（两卧室、一客厅，以下简称三个房间）打地角线，包暖气及管线（客厅要对称），房顶四周打石膏线，包三个房间的门、窗；客厅、卧室铺强化木地板；清除所有房间原有涂料，客厅、卧室打腻子，刷立邦漆两次。

2. 通阳台的门窗处打一吧台，上方根据甲方要求（图纸）做一置物架；阳台东侧打一多用途柜（底下放鞋、上面放书）、西侧打一吊柜，包阳台、铺瓷砖、吊PVC板。

3. 卫生间、洗脸间、厨房铺瓷砖到顶，屋顶吊PVC板；厨房地面铺瓷砖，打一灶台。

4. 房间电源线路根据甲方要求适当调整，客厅门后一多用途柜（底下放鞋，上面挂衣服）。

5. 未尽细节之处，由甲方提出方案，商量确定。

二、承包方式

甲方按乙方要求必须保证装修期间的所需材料(乙方需提前通知甲方)，乙方负责施工。

三、质量标准

施工质量要符合安全要求，装修质量不得低于同一施工类型的装修标

标题：事由+文种

合同的内容用条款式表达，分不同条目逐层表达。

准，双方认可。

四、施工期限

二〇〇六年八月二十日至二〇〇六年十月十日，如不能按期完成，每天将处罚金五十元。

五、工程造价

材料由甲方提供，甲方只支付乙方装修人工费伍仟陆佰元人民币。

六、付款方式

工程完工后，经甲方验收，如符合以上施工项目和设计要求，三天内一次将装修人工费付清。

七、其他问题

装修项目的具体要求，由甲方提出，乙方实施。本合同未尽事宜，由双方协商解决。本合同自双方签字之日起生效。

八、本合同一式两份，甲乙方各执一份，具有相同效应。

甲方：	乙方：	落款
签字（盖章）：	签字（盖章）：	
年 月 日	年 月 日	

本文是一份房屋装修合同。本合同包含了标题、正文，必要的说明依据，时间和地点等，结构完整，条款完备，合乎规范。

知识归纳

1999 年 10 月 1 日实施的《中华人民共和国合同法》第二条规定：合同是平等主体的自然人、法人、其他组织之间设立、变更、终止民事权利义务关系的协议。

经济合同是法人之间为显示一定经济目的，明确相互权利义务关系而订立的协议。

一、经济合同的类型和特点

经济合同的类型很多，依据不同的标准可以划分为不同的类型。

（1）按形式分，有表格式合同、条款式合同、表格条款式相结合的合同。

（2）按期限分，有长期合同、中期合同、短期合同。

（3）按合同是否立即交付标的分，有诺成合同、实践合同。

（4）按合同的性质分，有转移财产的合同、完成工作的合同、提供劳务的合同等。

（5）按合同的内容分，有买卖合同、供用（水、电、气、热力）合同、赠与合同、借款合同、租赁合同、融资租赁合同、承揽合同、建设工程合同、运输合同、技术合同、保管合同、仓储合同、委托合同、行纪合同、居间合同等。

《中华人民共和国合同法》明确规定了经济活动中的五项原则，即"平等原则""自愿原则""公平原则""诚实信用原则""遵守法律、法规和尊重社会公德原则"。因此，经济合同具有以下一些特点。

（1）具有法律效力。合同签订后，各方当事人就必须严格履行合同的内容，否则就会受到经济制裁，甚至追究法律责任。

（2）合法性。经济合同的内容必须符合国家的有关法律、法规和宏观经济规划的要求。

（3）平等性。订立合同必须贯彻平等、公平、协商、等价有偿、诚实信用的原则。

二、经济合同的格式

合同格式分为表格式和条款式两大类。在实际使用的合同中，也有两种格式综合使用的。我国有关部门颁发了几十种常用合同示范文本。合同法规定："当事人可以参照各类合同的示范文本订立合同。"

合同由标题、当事人、正文、落款等构成。

1. 标题和当事人

标题位于首行居中，通常直接使用合同名称，以表明合同的性质，如"购销合同""承揽合同"等。也有的在前面写明标的，如"供用电合同""棉花购销合同"等。还有的再加上时间或者范围的限制，如"××公司 2014 年技术服务合同""××综合商场租赁经营合同"等。

当事人在标题下空一行顶格书写。当事人（立合同者）要写明单位全称或个人真实姓名。通常各方当事人要以相同形式分行并列，并注明当事人在合同活动中的地位，如"买方"或"卖方"，"出租人"或"承租人"，"委托方"或"服务方"等。也可以用"甲方"和"乙方"分别代指双方，依照惯例，付款方称"甲方"，收款方称"乙方"。

2. 正文

正文一般包括引言、主体、结尾三部分。

（1）引言。引言要简明写出双方订立合同的依据和目的，如"为扩建北京市××学校电子计算机房，甲、乙双方协商订立本合同，以资共同信守"。也可以不写引言，直接写下一部分。

（2）主体。主体一般用表格或者条款写明合同内容，包括标的、数量和质量、价款或酬金、履行的期限、履约的地点和方式、违约责任、解决争议的方法等，还包括经当事人商定的其他必要条款。每项都应尽可能写得具体、明确，将各方的责任和义务规定得一清二楚。

（3）结尾。结尾要写明合同的份数、效力，如"本合同一式两份，具有同等效力，双方各执一份"。有的还需要注明合同的有效期限、附件的名目（例如"设计图纸"）等。结尾内容也有的写在合同的最后。

合同正文的每个部分和每项内容，在条款式合同中都要另起一段，在表格式合同中都要另占一格，复杂的合同（例如进出口合同书）还要划分章目，并在前面列出目录。

3. 落款

落款大多位于合同书的最后，除了写明当事人单位全称及代表人（或代理人）姓名并加盖印章，注明签订日期外，通常还要注明地址、电话、电传、银行账号等。合同经过鉴证的，鉴证机关可以单独开具"合同鉴证书"，也可以在合同后签署鉴证意见并注明日期，经办人和鉴证机关要署名盖章。

三、经济合同的写作要求

经济合同的写作要求较高，常规要求有以下几点。

（1）合同内容必须符合国家方针政策、法律法规要求。签订经济合同是一种合法的法律行为，只有当其内容符合国家的法律和政策要求时，才能产生当事人双方预想的效果，受到法律的保护；否则，不但达不到双方当事人预想的目的，还可能部分或全部无效，甚至受到法律的制裁。所以，经济合同要在内容、签订的形式和程序方面都合乎法律和政策的规定。

（2）贯彻平等互利、协商一致、等价有偿原则。经济合同的当事人在签订经济合同时，具有平等的法律地位，任何一方都不能把自己的意志强加给对方。

（3）格式规范。凡国家法律、法规有规定的，要按法定的形式行文；公布了示范文本的，可参照示范文本行文；没有相关规定的，可由当事人商定合同的内容与表现形式，但要对照《中华人民共和国合同法》的有关规定，防止出现无效合同或合同要素的缺失。

（4）内容具体、完备；语言精确、严谨。拟写合同要持认真的态度，书写时内容要具体，条款要完备、不得疏漏；语言表述要求精确、严谨，避免文字上的歧义和混乱；书写要求工整、清晰，正式的合同文书不能有任何涂改之处。

实训活动

1. 下面是一份租赁合同，它的格式是否符合要求？内容上是否还有遗漏之处？试作简要分析。

租 赁 合 同

出租方：××
承租方：××网络公司

根据《中华人民共和国经济合同法》及有关规定，为明确出租方与承租方的权利业务关系，经双方协商一致，签订本合同。

一、甲方将自有的一套公寓房（地点、楼层）出租给乙方作办公之用。

二、租赁期限：

2014年7月1日—2016年7月1日共二年整。

三、乙方应于每月20日前支付下个月房租，否则按日支付应付款的千分之三的违约金，直到付款日为止。

四、本合同一式二份，合同双方各执一份。

五、本合同自签订之日起生效，有效期为二年。

出租方（章）：	承租方（章）：
单位地址：	单位地址：
电话：	电话：

2. 根据下面的材料写一份合同。

昌华茶叶公司法人代表李签和普洱茶厂法人代表周清于20××年3月10日签订了一份茶叶购销合同，具体货物是红叶特级绿茶，数量为1 000千克，每千克价格为64元。2008年6月20日之前由茶厂直接运往公司，运费由茶厂负责，检验合格后，公司于收货10天之内通过银行托付货款。茶叶必须用大塑料纸袋内装，外用纸箱或麻包袋装，包装费仍由茶厂负责，茶厂地址为××省××县城北区，开户银行是××县农业银行，账号：××××××，电话：××××××××。合同签订后，如双方不履行，在正常情况下拒不交货或拒付款都须处以货款

20%的罚金，迟交货或迟付款，则每天罚万分之三的滞纳金；数量不足，按不足部分的货款计赔，即按这部分货款的 20%赔付；质量不合格，则重新酌价。如遇特殊情况，则提前 20 天通知对方，并赔偿损失费 10%。本合同由××县公商行政管理所鉴证。

任务十六　起诉状

能力要求

任务目标	能力目标	知识结构
掌握起诉状的写作	能根据起诉状的定义，理解其内涵和适用范围	起诉状的定义 起诉状的适用范围
	根据起诉状的性质不同，区分其不同类型	起诉状的类型
	熟悉起诉状的结构与格式，通晓其标题、正文的具体写法	起诉状标题的写法 正文结构的具体内容
	掌握起诉状的写作要求	写起诉状应注意的事项

案例点评

民事起诉状

原　　告：中国××银行××支行

住　　所：北京××区××路××号

负责人：×××　　　职务：支行长

电　　话：××××　邮政编码：××××

被　　告：北京××有限责任公司

住　　所：北京市××区××路××号

法定代表人：×××

电　　话：××××　邮政编码：××××

被　　告：北京××饭店

住　　所：北京市××区××大街××号

法定代表人：×××

电　　话：××××　邮政编码：××××

诉讼请求：

1. 请求法院判令第一被告承担返还本金 150 万元及其利息 202 044.00

标题

首部：注明当事人基本情况

正文：诉讼请求明确、具体

元（此利息暂计至 2013 年 6 月 20 日）；

　　2. 请求法院判令第二被告对以上两项承担连带责任；

　　3. 请求法院判令两被告共同承担本案诉讼费、律师代理费。

　　事实和理由：

　　2012 年 9 月 12 日，第一被告北京××有限责任公司（以下称"××公司"）与原告中国××支行（以下称"××支行"）签订《人民币资金借款合同》（编号：2012 年工流字第×××××号），借款金额：150 万元，利率为月息 10.08‰，期限半年，即自 2012 年 9 月 13 日起至 2013 年 3 月 12 日止。第二被告北京市××饭店（以下称"饭店"）为此提供担保，并于同日签订《保证合同》（编号：2012 年工流字第×××××号），承担连带清偿责任。

　　2012 年 9 月 13 日，××支行如期发放《核定贷款指标通知》，并于次日将 150 万元划至××公司账户。合同期限届满后，借款人并未履行其到期归还本金及利息的义务，××支行数次催款，未果。

　　鉴于上述事实，原告认为，借款合同一经成立，即具法律约束力，借贷双方应严格遵守。××公司有责任偿还××支行贷款本金及利息，并承担违约责任。××饭店应承担连带清偿责任。根据《经济合同法》第 5、15、40 条及《担保法》第 18、21 条，特诉请人民法院判允前列诉讼请求。

　　此致

北京市××区人民法院

　　附：

　　1. 本状副本二本

　　2.《人民币资金借款合同》一份

　　3.《保证合同》一份

　　4.《贷款转存凭证》一份

　　5.《核定贷款指标通知》一份

　　6.《到期（逾期）贷款催收通知书》三份

具状人：中国××××支行（盖章）

法定代表人：×××

20××年×月×日

旁注（右栏）：

事实：重点介绍纠纷事实发生的经过

理由：援引的法律依据准确，有利于法院判案

尾部

　　上例是法人之间的一起经济合同纠纷案。该起诉状项目齐全，层次清楚，结构完整，符合规范。正文部分先引述合同内容，再陈述合同履行过程中双方的行为，突出了被告违约的事实，最后阐述起诉理由。言简意赅，短小有力。

知识归纳

　　起诉状是指原告依据事实和法律向人民法院提起诉讼而写的书面材料，简称"诉状"，俗称

"状子"或"状纸"。

根据我国《刑事诉讼法》和《民事诉讼法》的规定，任何国家机关、企事业单位、社会团体或公民个人，在认为自己或受自己保护的合法权益受到侵害，或者与他人发生纠纷时，都可依法向人民法院提起诉讼，以求得法律上的保护。

一、起诉状的分类

根据案件的性质不同，起诉状可分为以下四类。

（1）民事起诉状。是指公民、法人和其他组织在认为自己的民事权益受到侵害或者与其他人发生争议时，向人民法院提出要求人民法院公正裁判的书面诉讼请求。

（2）刑事自诉状。是自诉案件的被害人或其法定代理人为追究被告人的刑事责任，向人民法院递交的书面请求。

（3）刑事附带民事诉状。是有权提起附带民事诉讼的人，向人民法院提出的附带民事诉讼，要求在追究被告人刑事责任的同时，责令被告人赔偿经济损失的书面请求。

（4）行政起诉状。即公民、法人或者其他组织不服行政机关的具体行政行为，而向人民法院提起诉讼的书面请求。

二、起诉状的格式

起诉状通常由标题、首部、正文、尾部四部分组成。

1. 标题和首部

标题是起诉状的名称，应当写明"××起诉状"，如"民事起诉状""刑事起诉状""行政起诉状"等。

首部是起诉状的开头，要求写明当事人的基本情况，包括原、被告及第三人的姓名、性别、年龄、民族、工作单位和地址。如当事人是法人或其他组织，应写明其名称、所在地及法定代表人的姓名、职务，有数原告或数被告时应一一列明。

2. 正文

正文是起诉状的主体，包括诉讼请求、事实与理由、证据与证据来源等。

（1）诉讼请求。是指起诉人要求人民法院解决民事纠纷的具体事项。写作时应注意：①请求要合法合情；②内容要简明扼要；③请求事项要全面明确，有多项请求时应分项一一列出。

（2）事实部分。诉讼是摆事实、讲道理的过程。具体要求：一是完整概括案情。二是围绕"诉讼请求"叙述事实。凡是有利于实现诉讼请求的具体材料，均应写进诉状；与诉讼请求无关的材料，则不应写进诉状。三是叙事要真实，不违背常理。四是边写重要事实，边举证据。

（3）理由部分。这一部分中，起诉人要根据前面叙述的事实，讲出起诉的道理，即证明被告依法应承担相应的民事责任，自己的诉讼请求是正确的。阐述理由时应注意，理由必须与事实、诉讼请求相一致。援引法律条款要全面、准确和规范。

（4）证据与证据来源。通常在事实与理由之后另起一段阐述证据和说明证据来源。证据要求真实、具体、可信。要针对主要事实列举证据，要写明书证、物证和相关证据的名称及来源，写明证人的姓名、职业、住址及证言要点。表述方式如下：

书证××（名称）×份；

物证××（名称）××件；

证人×××（姓名），住址，电话。

3. 尾部

尾部主要包括致送法院名称、起诉人署名或盖章、起诉时间及附项等内容。

三、起诉状的写作要求

一份好的起诉状，应该做到"以事动人""以理服人""以情感人"。在写法上，应当是寓观点和情理于叙事中，让事实具有感染力，具有不可辩驳的力量。对于不同的案件，不同的事实，应采取不同的表达方式。常用的方法有：第一，以纠纷发生、发展的时间为顺序，突出中心来写。第二，采用综合归纳的方法，围绕纠纷的原因和焦点来写。

起诉理由的叙述，不是简单地重复事实，而应该在叙述事实的基础上，分析行为性质，说明是非曲直，表明所请求的合理性与合法性。

在起诉状的写作中，要求做到：①边叙述事实边列举证据。②要以事实为根据，以法律为准绳。起诉状在阐明理由时，必须遵循这一原则。尤其要注意以法律规定为理论依据，论证当事人诉讼请求的合法性和正确性。③先事实，后理由。在行文上，文字要表意明确简练，避免歧义，避免口语化。事实叙述条理清晰，不能含糊其辞、模棱两可。理由陈述要摆事实，讲道理，重证据，不要空口无凭。④人称要一致。

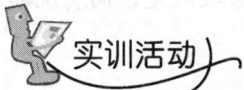

实训活动

1. 请根据下列案情材料拟写一份起诉状。

李×天于 2013 年 11 月因工厂优化组合而下岗，于是十分不满，怀疑自己下岗是车间主任王×仁向厂领导告"黑状"的结果，便对王×仁怀恨在心，伺机报复。同年 12 月 2 日上午 10 时，李×天在车间门口碰到王×仁就破口大骂，并动手打了王×仁两个耳光。王×仁对李×天的不法行为提出了严厉的批评，李×天不仅不接受批评，反而猖狂地对王×仁发泄不满，顺手抄起管钳向王×仁头部猛击一钳，当即将王×仁的头颅骨打成粉碎性骨折，砸断动脉血管，血流满地，致王×仁昏倒在地。虽在现场的同车间工人张××、赵××将王×仁送医院抢救，但终因流血过多，抢救无效，王×仁于当晚 10 时死去。

李×天作案后到××区公安分局投案自首，并于当日被××区公安分局拘留，同年 12 月 6 日经××市××区人民检察院批准，由××区公安分局执行逮捕。该案经××区公安分局侦查终结，于同年 12 月 20 日移送××区人民检察院审查起诉。在审查期间李×天对自己的罪行供认不讳，但供称本只想报复一下王×仁，发泄一下心中怨气，并不想要他性命，现王×仁已死，是自己一时失手所致。检察院经审查认为，李×天的行为触犯了《中华人民共和国刑法》第二百三十四条第二款之规定，涉嫌故意伤害（致死）罪，应依法追究刑事责任。李×天虽有自首行为，但犯罪后果严重，因此××区人民检察院按照《刑事诉讼法》第一百四十一条的规定向××区人民法院提起公诉时，要求对其依法严惩。

实用文书写作

犯罪证据：①××区公安分局现场勘查笔录；②目击证人同车间工人张××、赵××联名写的证言一份；③凶器管钳上的血迹经化验与被害人王×仁血型一致。以上证据，均证明李×天罪行属实。

李×天，男，38岁，××市人，原系××市××工厂工人，初中文化，汉族，住××市××区×路×号。

附：《中华人民共和国刑法》第二百三十四条第二款规定："犯前款罪，致人重伤的，处三年以上十年以下有期徒刑；致人死亡或者以特别残忍手段致人重伤造成严重残疾的，处十年以上有期徒刑、无期徒刑或者死刑。"

《中华人民共和国刑法》第六十七条规定："犯罪以后自动投案，如实供述自己的罪行的，是自首。对于自首的犯罪分子，可以从轻或者减轻处罚。"

2. 根据下列材料编写一份起诉状。

原告于2012年3月22日到福州刘琦环艺设计工程有限公司应聘岗前培训学员，并签订合同。合同中有这样的条款：公司从员工应得工资中每月提留100元，至合同期满退还。员工受聘期间辞职则所扣工资及两个月基本工资作为赔偿甲方经济损失。原告当时对此心存疑虑，但考虑到找份工作不容易，便在合同上签了字。原告于2012年8月转为正式员工，也正是从2012年8月起，原告每个月都被公司提留100元。2013年12月，原告由于家庭因素，便向公司书面提出辞职，并一直工作到2014年1月初才离开公司。但在结算工资时，公司克扣了2012年8月至2013年11的提留工资1 600元及2013年12月工资940元，累计加班费410.16元。原告觉得公司的做法没有道理，几次催讨，公司都以合同为由拒绝支付。

原告认为：双方有关放弃权利的约定违反了劳动法的基本原则，属于无效条款，被告应据实支付原告工资报酬。今原告由于协调不成，特根据《劳动法》第七十九条之规定，向贵院起诉，请依法判如诉请，不胜感激。

知识拓展

法律文书写作的基本要求：①遵循格式，写全事项；②主旨鲜明，阐述精当；③叙事清楚，材料真实；④依法说理，折服有力；⑤语言精确，朴实庄重。

法律文书在叙述事实时的要求：①写清事实的基本要素；②关键情节具体叙述；③因果关系交代清楚；④争执焦点抓准记清；⑤财物数量记叙确切；⑥叙述事实平实有序；⑦材料选择真实典型。

法律文书叙述事实主要应写明的要素：刑事案件法律文书叙述事实时要求写明作案（指构成犯罪的事实）的时间、地点、作案人和被害人，作案的目的、动机、情节、手段、造成的后果、作案人的态度以及证据等。民事、行政类案件的案情叙述则围绕当事人各方的纠纷事实来记叙，包括纠纷的内容及其发生的时间、地点、涉及的人物，纠纷的发展过程（起因、过程、结局），各方的争执意见以及证据。

法律文书阐述理由的基本要求：①列举事实证据确凿；②分析受理以法为据；③据案引法，据法论理；④前后照应，通领全文。

法律文书对引证法律的基本要求：①引证法律要有针对性，针对案情引用外延较小，恰恰适合于本案的内容；②引用法律凡有条款项的，应引到条下的款或项；③在不影响文字表述的情况下，尽可能引出法律的条文，但应注意条文文意的完整，不能断章取义；④在有关刑事的法律文书中，应先引用我国刑法的有关规定，后引用我国人大常委会的有关决定。

法律文书对语言的具体要求：①表意精确，解释单一；②文字精练，言简意赅；③文风朴实，格调庄重；④语言规范，语句规整；⑤褒贬恰切，爱憎分明；⑥语言诸忌，竭力避免。

法律文书写作的语言运用中，最常见的忌用语言通病有：方言土语、流氓黑话、脏话。

任务十七　上诉状

能力要求

任务目标	能力目标	知识结构
掌握上诉状的写作	能根据上诉状的定义，理解其内涵和适用范围	上诉状的定义 上诉状的适用范围
	根据上诉状的性质不同，区分其不同类型	上诉状的类型
	熟悉上诉状的结构与格式，通晓其标题、正文的具体写法	上诉状标题的写法 正文结构的具体内容
	掌握上诉状的写作要求	写上诉状应注意的事项

案例点评

民事上诉状	标题
上诉人：（一审被告）：中国建筑××局××安装公司 法定代表人：王××，公司经理 被上诉人（一审原告）：××市××置业有限公司 法定代表人：易××，董事长	首部：注明当事人基本情况
上诉人因房地产合同纠纷一案，不服××市××区人民法院二零一三年十二月三十日（2013）×民初字第 809 号判决，现依法提起上诉。	案由
上诉请求： 1. 撤销××区人民法院（2013）×民初字第 809 号民事判决书。 2. 依法驳回被上诉人的诉讼请求。	上诉请求明确、具体
上诉事实和理由： 一、一审法院判决认定事实严重错误 1. 一审认定上诉人与被上诉人转让的土地面积只有 4.65 亩没有任何事实依据。一审查明："原、被告双方实际过户的土地面积为 2 610 平方米，即 3.915 亩，原告建房实际面积为 3 100 平方米，即 4.65 亩，鸿世家园综合楼的规划用地面积为 3 366.25 平方米"，除了原告提供的建设用地规划许可证注明的用地面积为 3 366.25 平方米外，其认定的 3.915 亩及 4.65 亩均无任何证据证明。而上诉人提供的与被上诉方签订的协议中，明确约定的土面积	事实和理由要围绕原判决书中认定的事实和适用的法律，指出其中的错误所在，有的放矢

为 7.55 亩，一审法院却对协议断章取义，只字不提此内容。

2. 一审认定上诉人对被上诉人委托××市××资产评估有限公司的评估报告没有提出异议是完全错误的。首先，该评估报告只是被上诉人单方面的委托，作为其购买上诉人土地的价格依据，与上诉人并没有关系，土地转让价格是多少，必须以双方自愿协商为准；××市××资产评估有限公司并没有权利将该份评估报告送达上诉人，上诉人也无义务接收该份报告并提出异议。因此一审法院据此认定上诉人对该份评估报告予以默认的事实是完全错误的，毫无事实、法律依据。值得一提的是，在一审庭阶段，上诉人提出：同样是××市××资产评估有限公司对双方争议的同一宗土地，受××国土局委托进行的评估与受被上诉人委托进行的评估，地介竟相差 66.32 万元，其可信度值得怀疑。

3. 一审认定被上诉人请求变更或撤销与上诉人签订的协议并没超过诉讼时效是没有事实依据的。一审确认："原告在 2013 年 7 月 30 日前已向本院递交了起诉状，同时向法院申请缓交诉讼费用，被告因未及时交费，推迟了立案，但主张权利时未超过法律规定期限，应视为有效"的事实，在法庭上被上诉方既未提供申请缓交诉讼费用的报告，也未提供法院同意其推迟立案的证明，反而提供了一份一审法院立案庭在 2013 年 9 月 4 日出具的"同意立案"的证据，正好证实了被上诉讼人请求变更或撤销协议已超过诉讼时效。

二、一审法院适用法律错误

被上诉人在一审中只请求上诉人继续履行第二期开发协议，签订的六份协议该变更的变更、该撤销的撤销，庭审中也没有明确到底是变更还是撤销。而法院却越权判决，有违法律规定。

综上所述，上诉人认为一审法院的判决严重背离了事实，且程序不合法。为此，上诉人恳请二审法院在查明事实的基础上公正裁判，撤销一审判决以维护上诉人的正当权益。

　　此致
××市中级人民法院　　　　　　　　　　　　　　　　致送法院的名称

　　　　　　　　上诉人：中国建筑××局××安装公司　落款
　　　　　　　　　　　　2013 年××月××日

　　这一份民事上诉状项目齐全，结构完整，符合要求。正文部分主要从实体与程序两个层面展开且能紧紧围绕原审判决书的关键内容进行说理，能进行合适的引述，更显有力；不足之处是第二部分内容不够翔实。

　　知识归纳

　　上诉状是刑事民事或行政案件中的当事人或其法定代理人，不服一审人民法院的判决或裁定，而在法定的上诉期限内，向原审法院的上一级人民法院递交的要求撤销变更一审判决、裁定的书面请求。

　　当事人书写上诉状提起上诉，可引起第二审程序的发生，使第二审人民法院对上诉案件再一次进行审理，能达到纠正一审法院错误、维护当事人合法权益、保障法律的正确实施的目的。

一、上诉状的分类

　　上诉状依据案件的性质不同，可分为民事上诉状、刑事上诉状、行政上诉状三类。

　　（1）民事上诉状。是民事案件当事人或者其法定代理人不服一审人民法院的民事判决、裁定，在上诉期间内要求上级人民法院进行审理、撤销、变更原裁判所提出的书面请求。

　　（2）刑事上诉状。是刑事案件的当事人及其法定代理人或者刑事被告人的辩护人和近亲属经被告人同意，不服地方各级人民法院的第一审判决、裁定，依照法定程序和期限要求上一级人民法院撤销或变更原裁判的书面请求。

　　（3）行政上诉状。是当事人不服人民法院的第一审行政判决、裁定，依法要求上一级人民法院撤销变更一审判决的书面请求。

二、上诉状的格式

　　上诉状有固定的、规范化的格式，主要包括标题、首部、正文和尾部等部分。

1. 标题和首部

　　上诉状在状纸顶端居中写明"民事上诉状""刑事上诉状"或"行政上诉状"。

　　上诉状首部即当事人的基本情况。分别写明上诉人、被上诉人的姓名、性别、年龄、民族、职业、工作单位和住址等。分别注明上诉人、被上诉人在一审中的诉讼地位，如"上诉人（原审被告）""被上诉人（原审原告）"等。如有第三人，应写明第三人的基本情况。如果当事人是法人或其他组织，应写明其名称、所在地址、法定代表人的姓名和职务。如果委托律师代理诉讼，应写明律师姓名及律师所在的律师事务所名称。

2. 正文

　　正文主要由"案由""请求"和"理由"组成。

　　（1）案由。这是一段过渡性的程式化文字。在当事人的基本情况下，另起一行写明："上诉人因……一案，不服××人民法院××××年×月×日××字第××号判决（或裁定），现提起上诉。"

　　（2）请求。就是上诉人所要达到的目的，即针对原审判的不当之处，请求第二审人民法院撤销、变更原审的判决或裁定，或请求重新审理。

　　（3）理由。这是上诉状的核心部分，也是上诉能否达到目的的关键部分。阐明上诉的理由主要从三个方面入手：①第一，认定事实。针对原判认定的事实不实或不清、不准、不当甚至全部错误的情况，上诉人可以有针对性地进行反驳，陈述正确的事实，举出有关证据，阐明其中的道理而提出上诉理由。②第二，适用法律。具体提出原审裁判在适用法律方面的错误，并作为论证原审裁判应予变更或撤销的事实依据和法律依据。③第三，讼诉程序。具体提出原审法院在审理案件作出裁判的过程中有哪些违反法定程序之处，并指出纠正的法律依据。

　　上诉理由阐明后，接着写明"为此，特向你院上诉，请求依法撤销原判决（或裁定），予以改判（或重新审理）。"正文即结束。

3. 尾部

起诉状尾部需包括送达用语、签名、时间、附项。

在正文的左下方，写明民事上诉状提交的人民法院，如"此致""××人民法院"。

在正文的右下方，写明"上诉人：×××"，注明具状的年、月、日。

附项写明：上诉状副本×份；物证×件；书证×件。

三、上诉状的写作要求

上诉状的写作，主要有以下两种方法。

一是说明的方法。上诉请求的内容要概括地、准确地、有针对性地说明一审判决何处不当，请求第二审人民法院撤销、变更原审的判决或裁定，或者要求重新审理。文字上要明确、具体，不含糊其辞，模棱两可。

二是反驳的方法。针对一审判决所认定的事实逐一进行驳斥，从中突出上诉人的观点。要求针对性强，说理性强，逻辑性强。

上诉状的写作应注意以下几个问题：①针对上诉人对原判的不服之处，有的放矢；②针对反驳的论点，摆出客观事实和证据，摆出相关的法律条款，据理论证，分清是非；③根据论证所得出的结论，明确地提出自己的主张和要求。

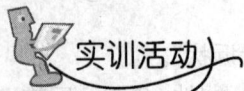

实训活动

1. 根据下列案情制作一份上诉状。

××县××乡××村村民何××与郭××的承包地相邻。其间有一条一米多宽的小道分隔。何××种的是蔬菜，郭××则自 2011 年起在其承包土地上改种杨树苗。不出两年，杨树苗长成六米多高。看到郭××杨树苗已影响到自己蔬菜的采光，何××便找郭××协商，请求其移走靠小路一侧的一批树苗。而郭××却说："我的树种在自家地里关你什么事！"双方不欢而散。结果当年何××的大白菜就出现了不卷心的现象。初步估算损失达 5 000 余元。何××找村干部调解，未果。不得不起诉至法院，请求判决郭××移走杨树苗，并赔偿 5 000 元经济损失。一审法院审理后认为，原被告均有权自主使用其承包土地，任何一方均不能干涉另一方的用地行为，故驳回原告诉讼请求。何××不服欲提起上诉。请试写一份上诉状，不明确的内容以"××"表示。

2. 根据下列材料制作一份民事上诉状。

上诉人李××，女，34 岁，汉族，河北省唐山市人，××市××工厂工人，住××市××区××胡同 1 号。

被上诉人郭××，男，38 岁，汉族，北京市人，××市××机关干部，住址同上。

一审民事判决书摘要：

××市××区人民法院于××年×月×日以（××）×民初字第 24 号判决，准予原告与被告离婚。判决书理由部分摘要如下：

"综上所述，本院认为原、被告双方婚姻由父母包办，并无感情基础。婚后不久，双方因家庭琐事，争吵不断。女方经常到男方单位吵闹，影响工作。近年来，女方毫无根据地怀疑男方另有新欢，双方感情日益破裂。现男方提出离婚，调解无效。经调查证实双方感情已破裂，无法和好，因此根据我国婚姻法第25条第2款之规定，判决如下：准予原告与被告离婚。"

上诉人意见简介：

上诉人不服原判，坚决不同意离婚。认为原审判决认定的事实和阐述的理由都是不正确的。具体意见是：

关于感情基础问题。上诉人认为，双方婚姻是由父母做主，但不等于无感情基础。订婚后，双方不断约见，相处融洽。结婚时对方高高兴兴，欢天喜地，亲友可以证明。婚后生了两个孩子，家庭和睦，生活愉快。这充分证明婚前有感情基础，婚后感情较好。认为父母做主必无感情，是不能成立的。

关于争吵问题。近年来，双方发生争吵，这是事实。但是为什么争吵，是因为被上诉人在经济上和生活上对家庭照顾不够。而争吵的内容属于家庭琐事，法院也这样认定，双方无原则分歧。因琐事争吵而判决离婚于法无据。

关于去对方单位反映情况问题。上诉人认为去对方单位反映情况，方式上或许不尽妥当，但主观愿望是好的，目的是想请对方单位领导帮助解决问题，使双方矛盾得到解决。法院轻信被上诉人一面之词，认为反映情况影响人家工作，并以此作为判决离婚的理由，这是难以令人信服的。

关于被上诉人另有新欢的问题。法院判决认为上诉人毫无根据怀疑被上诉人另有新欢。其实这并非毫无根据。早在三年前，上诉人已发现被上诉人与王某关系暧昧，超越了同志关系的正常范围，此事周围的同事和邻居能够证实。特别是被上诉人对上诉人的态度日趋恶劣，其用心显见。原审法院不查清事实真相，轻信被上诉人一面之词，据此为理由判决离婚，是错误的。

任务十八　答辩状

能力要求

任务目标	能力目标	知识结构
掌握答辩状的写作	能根据答辩状的定义，理解其内涵和适用范围	答辩状的定义 答辩状的适用范围
	根据答辩状的性质不同，区分其不同类型	答辩状的类型
	熟悉答辩状的结构与格式，通晓其标题、正文的具体写法	答辩状标题的写法 正文结构的具体内容
	掌握答辩状的写作要求	写答辩状应注意的事项

案例点评

民事答辩状

答辩人：张××，男，62岁，汉族，××省××市人，××××学院退休教师，住××市×××大院宿舍区甲楼×门×号。

标题

注明当事人基本情况

因殷××诉我侵犯名誉权一案，现提出答辩如下：

我与原告原系同事，都在××××学院××××教研室任教，我于2012年退休。2013年暑假，我曾为××会计师事务所和我教研室联系，二者合办一期《××××条例》辅导班。2014年1月2日，教研室同事赵××、钱××、孙××、李××来我家中看望。聊天中，他们谈到：教研室在与××会计师事务所合办《××××条例》辅导班时，原告拿着她儿子刚刚创办的公司的发票（据说免税）对学员们说，交10元开100元发票，交100元开1000元发票，开资料费回去可以报销。于是学员们纷纷交钱买虚假发票，但具体数目不详，我随即打电话给××会计师事务所的周××询问此事，周亦证实，并表示不满，还说可以提供学员名单备查。我觉得原告作为一个共产党员这样做是十分错误的，便给学校纪委写了信，希望他们调查。如属实，应加强教育。6月14日，退休党员支部活动。活动中，退休党员对学院工作提了许多意见和建议，我也提到对类似原告虚开发票这样的问题，应作认真调查，不能只听她本人一句话就过去了。活动结束后，恰巧原告从会场门口路过，有人说："说曹操，曹操就到。"原告就问，说我什么？我说："关于办班开假发票的事，希望你再跟任××如实谈一下。"原告甩了一句"少跟我来这一套"，就匆匆走了。活动以后的这个过程，时间充其量一分钟，根本不容我有在大庭广众之中"侮辱"她的言行。

我认为，我退休前是系总支纪检委员，退休后也应该维护党风党纪。我向纪委写信反映原告的问题，在党员活动中交流我所了解的情况，与原告当面交谈中表达我对她的希望，都既是一个共产党员和公民的权利，也是一个共产党员与公民的义务，根本谈不上侵犯名誉权。

根据上述事实和理由，现提出答辩请求如下：

一、驳回原告之诉讼请求；

二、责令原告向我赔礼道歉。

此致

××人民法院

答辩人：张××

××年×月×日

右侧批注：
答辩事由，写明因何人提出何案而进行答辩

答辩理由，要做到有理有据，事实分明，切中要害

答辩请求

致送法院的名称

落款

这份答辩状是针对原告在起诉状中所述事实不实而展开答辩的。先写原告所犯错误，有时间、有环境、有答辩人发现的过程，有答辩人核对的情节；再写答辩人对原告所犯错误的态度与做法，详叙其写信、发言和当面规劝的经过；最后从权利与义务上进行说理，并对全文进行归纳。这份答辩状以时间为序，陈述事实，重点突出，最后提出请求，有理有节。

知识归纳

答辩状是指在刑事、民事和行政诉讼活动中，被告或被上诉人针对原告、上诉人的诉状内容，作出的一种答复和辩解的书状。答辩是当事人的一种权利。

答辩状是与起诉状、上诉状相对应的文书。一审程序上的答辩状，是被告人对原告人起诉

状而提出的。二审程序上的答辩状，是被上诉人针对上诉人的上诉状而提出的。答辩状的使用有利于法院全面查明案情，做到兼听则明，公正判决或裁定，防止误判或误裁，以维护当事人的合法权益。

一、答辩状的分类

根据案件的性质不同，答辩状可分为民事答辩状、刑事答辩状、行政答辩状三类。

（1）民事答辩状。是民事被告、被上诉人针对原告或被上诉人的起诉或上诉，阐述自己认定的事实和理由，予以答复和辩驳的一种书状。

（2）刑事答辩状。是刑事自诉案件被告人针对自诉人控诉向法院以书面形式提交的辩解材料。

（3）行政答辩状。是被告或被上诉人针对原告或上诉人在起诉状或上诉状中提出的起诉或上诉请求事项、事实和理由向人民法院作出的书面答复。

二、答辩状的格式

答辩状一般由标题、首部、正文、尾部四部分组成。

（一）标题和首部

答辩状标题要写"××答辩状"字样。

答辩状首部应写明答辩人的基本情况，如写明答辩人的姓名、性别、年龄、民族、职业、住址等。当事人是法人或其他组织的写明其名称、所在地、法定代表人的姓名与职务。

（二）正文

正文主要由"答辩事由""答辩理由"和"答辩请求"三部分组成。

1. 答辩事由

答辩事由部分要写明答辩人因××案进行答辩。第一审案件答辩状和上诉案件答辩状其事由的写法不同，分别说明如下：

第一审案件答辩人是被告，答辩事由的具体行文为："因××（案由）一案，现提出答辩如下："。

上诉案件答辩状的答辩人是被上诉人，答辩状具体行文为："上诉人×××（姓名）因××（案由）一案不服×××人民法院××年×月×日×字第×号×事判决（或裁定），提起上诉，现提出答辩如下："。

2. 答辩理由

答辩理由应针对原告或上诉人的诉讼请求及其所依据的事实与理由进行反驳与辩解，要清晰地阐明自己对案件的主张和理由。

3. 答辩请求

答辩请求是答辩人在阐明答辩理由的基础上向人民法院提出的要求和主张。写答辩请求要有事实根据，要符合法律规定，要针对当事人的诉讼请求列举有关法律规定，论证自己主张的正确性，请求人民法院保护自己的合法权益。

答辩中有关举证事项，应写明证据的名称、件数、来源或证据线索。有证人的，应写明证人的姓名、住址。

（三）尾部

尾部要写明致送人民法院名称、答辩人签名、盖章及附项。如果委托律师代书答辩状，应在最后写上代书律师所在的律师事务所名称、答辩时间。

三、答辩状的写作要求

答辩状的写作，要很好地运用反驳的方法和立论的方法。

反驳的运用，其目的是使对方败诉，运用反驳方法一般可按以下步骤进行：①先抓住对方在诉状、上诉状中所陈述的错误事实，或所引用法律上的错误，作为反驳的论点；②由被告人、被上诉人列举出事实与证据，作为反驳诉讼请求的论据；③运用逻辑推理论证。运用反驳方法时，要尊重事实，抓住关键，尖锐犀利。

立论的运用，其目的是提出自己的主张，步骤如下：①从整个事实中经过归纳，提炼出答辩人的观点；②提出法律根据，举出客观证据，列出事实凭据作为立论的论据；③经分析论证，得出结论。

运用立论方法有以下几项要求：①简明扼要，不横生枝蔓；②有针对性；③逐条论证。

实训活动

请指出下面这份答辩状存在的问题或不足。

答　辩　状

××市××区人民法院

××公司告我厂违约实在是冤枉。事实是双方签订了一份合同，约定由我厂为××公司加工装配一批电子原件，但××公司未能按规定的时间提供原材料。我厂为了不使机器停机，只能改作其他单位的加工订货，因此才使得我们的交货超过了规定时间。所以责任主要在对方，希望人民法院能查明事实，作出公正的判决。

答辩人：××电子原件厂厂长雷××

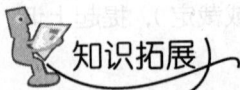

××××年×月×日

知识拓展

"阿尔曼 ALMAN 及 M 图"商标异议答辩案[①]

福建南方路面机械有限公司（以下称南方路机）是一家工程搅拌机械设备专业国际化公司，在意大利设有阿尔曼机械设计制造公司。

南方路机于 2002 年 9 月 3 日向国家工商行政管理总局商标局申请注册"阿尔曼 alman 及 m 图"商标（第

---

① 整理自财富商标网，网址为 http://www.xmtm.cn/case/Case-199.html。

7类），申请核定使用于"（建筑）多用养路机、混凝土搅拌机（机器）、搅拌机（建筑）、沥青制造机和筑路机"商品项目。商标局于2004年2月28日予以初步审定。

2004年4月29日新疆阿尔曼实业有限公司（以下称异议人）对该申请商标提起异议，本所代理答辩人即南方路机作出如下答辩：

第一，异议商标是南方路机花费心血自行设计的商标，具有独创性和显著性，并非对引证商标的简单复制和修改，答辩人对异议商标的使用及申请注册具有正当性与合法事由。

"阿尔曼"除了是维吾尔语"希望"的汉语音译外并不具有其他规范性特定含义。答辩人完全有能力自行设计出具有独创性和显著性的异议商标，且有权将之申请注册和使用。异议商标与引证商标的设计存在某些巧合实属偶然。但异议商标与引证商标在外观上具有很大差异，如汉字字体不同，英文部分不同，形状与读音均存在明显区别；并且异议商标左侧还有独具特色的图形部分。这些都足以表明异议商标具有独创性、显著特征及特定含义，并非如异议人所言属于对引证商标的简单复制。

第二，答辩人对异议商标的注册申请是正当且合法的，并无任何违法嫌疑。

《商标法》第三十一条抢注规定并非泛泛而论，仅适用于相同或类似商品或服务上。仔细查看、比较引证商标与异议商标所核定使用的商品可知，一个是食品行业，一个是路面机械制造行业，两者大相径庭。异议人所提交的材料从未证明其已经使用或注册"阿尔曼"商标于路面机械行业，更谈不上已有一定影响，而且引证商标不具有跨类别保护的程度。因此答辩人在第7类商品上申请注册异议商标并无不妥，应当依法予以核准注册。

第三，答辩人对异议商标的申请注册和使用不会误导消费者，不会损害他人合法权益。

异议人简单罗列引证商标的使用状况后便率强附会地得出异议商标的申请注册和使用必定使消费者对商品来源产生混淆和误解，并损害其利益的结论，这纯属无中生有。异议商标与引证商标的汉字字体不同，英文部分有"l"和"r"的不一致，形状和读音均存在明显差异；异议商标左侧还有独创的图形部分，在视觉上足以与引证商标区别开来。即使异议商标与引证商标被认定为近似商标，但由于两者核定使用的商品或服务不相类似更不相同，答辩人对异议商标在核定商品上使用不存在误导消费选购商品的可能，不构成任何法律意义上的侵权，不会损害更不会威胁异议人的商业利益，也不会对市场经济秩序造成任何不良影响。

第四，答辩人不存在侵犯异议人的在先权利和企业名称权的情形。

首先，《商标法》第九条规定的所谓他人在先取得的合法权利指的是他人申请在先并获得注册的商标权，在后申请注册的商标不得与他人在先取得的商标权相冲突。如前所述，异议人从来没有在第7类商品上申请注册"阿尔曼"商标，甚至连"使用"都谈不上，何来"在先权利"？

其次，异议人在一定地域范围、一定行业具有一定的知名度并不意味着答辩人必须知晓其企业名称和商标的情况，答辩人在设计和使用商标时没有义务查询所有的企业名称和字号等资料。《商标法实施条例》第53条对商标权与企业名称权相冲突的规定，仅适用于驰名商标并且必须存在可能欺骗公众或者对公众造成误解的情形。答辩人与异议人所在地区、行业、经营范围和商标核定使用的商品完全不同，答辩人对异议商标的使用根本不可能使消费者对市场主体产生误认，不会引起企业名称与商标权的冲突，更不会损害异议人与广大消费者的合法权益。

第五，异议人认为答辩人违反公平与诚信原则甚至有不正当竞争之嫌，可依据相关法律向法院提起诉讼，但异议人却称答辩人"侵害了异议人的商标专用权和企业名称权，损害了异议人的企业名誉和经济利益，是典型的不正当竞争行为"，这是对答辩人的污蔑和诽谤，答辩人保留在必要时诉诸法律追究其责任的权利。

2008年6月30日国家工商行政管理总局商标局作出（2008）商标异字第04528号《"阿尔曼alman及m图"商标异议裁定书》，商标局认为，被异议商标"阿尔曼alman及m图"与异议人在先注册的"阿尔曼"商标虽中文文字相同，但指定使用的商品不属于类似商品。异议人称被异议人恶意抢注"阿尔曼"商标，侵犯其合法在先权利证据不足，并裁定异议人所提异议理由不成立，对异议商标予以核准注册。

实用文书写作

至此，根据《商标法》第 34 条第 3 款的规定，"阿尔曼 alman 及 m 图"商标自 2004 年 5 月 28 日取得商标专用权，南方路机申请商标注册终于成功。

任务十九　辩护词

能力要求

任务目标	能力目标	知识结构
掌握辩护词的写作	能根据辩护词的定义，理解其内涵和特点	辩护词的定义 辩护词的特点
	熟悉辩护词的结构与格式，通晓其标题、正文的具体写法	辩护词标题的写法 正文结构的具体内容
	掌握辩护词的写作要求	写辩护词应注意的事项

案例点评

【案情简介】

被告人王六，男，21 岁，工人。××××年 9 月 10 日，男青年丁武等三人（均另案处理）在一商店附近见女青年王英从面前路过，丁武无故问王英想干什么，王英未理睬。于是，丁武等三人将王英围住，并用香瓜头打王英，王英便大声呼喊，让其二哥王六前来解围。王六赶到并上前制止，但遭丁武等三人围打，结果王六将丁武等打跑。王六和王英回家时，丁武等尾随而至，并且用砖头、石块抛打王六和王英，王六发出警告无效后，再次用铁锹将丁武等三人打跑。20 分钟后，丁武等三人又持械找王六寻衅，王六见势不妙，用自家刷厕所用的硫酸向冲上楼梯的丁武等三人洒去，致丁武等三人的头、面、肩及背部受轻微灼伤。后丁武等三人逃走。

起诉意见：人民检察院认定王六构成了流氓罪，提起公诉。

<table>
<tr><td colspan="2" align="center">辩　护　词</td><td>标题</td></tr>
</table>

审判长、审判员：

依照《刑事诉讼法》第三十二条的规定，我受××律师事务所的委派，担任被告人王六的辩护律师，参与本案诉讼活动。〔说明辩护的合法性〕

接受本案辩护任务后，我研究了本案的起诉书，查阅了全部卷宗材料，会见了被告人王六，访问了一些知情人。尤其通过今天的庭审调查，进一步明确了起诉书认定"王六犯流氓罪"是不能成立的。本人认为，本案被告人王六的行为不属于流氓行为而是正当防卫。其理由如下：〔简要回顾调查过程，提出自己的观点〕

1. 根据我国《刑法》第十七条的规定，为了使公共利益、本人或者他人的人身和其他权利免受正在进行的不法侵害，而采取的正当防卫行为，不负刑事责任。〔提出适用法律条款认定事实，驳斥起诉书的起诉罪状〕

2．王六在其妹被丁武等人无理纠缠、侮辱的情况下奋力将丁武等三人打走。之后，丁武等人手持砖头攻进楼口寻衅报复，王六在其人身权利受到不法侵害的情况下，才洒下硫酸。其行为动机不同于流氓之间的斗殴和寻衅滋事，而是为了保护本人和其妹的人身权利不再受到非法侵害，这和流氓分子无故向他人身上喷洒硫酸是完全不同的行为。

3．实施正当防卫的限度，应以足以制止正在进行的不法侵害为限。防卫的性质、手段应与侵害的强度、后果基本适应。本案中，王六先是赤手空拳将三人打跑。第二次是在对手持砖头、石块抛打他们兄妹，并在警告无效的情况下，用铁锹将歹徒打跑。第三次是在对方仍不罢休，继续寻衅，情况十分危急的形势下，为制止丁武等对自己的不法侵害，才被迫洒下硫酸。从以上三次行动看，王六都是针对正在进行的不法侵害实施的防卫。侵害行为一被制止，王六就中止了防卫行为；同时，其防卫的方法和手段也没有超过必要的限度。 ｜从适用法律条款角度来谈王六在案件过程中的行为

综上所述，王六的行为属正当防卫，没有超过必要限度，更没有构成流氓罪。 ｜得出结论

上述意见，请合议庭参考。

辩护人：××律师事务所×××　｜落款
××××年×月×日

这是一份法庭辩护词。首先交代辩护人的合法地位；然后简要回顾调查过程，提出自己的观点；提出适用法律条款；认定事实，驳斥起诉书的起诉罪状；最后对全文进行归纳。这份辩护词陈述事实，重点突出，最后提出请求，使人不得不承认其确有从轻的情节和依据，从而达到辩护的目的。

知识归纳

辩护词是被告人及其辩护人在诉讼过程中根据事实和法律提出有利于被告人的材料和意见，部分或全部对控诉的内容进行申述和辩解，反驳控诉，证明被告人无罪、罪轻或者应当减轻甚至免除刑事责任的法庭演说词。

辩护人依法参加诉讼活动，行使辩护权，能使人民法院客观地、全面地了解案情，查明案情真相，分清是非曲直，正确定罪量刑，使案件得到正确、合理的处理，维护法律的尊严，保护被告人的合法权益。

一、辩护词的格式

辩护词没有统一规定的内容和格式。但从司法实践活动中，从多数辩护人所写的辩护词来看，都有大体上相同的结构及辩护内容。

辩护词常用的结构，分为标题、称呼、正文和尾部四部分。

（一）标题和称呼

辩护词标题写明案件性质和文书名称，如"关于×××（姓名）××案辩护词"；称呼，顶

格写明对审判庭成员的称呼。

（二）正文

正文主要包括前言、辩护的理由和主张两部分。

1. 前言

前言包括三点内容：第一，说明辩护人行使辩护权的合法性；第二，简要说明辩护人在开庭前所做的工作；第三，简要说明辩护人对本案的基本看法。

2. 辩护的理由和主张

这是辩护词的核心内容，一般从三方面来阐明辩护理由：第一，从认定犯罪事实方面进行辩护；第二，从适用法律方面辩护；第三，从情理方面辩护。

（三）尾部

尾部包括结束语、署名、注明时间。

结束语一般包括两点内容：①辩护人对自己发言进行归纳总结，提出结论性的意见，使法庭成员明了辩护词的基本观点；②对被告人如何定罪量刑，适用什么法律条款，向法庭提出看法、要求和建议。

结束语完结后，在正文的右下方署名并注明时间。

二、辩护词的写作要求

一篇好的辩护词，应该有一个通盘的考虑，即要有一个论辩的思路。唯有这样，才能做到收放自如，才能收到好的效果。它体现了论辩的艺术，也为辩护词提供了指导思想。常见的论辩思路有：

一是欲进先退，后发制人。这种方法常用在作"有罪辩护"中。即先退一步，承认被告人有罪，然后逐步申述有利于被告人的种种客观事实和从轻或减轻的理由，使人不得不承认其确有从轻的情节和依据，以达到辩护的目的。

二是针锋相对，据理驳辩。即针对对方诉状中在事实认定上或适用法律上的错误，针锋相对地据理据法予以驳辩。

辩护词的写作要求有以下几点：①仔细调查了解案情，确立辩护论点；②抓住案件关键，确定辩护思路；③提出的辩护理由，要具体确切，力避空洞无物；④运用反驳和证明相结合的方法，增强辩护力；⑤严格遵守我国法律规定，援引法律条文准确，有针对性。

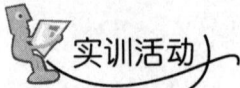

实训活动

根据下列案情材料，以受委托律师身份拟写一份辩护词。

××××年1月8日早晨3时许，被告人林×兴驾驶××百货公司货车一辆，内装打字纸202盒，前往××县。开车前，被告人违章同意黄×忠乘车，并将车后门钥匙交给黄×忠。黄×忠乘被告人不在时，擅自将6篓摔炮和1万张发令纸等危险品在王×喜（被告人的师傅）的协助下搬进了车厢。同时王×喜不仅自己搭车，又私自叫郑×花、占×珠和姚×妹三个妇女坐进车厢和驾驶室。被告人当时拒绝，但在黄×忠的说情下，还是让他们乘了车。车行至某公路处，摔炮和发令纸突然爆炸燃烧。当场烧伤黄×忠、郑×花二人，王×喜因重伤抢救无效死亡。造成一人死亡、二人重伤并使国家财产遭受损失4000多元的重大交通事故。

　　××县检察院××××年3月13日向××县人民法院提起公诉。起诉书认定被告人林×兴违反交通运输规章制度，致使装在车厢内的摔炮及发令纸受震爆炸，造成一人死亡、二人重伤并使国家财产遭受损失，已构成交通肇事罪，要求依法惩处，但未对其他人提起公诉。检察院提供的证据材料有：①乘车人占×珠、姚×妹证实：黄×忠乘被告人林×兴不在时，将大量危险品擅自装入车厢。②林×兴在汽车出事时，保住汽车油箱，避免爆炸，减少了损失；事发后，被告人林×兴及时将伤者送往当地××县医院抢救，并主动向当地公安局投案自首，如实交代事实的经过情况。

　　附：相关法律依据：《中华人民共和国刑法》第六十七条第一款："犯罪以后自动投案，如实供述自己的罪行的，是自首。对于自首的犯罪分子，可以从轻或者减轻处罚。其中，犯罪较轻的，可以免除处罚。"根据《中华人民共和国刑事诉讼法》第三十二条的规定，律师可以接受被告人的委托，担任被告人的辩护人。

任务二十　代理词

能力要求

任务目标	能力目标	知识结构
掌握代理词的写作	能根据代理词的定义，理解其内涵和特点	代理词的定义 代理词的特点
	熟悉代理词的结构与格式，通晓其标题、正文的具体写法	代理词标题的写法 正文结构的具体内容
	了解代理词不同的论证方法	代理词主要的论证方法
	掌握代理词的写作要求	写代理词应注意的事项

案例点评

【案情简介】

　　原告：马小美，A市医院护士

　　被告：A市卫生局

　　案由：不服卫生行政处罚决定

　　事实：

　　××××年12月，田桂丽患感冒经医生诊断需要注射青霉素。田桂丽到注射室时恰逢原告马小美值班。马小美由于急于去托儿所接孩子，考虑田桂丽过去多次来注射青霉素都未见异常，故没有给田桂丽做皮下试验，即给田桂丽注射了一针青霉素。一刻钟后，田桂丽面呈紫绀、胸口发闷，半小时后死亡。市卫生医疗事故技术鉴定委员会鉴定后认为，原告的行为是医疗事故，

实用文书写作

原告对此无异议。被告根据《医疗事故处理办法》第22条的规定，对原告作出行政处理。

（1）原告给予死者家属经济补偿费8000元；

（2）吊销原告马小美的行医资格，《医疗事故处理办法》第22条规定，个体开业的医务人员所造成的医疗事故，由当地卫生行政部门根据事故等级、情节、本人态度，除令其给病员或其家属一次性经济补偿外，还可以处1年以内的停止或者吊销开业执照，原告不服诉到法院。

代 理 词

审判长、审判员：	标题
根据《行政诉讼法》第29条的规定，我受××律师事务所的委派，担任原告的诉讼代理人。在审理之前我认真地查阅了本案的卷宗材料，并进行了必要的调查。现结合本案事实，根据有关法律、法规发表如下意见：	代理的合法性与前期调查过程
（1）被告适用法律是错误的。根据《医疗事故处理办法》第22条的规定，个体开业的医务人员所造成的医疗事故，由当地卫生行政部门根据事故等级、情节、本人态度，令其给病员或其家属一次性经济补偿。医疗事故的补偿费，由医疗单位支付给病员或家属。从以上规定可以看出，给予病员或家属经济补偿费的主体一是个体开业的医务人员，一是医疗单位。原告是A市医院的护士，而不是个体开业的医疗人员，是以A市医院的名义从事医务活动的，出现医疗事故应由其所属单位予以死者家属经济补偿。被告作出的由原告支付经济补偿费的处理是没有法律依据的。被告适用《医疗事故处理办法》第22条规定是错误的，应适用该办法第18条的规定。	就适用法律是否错误进行论证，并得出自己的结论。首先从物质赔偿角度来谈问题，提出被代理人不应赔偿的主张
（2）被告作出吊销原告行医资格的行政处罚决定没有法律根据。根据《医疗事故处理办法》第20条的规定，对造成医疗事故的直接责任人员，医疗单位应根据其事故等级、情节轻重、本人态度和一贯表现，分别给予行政处分。从这可以看出，医疗单位因其工作人员对外造成医疗事故后，对该直接责任人员应按照行政隶属关系给其相应的行政处分，而不存在吊销行医资格处罚问题。	从受处罚第二条入手，就是否应该吊销行医资格提出主张
（3）据《行政诉讼法》和54条第2项的规定，我认为被告适用法律、法规是错误的，特此请求法庭依法判决撤销被告作出的行政处罚决定。	结束语总结自己的主张
以上意见，供合议庭参考。	
××律师事务所律师：××× ××××年××月××日	落款

这是一份法庭代理词。首先交代代理的合法性与前期调查过程，其次就适用法律是否错误进行论证，最后得出自己的结论。本代理词立足于事实和法律，针对实质性委托，进行准确、详尽而深入的剖析，支持其诉讼请求。

知识归纳

代理词是民事、行政案件当事人，刑事案件的被害人以及刑事附带民事案件的原告、被告所委托的诉讼代理人，在法庭审理阶段为维护被代理人的合法权益所发表的指控、答辩的演说词。

在审判的辩论阶段，诉讼代理人中肯地阐述诉讼理由，恰当地分析案情，有助于法院客观地、全面地了解案情，对案件作出公正的处理，使诉讼当事人的民事合法权益得到保护。

一、代理词的格式

　　代理词的写法比较灵活，并没有统一的格式，大体上仍然是由标题、称呼、正文和尾部四部分组成。标题、称呼、尾部的写法与辩护词大体相同。下面主要介绍代理词正文的写作要求。

　　撰写代理词正文，应当着重注意下列问题。

　　（1）根据案件具体情况，抓住争执点，鲜明地提出代理意见，并围绕这一观点从多角度、多侧面展开论证。要从事实、证据、法理、逻辑等多方面进行分析。

　　（2）立足于事实和法律，针对实质性委托，进行准确、详尽而深入的剖析，支持其诉讼请求。

　　（3）代理词应当随着诉讼进程不断修改、充实和完善，注意及时吸收新出现的情况，弥补代理词中的漏洞。

　　（4）代理词的语言应当生动、简练，论点明确，逻辑性强；客观、全面，重点突出；通俗易懂，用词恰当，又留有余地。

二、代理词的主要论证方法

　　代理词的主要论证方法有以下三种。

　　（1）据实论证。这就是通常所说的"摆事实，讲道理"的方法，其容易发挥折服对方的作用，也容易为法庭所接受。

　　（2）据法论证。事实是案件的基础，但法律是衡量是非的准绳，特别是比较复杂的纠纷，若不用法律加以衡量和分析论证，便不易辨清其具体的是非界限和双方的法律责任。

　　（3）据情说理。一般来说，法律与情理有相一致的地方，在情理上的申说可以取得更好的论辩说理效果。

三、代理词的写作要求

　　代理词的写作基本要求有以下几项。

　　（1）实事求是，客观公正地摆事实、讲道理。

　　（2）有理有据，不超越权限，注意分寸，以免引起被动。

　　（3）论点要明确，论据要可靠。

　　（4）引用法律条文要具体、全面、恰当。

　　（5）要适时根据庭审的进行作适当的调整，抓住对方的观点进行辩驳，不要你说你的、我说我的。

实训活动

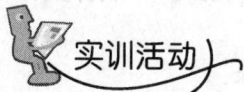

　　根据下列案情拟写一份代理词。

　　20××年9月23日，原告李先生和王女士前往被告薇薇新娘婚纱摄影有限公司拍摄结婚照。一周后，两人前去看样照时，薇薇新娘公司即提出欲留下一张照片作为样照，但遭婉拒。后来在取照时，薇薇新娘公司再次提出欲制作样照，又一次被回绝。不久，王从亲友处得知薇薇新娘婚纱摄影公司已将其结婚照样册放在营业柜台上展示。同年9月，王女士与薇薇新娘婚纱摄影公司交涉未果，遂以薇薇新娘婚纱摄影公司侵犯其肖像权为由，向崇川区人民法院提起诉讼，要求被告赔礼道歉，赔偿经济和精神损失。

知识拓展

诉讼代理的技巧
出庭前的准备工作

律师接受委托后，在开庭审理之前，因代理起诉、应诉、上诉和申诉的不同，有很多工作要做。但主要应该做好建立档案、查阅案卷、与被代理人谈话、调查取证、争取和解息讼，以及拟定代理词等六项工作。

1. 建立档案

律师诉讼代理档案包括以下几类材料：①律师接待委托人的谈话记录；②律师接受委托提交的各种材料；③接受委托后，与当事人之间的往来信、函件；④律师的调查访问材料；⑤律师去人民法院的阅卷记录；⑥委托合同与授权证书；⑦法院送交各种材料；⑧其他有关材料等。

2. 查阅案卷材料

律师应在人民法院传唤当事人谈话、收集证据、进行鉴定和调解之后，主动与人民法院审判人员取得联系，适时地去法院阅卷。

3. 与被代理人谈话

在接受当事人委托、查阅法院全部案卷之后，应与委托人再次进行有针对性的谈话。再次谈话中，要紧紧围绕如下几个方面进行。

（1）让当事人重点介绍本案法律关系的发生、变更、终结的事实，以判断其法律关系的合法性。

（2）引导当事人重点介绍本案案件纠纷的发生、发展直到诉讼的经过事实，以判断是非责任，进一步明确双方争议焦点与诉讼请求。

（3）要求当事人说明本案件当事人与证人、第三人之间的关系，特别是恩怨利害关系，以判定证据来源及其证明力。

（4）在进一步核实了解全案情况以后，确定是否还需要委托人提供新的证人、补充新的证据，是否要向法庭建议调查新证人、调取新证据或重新鉴定，或建议延期审理。

4. 调查取证

代理律师在阅卷和与被代理人谈话以后，为了进一步弄清案情，维护被代理人的合法权益，帮助人民法院查明事实、分清是非、正确及时地处理案件，就必须调查研究，收集证据材料和法律政策上的依据。

（1）律师应要求被代理人提供书证、物证、视听资料和其他证据，并让其详细说明证据的来源，尚需查实的是哪些证据，以及如何去查实、向谁去查实，说明被调查人的姓名、职业与工作单位或家庭住址，以便去查实。

（2）根据被代理人所提供的线索，实地进行调查活动，收集证据或勘验现场。

（3）依据对方当事人或第三人所提供的有关线索，去实地调查或勘验，并做好笔录。

（4）对确需鉴定的证据材料，应向被代理人说明鉴定的重要性以及鉴定费用负担的原则，申请法院鉴定或委托有关部门鉴定。

律师调查取证的方式通常有以下几种：一是律师单独调查；二是律师配合法院调查；三是申请法院调查。

（5）争取和解息讼。在这项工作中，律师应该：首先，要在坚持查明事实、分清是非的原则基础上，去做争取和解息讼工作。其次，要通过摆事实、讲道理、以理服人、讲清利害关系，在当事人完全自愿的基础上，去做争取和解息讼的工作。最后，代理律师应在维护委托人合法权益，促使当事人双方谅解的前提下，去做互谅互让的工作，促使当事人公平合理地达成和解协议。

5. 拟写代理词

（1）律师撰写各种诉讼代理词，总的要求是：观点正确，立论有据，说理充分，以理服人；中心突出，层次分明，语言生动，文字简练；诉讼请求要可行适当，合理合法，实事求是。

（2）要注意代理词在拟写时因诉讼地位有所区别，要注意原告委托与被委托的不同侧重点。

（3）要注意拟写代理词因审级不同而有所不同。

（4）拟写代理词中所引证的材料，应尽可能引用法庭在调查阶段已经查明证实了的事实材料，以加强说服力，防止激动。

（5）律师在诉讼代理词中的意见和观点，要征求委托人的意见，或事先告知委托人。如有不同意见，应进行坦率交换。

开庭调查阶段的工作

庭审调查，是在律师做好庭前准备工作和争取当事人和解无效之后进行的。它是开庭审理的中心环节，对做好律师诉讼代理工作至关重要。律师在法庭调查阶段，应侧重做好以下六方面工作。

（1）要根据法定的法庭调查顺序，认真听取审判人员的询问、对方当事人或诉讼代理人的陈述、证人的证言、鉴定人的鉴定结论、勘验报告以及其他诉讼参与人的陈述，注意揭示他们之间相互矛盾的地方和自己掌握情况的异同之处。

（2）代理或帮助被代理人作法庭陈述：①被代理人亲自参加法庭调查的，应该由被代理人自己进行陈述；②委托人虽亲自出庭，但其陈述事实确有困难的，可以委托律师为主、被代理人为辅的方式进行陈述，当然也可以被代理人为主、律师为辅的方式进行陈述；③委托人不出庭时，陈述事实的诉讼行为，应由委托律师代理进行。

（3）经法庭许可，向证人、鉴定人勘验人发问。

（4）仔细审查法庭中出示的各种书证、物证、视听资料等证据，以分辨其真伪及可靠程度。

（5）在法庭调查过程中，如原告人提出增加诉讼请求，被告人提出反诉，第三人提出与本案有关的诉讼请求，法庭可以合并审理，律师应协助当事人对提出的事实、证据和理由进行法庭调查。

（6）律师在法庭调查中，要就法庭上的主要陈述以及有关情况予以必要的记录，以备法庭辩论中加以利用。

任务二十一 消息

能力要求

任务目标	能力目标	知识结构
掌握消息的写作	能根据消息的内涵，理解其新闻价值的要素	新闻的定义与特点 消息的定义与分类
	掌握消息的结构形式，领会消息各要素的写法	倒金字塔结构等形式 消息结构的具体内容
	能根据材料，运用所学的知识，写出结构规范的消息稿	写消息应注意的事项

案例点评

【例文1】

【综合性消息】

逾1.2亿国内民众在清明节当天祭扫

正题

中新网2009年4月5日电[1] 4月4日是清明节，中国各地人们纷纷以各种方式祭奠先烈、悼念故人。从陕西黄帝陵，到四川地震灾区，从首都北京，到宝岛台湾，各地民众以各种方式，展开了对先人、对英烈的祭奠纪念活动，寄托哀思。各地殡仪馆、公墓迎来清明节群众祭扫高峰。清明节当天，全国群众祭扫总数超过1.2亿人。

导语

逾1.2亿中国人清明祭扫

根据民政部清明节工作办公室对全国150个祭扫观察点的统计，清明节当天各观察点共接待祭扫群众逾680万人，祭扫车辆近78万辆，在岗工作人员近3万人。与去年清明节当天相比，祭扫人数增加了21.4%，祭扫车辆增加了30%，工作人员增加了30.4%。全天祭扫高峰时段为上午12时以前，高峰时段人数超过全天人数的78.4%。据测算，清明节当天全国群众祭扫总数超过1.2亿人。

首先对2009年清明节全国祭扫的情况进行了概括式报道

预计5日、6日出行祭扫人流和车流将依然维持较高峰值，民政部清明节工作办公室提醒公众注意出行安全，选择文明方式祭扫，防止因不文明的祭扫方式造成火灾等安全隐患。

北京：数万民众瞻仰毛主席遗容

在北京天安门广场的毛主席纪念堂，在4日上午八点，就有一万多名群众等候在这里，瞻仰毛主席遗容。截至中午12点，已经有4万多名群众来到毛主席纪念堂参观。

北京清明活动情况的报道

在北京天安门广场，24名少先队员组成的"少年先锋岗"护卫着人民英雄纪念碑。他们代表着全国1亿多少先队员，来到雄伟的丰碑前，表达他们对革命先烈的崇敬之情。

陕西：中华儿女公祭中华民族"人文始祖"轩辕黄帝

4月4日，来自海内外八千多名中华儿女聚集在黄帝陵前，共同祭拜中华民族的"人文始祖"轩辕黄帝。9时50分祭祀大典正式开始，寓意"九五之尊"。现场击鼓34咚，代表了全国34个省、市、自治区、特别行政区；鸣钟9响，象征中华民族传统中的最高礼数。

陕西清明活动情况的报道

来自中央政府各部委和各省、直辖市、自治区的代表，以及台湾同胞、港澳同胞、海外侨胞和陕西省各界的代表，依次在轩辕大殿前向轩辕黄帝敬献花篮。陕西省省长袁纯清恭读了公祭轩辕黄帝祭文。全体公祭人员满怀对黄帝的敬仰，向黄帝像行三鞠躬礼。

---

① 中国新闻网本电文网页链接为 http://www.chinanews.com/gn/news/2009/04-05/1632911.shtml。

全国人大常委会副委员长周铁农、全国政协副主席、全国工商联主席黄孟复、中国国民党名誉主席连战、陕西省省委书记、省人大常委会主任赵乐际、陕西省省长袁纯清、国家各部委、各省市自治区的代表、海外侨胞、港澳同胞、台湾同胞等万人出席公祭典礼。

另外，台湾当局"中枢遥祭黄帝陵典礼"昨日在台北圆山忠烈祠举行，马英九一改过去由"内政部长"代表主祭的惯例，亲自主持遥祭典礼，也成为1949年后，第一位主持遥祭黄帝陵典礼的台湾当局领导人。

北川公祭：九万余民众入城祭奠

北川清明活动情况的报道

己丑年三月初九，星期六，汶川大地震后首个清明节。

遭受毁城之殇的四川省北川羌族自治县举行公祭，悼念遇难同胞。据统计，北川老县城"开禁"四天来，有九万余民众入城祭奠。汶川大地震造成北川县城被毁，一万五千六百余人遇难，四千三百人失踪。自去年五月二十日起，北川县城封城。

为尊重民俗和祭奠遇难亲人的心愿，在震后首个清明来临之前，北川首次打破常规，从四月一日至四日，将整个县城对祭奠民众开放。连日来，越来越多的民众进入县城废墟，点香、献花、鸣放鞭炮，祭奠逝去的亲人。

4日，北川在"五·一二"遇难同胞集体掩埋处举行公祭仪式。上午九时三十分，中共绵阳市委书记吴靖平率市委、市政府主要负责人为"五·一二"地震纪念碑献上花圈，为在那场浩劫中不幸遇难的一万余名同胞献上了深切的悼念和祝福。随后，在肃穆低回的哀乐声中，现场千余名民众为罹难同胞们默哀三分钟。

4日的汶川县映秀镇的地震废墟显得格外宁静、肃穆。汶川当地政府当天在映秀举行万人公祭活动。民众手捧香蜡和鲜花朝汶川"五·一二"特大地震遇难者公墓走去，那里集体掩埋了映秀镇数千地震遇难同胞。下午4时，中共四川省委书记刘奇葆率该省官员来到震中映秀废墟前，与学生、民众一起，深情祭奠地震罹难同胞。此外，汶川县委还举办了名为"汶川记忆"的图片、书法展览。

清明节当天成都市也在长松寺公墓举行公祭仪式，祭祀"五·一二"汶川大地震遇难同胞。公祭仪式开始后，主祭官先宣读公祭文，接下来的是"三献"：献牲、献果、献花。然后进行祭水、祭土、祭火的"三祭"仪式，祭官将龙泉的水和"中原厚土"抛向祭台，并将祭文投入燃烧的鼎中，以感恩水、土、火对人的厚泽滋养。颂天、颂地、颂人，"三颂"仪式是专门为祭奠汶川大地震亡灵而准备的。当诗朗诵《妈妈，请抓紧我的手》被颂出时，参加祭祀的人们被触动了。闭目、沉思，泪水滑过许多人的脸庞。

一位来自天津的祭祀者说，自己是用清明三天假期专程来四川灾区缅怀地震遇难者的，"这个清明，超越了亲情、爱情、友情，超越了生死临界的区别，愿生者坚强、逝者安息。"

南京：大屠杀遇难同胞遗属祭奠亲人

南京清明活动情况的报道

敬献鲜花、焚香祷告、跪拜先人……4日上午，侵华日军南京大屠杀遇难同胞纪念馆的遇难者名单墙前，30多名遇难同胞遗属、幸存者冒着细雨，沉痛哀悼当年被日军血腥屠杀的亲人。

遇难者名单墙俗称"哭墙"，上面刻着约 1 万名南京大屠杀遇难同胞的名字。参加祭奠仪式的南京大屠杀幸存者有的携老伴前来，有的带上儿孙举家而来，在"哭墙"前敬献鲜花，焚香祷告，跪拜先人。尽管下着小雨，当天仍有很多学生、市民自发送来献花祭奠南京大屠杀遇难同胞。

连日来，每天都有约 1.5 万人前来祭奠南京大屠杀遇难同胞。

400 万青少年清明网上祭英烈

献花、祭酒、上香、点烛、献挽联、植纪念树，这些前辈们只能在墓地前进行的活动，现在被搬到了网上。中国青年网在线调查结果显示，在该网推出网上公祭不到一个星期的时间里，就吸引了超过 400 万名青少年网民参加。从 4 月 1 日到 4 日，在中国青年网清明公祭专题中留言献花的青少年网友就达到 130 056 人次。

在中国青年网有关此活动的调查中，截至 4 月 4 日 15：00，共有 20 793 人参加。其中，表示个人参加"网上祭英烈"活动进行祭奠的占 42%，参加学校组织的集体祭奠活动的占 34%。另有 7%的网民选择"个人前往烈士墓进行祭奠"。在这些网友中，青少年群体也不仅仅局限于大学生人群，中小学生的参与热情也很高，而且不仅仅以个人名义参加，各地青少年还在学校、团委的组织下，通过组织各种形式的主题活动，利用网络平台文明祭奠、共同缅怀先烈。

> 网上清明活动情况的报道

清明祭孔体会传统文化

4 日，当代学童们在国子监身着汉服献花、行礼，参加首次北京孔庙清明祭孔活动。这次清明时节孔庙祭孔仪式共分五个步骤：读告至圣先师书，献祭品，读祭文，全体师生家长和游客向孔子行拜礼以及对孔子像尘土的扫拭。据在场的礼仪老师介绍，已将其中民间的叩首礼改为拜礼。

学童们在古琴的伴奏中朗诵了杜牧的《清明》等五首有关清明的古典诗歌。据介绍，清明节里家祭先祖，国祭英烈，学祭孔子。历史上的清明习俗既有祭扫坟墓的哀思，也有踏青游玩的欢笑。学童表演完祭孔仪式后，还举行了踢毽子表演、风筝制作和古树木浇灌等活动，让今人体会清明时节悲伤与欢乐交融的独特传统文化。

4 日 9 时，新中国成立以来，孔子故里山东曲阜首次在孔子诞生地尼山的春季祭孔仪式，在尼山孔庙举行。曲阜市政府携海内外宾朋、各界人士代表、孔氏后裔敬祭至圣先师孔子。

> 山东清明活动情况的报道

祭奠仪式后，在尼山脚下的父子洞前举行了学童"识字习礼"的开笔礼仪式。来自海内外的各界人士，与三十名小学生一起重温了中国古时读书人一生主要行"四礼"（开笔礼、进阶礼、感恩礼、状元礼）中的首次大礼——开笔礼，人们在孩子们的朗朗诵读《论语》声中又一次受到了中华文化的启蒙教育。

山西：清明节发源地 蒸"子推馍"寄情思

尽管时代在发展变迁，清明节为纪念春秋时期先贤介子推而设立的节日依然在国人心中占据着相当位置。民俗学者考证，在中国春节、元宵节、清

> 山西清明活动情况的报道

明节、端午节与中秋节五个传统节日中，清明（寒食）节是唯一有明确发源地的节日。山西绵山是清明（寒食）节发源地，距今已有两千六百多年。

山西"子推馍"，农家人又称老馍馍，一个子推馍重约一斤，里面包着鸡蛋或红枣，上面捏制有顶子，顶子四周贴面花。面花是面塑的小馍，形状有燕、虫、蛇、兔或文房四宝。在山西一些乡村山村，"子推馍"除了自己食用外，还常用来馈赠亲友。母亲要给当年出嫁的女儿送，称为送寒食。村里孩子给自己的老师送。人们一起在分享节日的美食。

"子推馍"加深了人们温馨的亲情和真挚的友情。清明期间，山西农家人以此寄托对先辈的怀念，在外乡人眼中，淳朴的人们将为这个春天又添几分诗意。

台湾：高速公路壅塞　两岸往来畅通

	台湾清明活动情况的报道

在台湾，根据民间习俗扫墓要在中午前，所以高速公路在上午 7～8 时出现一波赶着出门的车辆，正好遇上各收费站自上午 7 时起恢复收费，各路段显得较壅塞。

此外，在两岸直航班机开通后，松山等机场也相当忙碌，很多航班都达到七八成的座率。很多台湾同胞新鲜体验，搭乘航班前往大陆故乡拜祖扫墓，或返乡回台湾拜祭家人。一切虽然忙碌，但井然有序。台湾同胞多了些从容，也可以借这个机会，多和家人团聚。除了时间上、地理上的接近，台胞们也感受到了心理上的接近。

这是一条综合性消息，前面对 2009 年清明节全国祭扫的情况进行了概括式报道，后面分别选取了北京、陕西、北川、南京、山东、山西、台湾等地的活动情况进行报道，让我们知道了不同地方的人们是如何度过清明节的。

【例文 2】

	【述评式消息】

G20 峰会成果述评与中国得失

	正题

【新民网评】[1]二十国集团（G20）伦敦峰会日前结束。从会后所发布的公报来看，本次峰会除了提供了一些"好看"的东西之外，确实还提供了一些"好吃"的实质性内容，给处于阴霾中的世界经济投下了些许明媚的阳光。

导语

达成积极妥协

这些"好吃"的东西主要体现在两个方面。

第一，全球协同性的刺激经济计划。G20 就 1.1 万亿美元的经济刺激计划达成一致，该刺激计划的资金规模在 2010 年底前将达到 5 万亿美元之巨。

正如公报所指出的，如果这一承诺被如期执行的话，将可能提高全球经济增长 4 个百分点。这对于处于一片灰暗中的全球经济而言，无异于一针强心剂。

第二，反对保护主义和促进全球贸易及投资。金融危机当前，世界各国

首先对峰会的情况进行回顾，对取得的成果进行点评

---

[1] 本评论作者为宋国友，新闻网本文网页链接为 http://news.xinmin.cn/opinion/xmwp/2009/04/03/1774532.html。

有两种选择:"与邻为壑"似的贸易保护主义和"同舟共济"的贸易促进。

值得欣慰的是,本次峰会再次以集体约定的方式,重申和强调了后者。以促进国际贸易的方式来抵消经济下滑的风险,不仅是应当的,而且是有效的。

除了上述清晰可见、直接刺激全球经济增长的措施之外,还有一些立足长远,旨在避免未来类似危机的重大措施。特别是在国际金融领域,这一思路更为明显。几乎不受任何市场规则约制的对冲基金被纳入监管的范畴;评级机构本身也成为了被监督的对象;适用全球的会计准则得以制定;国际货币基金组织(IMF)被赋予了责任更为重大的监管权力以及能力,以便可以对基金组织成员国进行更为有力的监管。

与经济方面各国所达成的高度一致和积极成效相比,蕴含在经济议题背后的国际政治诉求,在本次峰会上却几乎没有太多涉及。换言之,本次峰会避开了若干敏感的重大政治议题。例如,峰会召开前夕被广泛提及的美元地位问题,因为涉及了美国的国家利益核心,而在本次会议上没有任何体现。

但必须说明的是,如果仔细审视那些看来只是经济议题的内容,不难发现其背后或多或少还是有着国际政治斗争的影子。例如,对国际金融体系加强监管,一直是欧盟成员的重要努力方向。在会议公报中,用了较大篇幅对这一问题加以论述,应该说是欧盟的胜利。又如,各国在刺激经济上投入更多的资源,显然是美国所希望的和权力推动的。再比如,提高新兴经济体在IMF的代表权和话语权,是以金砖四国为代表的发展中国家所一致呼吁的。此外,本次峰会还照顾到了在G20之外的其他世界国家的利益,特别是最贫穷国家的利益,这也是一种"政治上的正确"。基本上,各取所需,妥协综合。

中国有得有失

中国作为本次峰会上令人瞩目的与会成员,有得有失。得主要体现在四个方面。

> 然后重点谈到对中国的影响

第一,利用峰会这一多边平台,进行了多场意义重大的双边会谈。其中最为重要的当属胡锦涛主席和美国总统奥巴马的首次会晤,以及和法国总统萨科齐冰释前嫌的见面。

第二,重申了贸易自由主义。考虑到中国是世界第二大出口大国,以及出口对于中国经济发展的引擎作用,一个自由主义的全球贸易氛围当然有利于中国。

第三,反对货币贬值竞赛。金融危机的不断深化,使得不少国家希望通过让本国货币贬值的方式来促进出口。特别是在东亚,抱有这种思维或者采取类似行动的国家并不少见。由于这些国家和中国在出口产品方面存在相当的竞争,而且中国的人民币并没有贬值,这给中国的出口带来了一定的压力。好在本次峰会注意到了这个问题,并单独提出来。

第四,IMF的改革被延续性地重申和强调。IMF的改革已经成为共识,不管最终的改革方案和结果如何,毕竟改革的方向已经不太可能逆转。毫无疑问,这也有利于中国在国际金融体系发挥与自身实力相对应的建设性作用。

尽管取得了上述成果,但中国在本次峰会中并非没有遗憾。这主要体现在中国政府的某些建议没有受到充分重视。比如,中国提出的国际货币体系多元化问题，并没有得到发达经济体的热烈响应，也没有在此次公报中有所体现。又如，中国希望 IMF 能够在监督发达国家货币政策上发挥作用，但至少在本次峰会上没有被特别重视。

　　不过总体而言，中国收获颇丰。更为重要的是，纵观 G20 华盛顿峰会和伦敦峰会上中国的影响力和表现，可以发现中国越来越成熟，也越来越适应。相信前进中的中国在下一轮 G20 峰会上，一定会有更好的表现。

　　这是一条述评式的消息，先对峰会的情况进行回顾，对取得的成果进行点评，然后重点谈到对中国的影响。述评式的消息是评论者对新闻的评价，带有明显的政论色彩。

知识归纳

　　新闻是一门学科，也是一系列新闻体裁的总称。常见的消息、通讯、新闻评论、新闻特写、新闻故事等都属于新闻。本次任务重点讲授消息与通讯，这里先介绍一下新闻写作的基础知识。

　　新闻是对新近发生或正在发生，或者早已发生却是最近发现其事实价值的，有一定社会意义的事实所进行的报道。它有广义和狭义之分，广义的新闻包括消息、通讯、特写、深度报道等；狭义的新闻一般指消息。

一、新闻的特点

　　新闻主要具有以下几个特点。

　　（1）新鲜性。新鲜是新闻的价值所在，它要求及时地反映社会生活，反映事件的发展和变化。有些事件虽早已发生，但由于历史的原因，人们新近才发现其事实的价值，事虽是旧事，但对公众来说却是新知。因此，它也构成新闻的内容。

　　（2）真实性。真实是新闻的基础，也是新闻的生命。新闻报道强调的是"事实"，所报道的内容必须是真实可靠、准确无误的，要保证确有其人、确有其事，并且作者对事实的分析与评论也要符合客观事物本来的面目。

　　（3）时效性。新闻贵在新，它是对稍纵即逝的客观事物的及时记录，如果迟写慢发，新闻就会贬值或失去意义；同时，随着社会发展日新月异，人们生活节奏的日渐加快，需要新闻报道在第一时间向公众传播，否则就难以发挥其应有的价值。

　　（4）导向性。新闻强调报道"有价值的事实"，它的内容必须是大众关心的、有意义的、重要的或者典型的事实；它必须具有某种思想价值或实用价值，对改善和改变现状起着积极的引导作用。无论是对正义的歌颂，还是对错误的批判，都应当引导公众正确地认识社会问题。新闻应当成为引导社会健康和进步的舆论先驱。

二、新闻的写作要求

　　新闻的写作一般有以下几项要求。

1. 要具备新闻要素

新闻要把报道的事情交代清楚，让读者一看就知道在什么时间、什么地方、发生了什么事情，也就要交代清楚六个要素，即时间、地点、当事人、事件、原因、结果。在英语中，这六要素分别用 when、where、who、what、why、how 来表示，所以称之为 5 个"W"和 1 个"H"。当然，一篇新闻是否都要具备 6 个要素，要根据叙述对象和表述主题的需要而定，有时并非每个要素都是必需的。

2. 要用事实说话

新闻是通过事实来说明问题、论述主张、影响读者的，即使是述评新闻，也要在客观地叙述新闻事实的基础上进行评述，或者是作者的观点隐藏在对事实的叙述之中。因此，新闻要用事实说话，不能让作者的观点、态度掩盖客观事实，更不能以作者的主张来代替事实的叙述。

3. 要有鲜明集中的主题、精当准确的材料和准确生动的语言

新闻是一事一报道，主旨必须鲜明集中，使人一目了然，不能隐晦含蓄。要围绕主旨选材，选择最能体现事物的本质特征和最有新闻价值的材料。新闻报道的事实要求真实，因此语言要求准确，用词如有不当，就可能导致失真；语言通俗易懂，形象生动，是为了便于大众接受。

三、消息概述

消息即狭义的新闻，是一种用概括叙述的方式，以简明扼要的文字，迅速、及时地报道最新事实的新闻体裁。消息是目前应用最广泛的一种报道形式，是传播媒体向社会输出新鲜信息的重要载体，也是公众获取新闻信息的主要来源。消息的特点是报道迅速及时，文字简明扼要，篇幅短小精练。

消息能反映社会生活，宣传方针政策，推广成功经验，揭露丑恶现象，传播先进知识，引导社会舆论，树立良好风尚，引导生活消费等，在社会主义政治文明、物质文明和精神文明建设中起着重要的作用。

一般按照写作的内容、特点、意图、形式的不同，把消息分为以下六种。

（1）动态消息。这是消息中最常见的一种，它迅速而简要地报道国内外的重大事件和社会生活中出现的新事物、新动向、新成就、新问题等，以叙述事实为主，一事一报，有时采用连续报道的形式。

（2）综合消息。是对发生在不同地区、部门或不同战线、行业，但具有相同或类似性质而又各具特点的事实进行综合性报道的新闻形式。它从不同侧面反映了共同的主题，报道面宽，可给读者以全局性的认识。

（3）典型消息。这是对某些行业、单位、部门的典型经验、成功做法或失败教训进行报道的消息。这是一种导向性很强的新闻，它通过对一些地区、单位、人物、事件的采访、调查、剖析，找出同类事物中具有代表性和普遍意义的经验、教训，或指导工作、教育读者，或暴露落后、警示社会。

（4）述评消息。这是以夹叙夹议的方式，在叙述中融入作者的观点来反映国内外形势或重大事件的消息。它的特点是就事论理，有很强的倾向性。

（5）短讯，短讯也叫要闻、简讯，是最精练的新闻形式之一，其中最简短的被称为"一句话新闻"。它常常把若干条短讯集中分类编排，如"经济要闻""国际简讯"等。

（6）标题消息。这是一种只用标题来传递信息的新闻形式，它以标题的形式出现，没有正文，是最短的新闻。

四、消息的格式

消息一般由标题、导语、主体、结尾构成，并由这些结构要素组成其习惯性格式，体现消息的文体特征。

（一）标题

消息的标题是消息的重要组成部分，它的作用不亚于消息的正文，对消息起着"画龙点睛"的作用。它要求写得精练、生动、新颖，既能概括主要内容，又能吸引读者。有引题、正题、副题之分。

（1）引题。也叫眉题、肩题，其位于正题之上。用来交代形势、介绍背景、烘托气氛、提示意义、提引正题。

（2）正题。也叫主题、母题，是标题的主干和核心，字号最大、最醒目。用来概括主要内容，提示主题。一条消息可以没有引题和副题，但一定要有正题。

（3）副题。也叫子题、辅题，其位于正题之下。用来补充交代事实，或说明事件的结果、意义，或说明正题的来由、依据。例如：

人类铁路建设史上前所未有的伟大壮举（引题）

青藏铁路全线开工（正题）

朱镕基出席开工典礼并发表重要讲话（副题）

这个标题的引题提示了青藏铁路开工的意义；正题概括了消息的主要内容；副题补充交代了新闻事实。

消息标题的形式有单行式和多行式，引题、正题、副题三种标题可根据需要灵活运用，如单行式（只有正题）：

涉"瘦肉精"案广州批捕15人

多行式，组合有时可灵活运用，如引题+正题：

市政协主席×××介绍全国政协会议热点话题（引题）

个别国企高管收入已高到不道德地步（正题）

正题+副题：

财政部压缩中央部门出国等费用（正题）

包括中央行政事业单位、军队、武警和央企等中央预算单位（副题）

引题+正题+副题：

四十四年前赴后继冲击终结硕果（引题）

中国足球梦圆世界杯（正题）

中国队击败阿曼队提前两轮出线（副题）

标题的写作必须准确精练，生动贴切，新鲜醒目，要吸引读者的注意，具有感染力。制作多行标题，要使其互相配合、互相补充，做到各行标题之间虚实搭配、相得益彰。一般来说，概括事实、揭示主要内容、说明结果的标题称为实题；交代背景、说明形势、烘托气氛、表明作者倾向的标题称为虚题。

（二）导语

导语是消息的开头，是消息中最重要的部分。它要用最精粹的文字，简明扼要、引人入胜地把消息中最主要、最新鲜、最吸引人的事实表达出来，鲜明地揭示消息的主题思想。导语是消息与其他文体区别的显著特征。常见的导语写法有叙述式、描写式、提问式、结论式、引语式、评论式等。

（1）叙述式。用简明扼要的语言直接叙述新闻的主要事实，如：

今天，中国国民党主席连战率中国国民党大陆访问团结束了为期8天7夜的大陆访问，于13时离开上海浦东国际机场，经香港返回台湾。①

（2）描写式。对消息的主要事实、人物或特定环境作简洁生动、形象传神的描写，以渲染气氛、突出现场感、引出主体，如：

五月的燕园，湖光潋滟，槐花飘香。5月4日上午10时许，两辆面包车驶进北京大学校园。中共中央政治局常委、国务院总理温家宝和陪同的国务委员陈至立，轻车简从来到这里，看望青年学生，与大家共度'五四'青年节。②

（3）提问式。根据消息的主要内容，归纳出一个或若干个问题，以提问的方式引起读者的关注和思考，然后在主体中加以解释、解答、解说。提问式导语要求作者能准确地把握新闻事实的实质，有针对性地提出问题，如：

洗涤企业洗衣店过万家，"黑店"遍地开花，洗涤卫生无法保障，环境污染严重……如何规范洗衣洗涤业？广东昨天公布该省首个洗衣洗涤标准。③

（4）结论式。先把消息的结论告诉读者，然后在主体部分交代消息的主要事实，如：

人民网北京9月3日电（赵光霞）④今日12时至9月17日12时，中国记协在新华网、中国记协网（中华新闻传媒网）和中国新闻出版报上公示第二十三届中国新闻奖所有获奖作品目录和获奖者名单，以及本届评选细则和评委名单。

由中华全国新闻工作者协会（简称"中国记协"）主办的第二十三届中国新闻奖评选会于2013年8月下旬在北京举行，共评选出获奖作品300件，其中特别奖4件，一等奖49件，二等奖92件，三等奖155件。

（5）引语式。引用诗词、民谣、谚语、警句、格言，或人物的话语等来开头，如：

"我立志成为有理想、有道德、有文化、有纪律的社会主义公民。完善人格，强健体魄，为中华民族的富强、民主和文明，艰苦创业，奋斗终生！"今天上午，在共青团北京市委书记关成华带领下，首都万余名中学生在天安门广场举行了隆重的18岁成人宣誓仪式。⑤

（6）评论式。对报道的消息加以简洁精辟的评论，表明作者的倾向，从而引起读者重视，以增强宣传效果，如：

按照全国人大常委会出台的《完善人民陪审员制度的决定》，从今日起，2.7万名人民陪审员将在全国各地的基层法院统一上岗。我国法治民主化进程又迈出了坚实的一步。⑥

---

① 节选自《中国青年报》上海2005年5月3日电《中国国民党大陆访问团返台 连战临别致辞连说4遍"谢谢"》，记者周凯。

② 节选自新华网孙承斌、李斌《温家宝总理五四青年节看望北京大学学生侧记》一文，本文链接为http：//news.xinhuanet.com/newmedia/2005-05/04/content_4480810.htm。

③ 节选自2005年4月30日《华南新闻》(第1版)《行业标准提升洗衣洗涤业水平》一文，作者邓圩。

④ 节选自人民网2013年9月3日《第二十三届中国新闻奖评选结果公示》电文，电文网页地址为http：//media.people.com.cn/n/2013/0903/c40606-22792858.html。

⑤ 节选自《中国青年报》北京2005年5月4日电《首都万名中学生举行成人宣誓礼》，记者王亦君。

⑥ 节选自2005年4月30日《法制日报》《人民陪审员五一上岗 最高法院有关负责人答问》，记者张晓晶。

（三）主体

主体是消息的核心部分，要承接导语，用确凿、典型、有说服力的材料，对新闻事实作具体、生动、全面的报道，以满足读者进一步了解事实的需要。

主体要与导语相辅相成，导语是主体的提要和归纳，主体是导语的展开和深化，二者不能脱节。主体要为导语中已经表达过的主干事实提供丰富的材料；导语中提出来的观点，在主体中要有充分的解释。在材料顺序的安排上，多采用"倒金字塔"结构，即把最重要的材料放在前面，次重要的随后，依此类推。这种结构形式方便读者阅读，可以让读者在任何地方停止阅读都能获得对新闻事实的较完整认识，哪怕只读了一段（导语）也可以知道消息的精华部分，只不过读完了知道得较详细，没读完知道得较粗略而已。主体要求中心突出，安排有序，详略得当。

（四）结尾

结尾是消息的最后一句话或最后一段文字，可对报道的内容作概括式小结，可补充前面没有交代的相关情况，也可指出事物发展的趋势。有些消息没有结尾，事实叙述完毕就结束全文。结尾要求简洁明了，不要拖泥带水、画蛇添足。

五、消息的结构形式

消息的结构形式是指消息的整体与部分、部分与部分之间的组织关系，实质上就是怎样组织材料的问题。消息的结构形式主要有以下几种："倒金字塔"结构、时间顺序式结构、对比式结构、提要式结构、问答式结构、积累兴趣式结构、散文式结构等几种。

1."倒金字塔"结构

消息的写作是将最重要的、最新鲜的事实写在新闻的最前面，因此人们接触到一篇新闻稿时，只要看上一眼就能知道它主要讲的是什么。读报时主要是想了解当天或新近国内外发生了什么重要的、有意义的事情，牵涉到什么人，结果又是怎样等。如果不把这些主要内容开门见山地写在新闻的开头，就不大容易促使读者读完这篇新闻。

写消息往往是把事情的高潮或结果放在最前面，按事实重要性程度和读者关注的程度先主后次地安排，内容越是重要的，读者越是感兴趣的，越要往前安排，然后依此递减。这在新闻写作中称为"倒金字塔"结构。

2.时间顺序式结构

此结构形式又叫编年体结构，也称为金字塔式结构。时间顺序式结构通常不一定有单独导语，往往按时间顺序安排事实，先发生的放在前面，后发生的放在后面。这种结构叙事条理清晰，现场感强，很适合写故事性强、以情节取胜的新闻，尤其适合写现场目击记。缺点是开头平淡，难以一下子吸引受众；消息精华可能被淹没在长篇叙述中。

3.对比式结构

重在通过对比，揭示差异，突出新闻主题。例如，张志溶在《中国电力报》刊登的《昔日用电结冤家　今日锦旗送上门》的消息报道就用的这种结构。此则消息首先用的是对比性标题，昔日用电结冤家，今日锦旗送上门，然后在文章中将农网改造前后用电的情况进行对比。

实用文书写作

4. 提要式结构

通常把新闻中最重要的事实概括到导语中，然后将多项需并列示出的内容以提要形式，用数字程序一一分列出来。有时也可不用数字标示，而用"——"引出各个要点。

5. 问答式结构

多用于记者招待会报道。记者应善于组织问题，报道内容忠于原意，行文时也应注意内容的连贯和层次的明晰。但是在报刊上也常常出现记者采访地方政府领导时也用问答式结构的方式进行宣传报道。例如，《中国电力报》2006 年 6 月 12 日第七版《建设新农村电力要先行——访赤水市人民政府常务副市长易道辉》一文就是采用此结构。

6. 积累兴趣式结构

通常开始设悬念，使受众逐增兴趣，最后形成高潮。因材料趣味性从导语至结尾递增，故名积累兴趣式。又因其要求设置悬念，故有人称为悬念式结构。它强调将最精彩的、出人意料的材料置于消息结尾。

7. 散文式结构

吸收散文在结构和表达等方面的特点，材料和层次安排自由、灵活，语言表达不拘一格。例如，郭玲春写的《金山同志追悼会在京举行》一文即是如此。

六、消息的写作要求

消息的写作通常有以下几项要求。

（1）消息必须迅速。迅速是消息的基本特征，是消息的竞争条件，是消息的质量体现。

（2）消息必须准确。消息不仅要真实还要准确。一是对事实的认识要准确；二是对事实的表达要准确。否则会使人产生怀疑，失去新闻的权威性，失去消息的宣传和教育功能。美国现代报业的奠基人普利策曾说："准确！准确！准确！""要让他们（记者）相信，准确对于报纸就如同贞操对于妇女一样重要。"

（3）消息必须明了。因为消息传播的目的、受众的广泛性、生活的节奏决定了消息必须明了。

（4）消息必须简短。只有简短才能新鲜，才能迅速，才能民主。1815 年创办于马六甲的世界上第一份中文近代报刊《察世俗每月统记传》，曾明确要求编者作者注意该刊所刊登的各种文章："每篇必不可长"！创立于 1848 年并在世界上具有广泛影响的美国最大的通讯社——美联社，在它的编辑守则中明文规定："学不会写得简洁有力的人，不必想为美联社写作"！大多数学者和记者都认为消息的篇幅应该在 500 字以下，其上限可到 800 字，但必须注意"压缩压缩再压缩"的精神。现在消息越写越长，原因主要有，一是以稿件的长短论水平；二是以稿件的长短计稿酬。俗话说"有话则长，无话则短"，消息应该是"有话则短，无话则免"。

实训活动

1. 下述新闻导语属于间接性导语中哪一种表述方式？该表述方式导语的基本特征是什么？

新华社北京天安门广场 1999 年 10 月 1 日 10 时 04 分电（记者李峰 刘昕）上午 10 时，庆祝中华人民共和国成立 50 周年大会开始。伴随着震天的 50 响礼炮，由 200 名武警战士组成的国旗护卫队从人民英雄纪念碑的平台走出来，绕过矗立的孙中山先生巨幅画像，持枪行进在红色地毯铺就的天安门中轴线上，来到国旗杆基座前，一字排开，面向天安门城楼。

2. 给下面的新闻拟一个标题，不超过10个字。

北京时间2008年3月24日17点，万众瞩目的北京奥运会圣火采集仪式准时在希腊古奥林匹克遗址举行。作为对于北京奥运会的特殊礼遇，希腊总统帕普利亚斯和总理卡拉曼利斯同时出现在了仪式现场。

3. 根据下述一系列历史事实材料，遵循新闻报道之基本规律，写作一篇消息，字数650～700字。

居庸关位于京城西北约60千米处，自古就是北京西北重要屏障。居庸关城所在之山属太行山余脉，两侧高山耸立，中间一条纵深20千米之峡谷。这条峡谷被称为"关沟"，居庸关就在这关沟之中部，号称"控扼南北古今巨防"之古代雄关。据长城专家考证，在居庸关修筑长城始自北魏，到北齐天保六年（555），自幽州北之夏口（今南口）至恒州（今山西省大同），修建了450多千米长城，后来又从这里东修至山海关。这时居庸关就成了万里长城上之一个重要关口。在元代，居庸关是大都（北京）通往上都（内蒙古多伦）之交通要道，因皇帝经常经过，就在关内设有行宫、寺院、花园等建筑。现存之云台就是元代修建之过街塔台基，当初上面建有3座喇嘛塔，毁于元末明初。明代居庸关进一步成为军事重镇，其关城防御体系自北而南由延庆县之岔道城、居庸外镇（即八达岭长城）、上关城、中关城（即居庸关）、南口五道防线组成，而居庸关就是指挥中心。关城内外设有衙署、仓储、书馆、神机库、庙宇、儒学等相关设施，元、明、清三代皇帝北巡都从此经过，其政治和军事地位都是独一无二的。明代碑记里就称其为"天下第一关"。即使在抗日战争和解放战争时期，居庸关也曾经成为重要之战场。在巍峨之北关城楼上，至今还有意保存了被炮弹炸过之痕迹。1961年居庸关及云台被国务院公布为第一批全国重点文物保护单位。居庸关还是连接京师和塞外之交通要道，看那云台之下，青石铺就之古道上四条深深之车辙，早已将千百年来居庸关之历史嵌在其中。量一量，最深之车辙，竟有20厘米。十三陵特区办事处遵照文物工作"有效保护，科学管理，合理利用"之方针，从1993年起，在文物专家之指导下，投资1.2亿元，按照史书所载明代规制，对居庸关长城进行修复。在近5年时间里，一期工程修复长城4142米，敌楼、铺房、烽燧等建筑28座，面积3万余平方米。还修复了关内寺院、亭榭、仓库、户部常设居庸关之衙署及书馆等各种建筑30座，面积近1万平方米。居庸关一期修复工作竣工，不仅为保护这处全国重点文物做出了贡献，向社会提供了一个旅游场所，也为中外游人多侧面了解长城提供了一个好场所。今天是居庸关试开放之第一天，早上8点多，兴致勃勃之游人纷纷前来，以图先睹为快。年轻之讲解员们，正向游人娓娓讲述着居庸关之历史。早在春秋战国时期，燕国便在此设防，其时此地称为"居庸塞"。汉朝时，居庸关已颇具规模。南北朝时，居庸关之城墙建筑又与长城连在一起。经唐、辽、金、元、明历代，居庸关城已是集军事、宗教、教育、商贸诸多文化于一体之古城，直至清末，才渐渐颓败。站在高达30余米之南关城楼上四下眺望，灰蒙蒙之翠屏山、金柜山山脊之上，起伏之古城墙有如巨龙，似蛇蜒而去，又似奔腾而来。巨龙环绕之中，亭台楼阁，错落有致；庙宇寺院，绘彩描金，整个居庸关城，两山夹峙，一水旁流。悠悠之钟声在峡谷中回荡，似乎在向人们讲述着久远之故事。

主要参考文献

[1] 包锦阳. 2013. 大专应用写作. 杭州：浙江大学出版社.

[2] 邓艳华. 2011. 应用文写作实务. 北京：人民邮电出版社.

[3] 董川峰. 2005-12-23. 企业更看重专业实习 实习经历多不如精. 新闻晨报.

[4] 杜菁锋，陈淑仪. 2011. 应用文写作. 北京：北京师范大学出版社.

[5] 傅宏宇. 2013. 财经应用文写作. 2版. 北京：北京大学出版社.

[6] 郭莉，周伟红. 2012. 经济应用文写作. 2版. 北京：清华大学出版社.

[7] 郭英立. 2012. 经济应用文写作. 北京：清华大学出版社.

[8] 郝立新. 2012. 应用文写作. 北京：清华大学出版社.

[9] 李薇. 2012. 财经应用文写作. 北京：高等教育出版社.

[10] 刘春丹. 2012. 财经应用文写作. 2版. 北京：北京大学出版社.

[11] 刘丹. 2008. 对灾后心理危机干预研究. 现代企业文化，14.

[12] 刘洪英，李彤. 2010. 实用应用文写作. 2版. 北京：北京交通大学出版社.

[13] 杨文丰. 2011. 现代应用文写作. 4版. 北京：人民大学出版社.

[14] 张翀. 2008. 宋振铎. 应取消本科生论文 有个好实验报告就行. http://www.ce.cn/ztpd/
xwzt/08lh/djq/bwzg/200803/07/t20080307_14759785.shtml[2013-12-10].

[15] 张江艳. 2012. 应用写作案例与训练. 2版. 北京：北京师范大学出版社.

[16] 张耀辉. 2013. 实用写作. 2版. 北京：北京大学出版社.

配套资料索取说明

购买本书的读者可在 www.ptpedu.com.cn 注册后下载本书配套学习资料。

采用本书授课的教师,可发邮件至 13051901888@163.com 或 education_book@163.com 索取配套教学资料。

姓　　名:_____ 性　　别:_____ 职　　称:_____ 职　　务:_____
办公电话:_____ 手　　机:_____ 电子邮箱:_____
学　　校:_____ 院　　系:_____
通信地址:_____ 邮　　编:_____
本课程开设于____学年____学期,原采用_____出版社出版_____主编的《_____》为本课程教材,_____专业___个班共_____人使用该教材。
证　明　人:_____ 办公电话:_____ 手　　机:_____ 电子邮箱:_____

高等院校素质教育课程"十二五"规划教材
已出版教材

基 本 信 息	特 点 简 介
文学欣赏新编 主　编:胡山林 出版时间:2013 年 1 月 书　号:978-7-115-25935-6	本书是由文学名师、全国通识类课程最受欢迎十大教授、全国(百名)优秀社会科学普及专家、河南省文艺学研究中心副主任胡山林教授执笔编写的一部基础性、入门性的文学欣赏导引教材 本书结构上创新点在于把文学批评的方法当作文学欣赏的角度来处理,形式上的创新点是采用了"理论知识"加"欣赏示例"的编写体例 本书提供课件、教案、补充教学案例和思考练习题参考答案等资料,河南省精品课程《文学欣赏导引》网站可获取其他学习素材
演讲与口才实用教程 主　编:蒋红梅 罗 纯 出版时间:2011 年 7 月 书　号:978-7-115-25935-6	提供课件、教案、整体设计、单元设计、课程标准、案例库和案例分析、检测标准 以"精讲多练"为原则,通过 100 多个训练步骤,攻难点、补薄弱,帮助读者达到敢说、能说、会说、巧说的语言表达要求 注重职场口才的技能培养,设计了虚拟求职面试和行业服务情境,强化岗位特殊口语能力,使读者在最短的时间内,最大限度地掌握特定的职业口语风范与从业规范
人际沟通艺术 主　编:麻友平 出版时间:2012 年 3 月 书　号:978-7-115-27482-3	内容实用、针对性强。不进行系统的理论阐释,重点解决大学生在生活和工作中无法回避的具体的人际沟通方面的问题 讲授与实践相结合。课外实践可操作性强,部分内容学生可独立完成,有效地弥补了课堂教学课时不足的问题;同时通过课外的实际训练能使学生真正掌握课堂所学的人际沟通知识和技巧 提供教学配套资料。本书提供电子课件、电子教案、习题答案、模拟试卷等资料

续表

基 本 信 息	特 点 简 介
新编大学语文 主　编：王志刚　熊畅 出版时间：2013 年 7 月 书　　号：978-7-115-30356-1	六大主题，紧扣人生价值观，以求知识与价值传播同步 59 篇选文，展开思辨学习之路，开启读者自学愿望 课件、教学计划、授课素材、参考答案、模拟试卷传播教学心得，拓展学习素材
经济应用文写作 主　编：张立华　刘宇希 出版时间：2014 年 5 月 书　　号：978-7-115-34634-6	以例文解读、欣赏、病文修改为学习（教学）主要手段，每节辅以知识巩固、写作训练，以有效提升读者写作能力 内容偏重财经类专业；兼顾读者学习、工作生涯中所遇其他实用文体；增加短信、微博等新文体 提供课程标准、课件、参考答案、补充练习题、模拟试卷、拓展实例等资料
实用文书写作 主　编：王志刚　周炫 出版时间：2014 年 7 月 书　　号：978-7-115-35766-3	基本涵盖学习、日常生活和日常工作中常用文体，缩减公文篇幅 以案例分析、病文修改和模拟写作为主要学习方法，每种文体安排能力要求、案例点评、知识归纳、实训活动和知识拓展等学习环节 提供电子教案、电子课件、教学标准、教学设计方案、授课学计划、实践指导手册、习题答案、扩展阅读资料、扩展教学资料、模拟试卷等资料
现代社交礼仪 主　编：闫秀荣 出版时间：2011 年 7 月 书　　号：978-7-115-23572-5	提供丰富的配套教学资料。为方便教师授课和读者学习，提供电子课件、电子教案、实训指导、习题集及参考答案、影视短片等配套资料 内容翔实、实用。本书以职业需求为基点，涵盖一般社交活动中的各种礼仪，具有较强的实用性 案例丰富，注重实践。本书丰富的案例和小栏目可以加深读者对知识的理解，增强可读性和趣味性，实训项目的安排有助于提升教学效果
大学生礼仪 主　编：李荣建 出版时间：2012 年 9 月 书　　号：978-7-115-28932-2	作者为我国著名礼仪学专家、知名阿拉伯问题专家，武汉大学教授，湖北省礼仪学会会长 本书知识完整，注重基础知识和应用礼仪技巧的结合，全面传播礼仪文化，强调实践，注重读者的素质培养 本书提供多媒体课件、电子教案、补充教学案例、教学视频、模拟试卷及答案等配套教学资料；有学习支持网站供读者参考
艺术概论 主　编：王玉苓 出版时间：2013 年 8 月 书　　号：978-7-115-32414-6	以鉴赏艺术作品为系统化知识注释，融美育于阅读之中 多选现、当代作品，展时代风貌、动学子之情、育艺术之灵 多选民族艺术作品，传民族艺术精髓、扬民族艺术精神、品民族艺术之美 书有厚薄，学海无边，教案、课件、模拟试卷等无限拓展学习、教学资源
世界美术十六讲 主　编：周利明 出版时间：2013 年 9 月 书　　号：978-7-115-33007-9	本书由教材、配套学习资料、配套教学资料三部分组成 配套学习资料包括电子课件和 5 套自测试卷 配套教学资料包括电子课件、教学图库、补充教学素材、考核方案等资料
在职工程硕士 网络检索指南 编　著：葛敬民 出版时间：2013 年 9 月 书　　号：978-7-115-30332-5	2013 年度国家精品资源共享课、2007 年度国家精品课程配套教材 专门针对"进校不离岗"的在职工程硕士研究生设计，重点探索互联网实用信息资源的利用，辅以传统的高校图书馆文献介绍，同时介绍资源管理的方法和工具